ORBS
Wegbereiter für den Aufstieg ins Licht

DIANA COOPER
KATHY CROSSWELL

ORBS

WEGBEREITER
FÜR DEN AUFSTIEG
INS LICHT

Aus dem Englischen übersetzt
von Manfred Miethe

Ansata

Die englische Originalausgabe erschien 2009 unter dem Titel
»Ascension Through Orbs« im Verlag Findhorn Press, Schottland.

Hinweis des Verlages
Die in diesem Buch enthaltenen Informationen über Orbs sind Diana Cooper
und Kathy Crosswell von ihren Geistführern und Engeln übermittelt worden und spiegeln
daher nicht notwendigerweise die Ansichten der Rechtseigentümer der Fotos wider.

Der Verlag möchte sich für die Qualität von einigen der in diesem Buch abgedruckten
Fotografien entschuldigen. Unglücklicherweise wurden einige von ihnen mit einer
niedrigen Auflösung aufgenommen, während andere ziemlich stark vergrößert werden
mussten, was in beiden Fällen zu einer gewissen grobkörnigen Darstellung geführt hat.
Wir hoffen allerdings, dass Sie sich immer noch an den Fotos erfreuen werden und sich
mit den auf ihnen dargestellten Orbs verbinden können.

FSC
MIX
Papier
FSC® C004229

Verlagsgruppe Random House FSC-DEU-0100
Das für dieses Buch verwendete FSC-zertifizierte Papier
Hello Fat Matt 1,1 liefert Condat, Le Lardin Saint-Lazare, Frankreich.

Ansata Verlag
Ansata ist ein Verlag der Verlagsgruppe Random House GmbH.

ISBN 978-3-7787-7366-6

INHALT

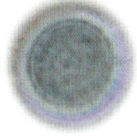

EINFÜHRUNG

WIE KATHY UND ICH ZUSAMMENGEBRACHT WURDEN

Im November 2007 beendete ich die Arbeit an *The Wonder of Unicorns*[1] und freute mich auf den schon lange überfälligen Urlaub. Einige Freunde schlugen vor, ich solle doch ein Buch über Orbs schreiben, die immer häufiger aufzutreten schienen. Ich erwiderte, dass ich kein Interesse an Orbs und auch keine Weisung von meinem geistigen Führer erhalten hatte, dass ich mich mit ihnen beschäftigen sollte. Genau eine Woche später besuchte mich Kathy Crosswell, ein Medium und eine spirituelle Lehrerin. Wir unterhielten uns gerade über verschiedene Dinge, als wir plötzlich bemerkten, dass die Kerze anfing, wie wild zu flackern. Wir sahen einander an und sagten gleichzeitig: »Die geistige Welt hat eine Botschaft für uns.«

Daraufhin nahmen mein Führer Kumeka und Kathys Führer Wywyvsil augenblicklich Kontakt mit uns auf. Sie teilten uns mit, dass sie uns zusammengebracht hatten, weil wir ein Buch über Orbs schreiben sollten, die für den Aufstieg des Planeten von großer Bedeutung sind. Sie sagten weiter, dass jede von uns dieses Projekt auch allein voranbringen könnte, aber wenn wir es gemeinsam täten, könnten wir eine weit höhere Schwingung erreichen. Aus diesem Grund wollten sie, dass wir gemeinsam Bücher schreiben sollten. Außerdem informierten sie uns, dass wir in früheren Leben leibliche Schwestern gewesen waren und gemeinsam im goldenen Atlantis gearbeitet hatten.

Sofort hatte ich meine Erschöpfung vergessen. Sechs Monate lang trafen Kathy und ich uns zweimal wöchentlich, und die

---

[1] Deutsch: *Das Wunder des Einhorns. Begegnung mit den erleuchteten Wesen der siebten Dimension.* Ansata Verlag, München 2008

Engel ließen Energie durch uns hindurchströmen – was wir beide deutlich wahrnehmen konnten. Diese sechs Monate waren außerordentlich spannend und geradezu berauschend. Während der ganzen Zeit arbeiteten viele Führer und Engel mit uns und lehrten uns vieles über Orbs. Wir sahen uns Tausende von Fotos an, die uns geschickt wurden, und lernten, die auf ihnen abgebildeten Orbs voneinander zu unterscheiden.

Zuerst schrieben wir *Enlightenment Through Orbs – The Awesome Truth Revealed*[2], das grundlegende Informationen enthält und den Leser mit auf eine Reise des Erwachens nimmt. Unsere Führer und Engel übermittelten uns diesen Titel und bestanden darauf, dass die englische Ausgabe des Buches so und nicht anders heißen sollte. Wir waren kaum damit fertig, als sie uns aufforderten, sofort mit diesem zweiten Buch zu beginnen.

Orbs geben uns die Schlüssel zu einem höheren Bewusstsein, um unseren Aufstieg zu beschleunigen. Weil es heute regelrechte Wellen des Aufstiegs gibt, wollten sie, dass dieses Buch geschrieben wird, um so vielen Menschen wie möglich diese Chance zu eröffnen und den Prozess zu beschleunigen.

Kathy und ich arbeiten auf eine sehr unterschiedliche Art und Weise, die sich aber gut ergänzt. Ich schaue mir die Fotos der Orbs an und stelle Fragen. Daraufhin wird mein Verstand still, und die Antworten kommen zu mir. Da Kathy hellfühlend ist und als Medium arbeitet, empfängt sie dieselben Antworten, aber auf andere Weise. Sie kann auch in die Orbs »eintreten« und so kosmische Informationen erhalten. Wir arbeiten gut zusammen, und das Schreiben dieses Buches war für uns beide ein sehr spannender Prozess.

Die Orbs haben uns eine völlig neue Welt eröffnet. In aller Bescheidenheit teilen wir dieses Wissen mit den Lesern dieses

2 Deutsch: *Orbs – Boten der Liebe, Heilung und Weisheit.* Ansata Verlag, München 2009

Buches, wobei wir uns bewusst sind, dass wir noch viel zu lernen haben.

Wir hoffen, dass Sie beim Lesen das gleiche Staunen verspüren wie wir, als die Orbs uns ihre Botschaften mitteilten.

ORBS FOTOGRAFIEREN

Orbs reagieren auf das Bewusstseinsniveau des Fotografierenden. Wenn Ihr Herz offen ist und es auf eine fünfdimensionale Frequenz eingestimmt ist, können Sie Fotos von Orbs aufnehmen.

Orbs sind überall, am Tag wie in der Nacht, aber am leichtesten kann man sie nachts bei Regen aufnehmen. Dennoch haben wir viele wunderschöne Orbs auch am Tag aufgenommen und Hunderte solcher Fotos erhalten.

Warum greifen Sie nicht zur Digitalkamera, öffnen Ihr Herz, rufen die Engel herbei, drücken auf den Auslöser und schauen, was passiert? Es macht so viel Spaß, nachts in den Garten hinauszugehen und einfach auf den Auslöser zu drücken. Es sind immer Orbs da. Manchmal sind es nur Geister, die vorbeiziehen, aber besonders in einer windigen oder regnerischen Nacht sieht man häufig ganze Scharen winziger Feen, die von Engeln der Liebe beschützt werden. Sie versammeln sich um Bäume und bestimmte Büsche herum.

Ich bin ganz entzückt, wenn ich sehe, wie viele Erzengel mein Haus aufsuchen und wie viele Einhörner ihr Licht auf meinen Garten scheinen lassen.

WAS IHNEN DIESES BUCH BIETEN KANN

Als ich *A New Light on Ascension* aktualisierte und die neuesten Informationen einfügte, die zu der Zeit verfügbar waren, legte ich damit den Grundstein für das Thema Aufstieg, der bis heute seine Gültigkeit bewahrt hat. In diesem Buch erweitere ich diese Grundlage, indem ich neues aufregendes Material von großem Tiefgang zum Thema der zwölf Chakras veröffentliche. Es wird Ihnen ermöglichen, Ihre spirituellen Zentren weiterzuentwickeln. Ich füge neueste Erkenntnisse in Bezug auf die geistige Hierarchie hinzu und schreibe über die fortgeschrittensten Energien, Meditationen und Übungen, die uns heute zur Verfügung stehen, um Sie auf Ihrem Weg zu unterstützen. *Am wichtigsten ist aber, dass wir Ihnen bestimmte Orbs zeigen, die Ihr spirituelles Wachstum und Ihren Aufstieg beschleunigen werden. Jeder der in diesem Buch dargestellten Orbs wird Ihnen helfen, höhere Energien zu aktivieren und leichteren Zugang zu ihnen zu finden.*

Aber die spannendste neue Entwicklung sind, so glaube ich, die aufgestiegenen Meister, die sich in diesem Buch zeigen. Sie sind die großen Wesen, die den Weg des Aufstiegs vor uns gegangen sind und denen wir es gleichtun wollen. Wenn wir sie uns in ihren Engel-Orbs anschauen, können wir ihr Licht und ihre Weisheit in uns aufnehmen, wodurch unser spirituelles Wachstum extrem begünstigt wird. Wir haben einige solche Fotos in diesem Buch veröffentlicht, und ich hoffe, dass Sie sich an ihren Gesichtern erfreuen, mehr über sie herausfinden und durch sie Ihr Bewusstsein erweitern werden.

Je mehr Menschen aufsteigen, desto leichter wird es für andere, ihnen zu folgen. In diesem Zeitalter haben sich viele weise Wesen reinkarniert, um an unserer Seite zu sein und uns den Weg zu zeigen. Es ist gut möglich, dass Sie eines davon sind.

Dieses Buch wird Sie dem öffnen, was Sie wirklich sind, damit Sie ein Lichtträger werden, der anderen Menschen hilft, den spirituellen Berg des Aufstiegs zu erklimmen.

Es kommt mir so vor, als sei diese Reihe von Büchern über Orbs, die Kathy und ich schreiben, ein Gemeinschaftsprojekt von Ihnen, uns und der geistigen Hierarchie. Wir hätten es ohne all jene Menschen nicht schaffen können, die uns ihre Fotos geschickt und uns gestattet haben, sie zu veröffentlichen. Ich habe Stunden damit zugebracht, jedes Einzelne davon genau unter die Lupe zu nehmen und etwas daraus zu lernen. Unsere Führer und Engel waren ebenfalls Teil dieser gemeinschaftlichen Anstrengung, denn Kumeka, Erzengel Michael und Mutter Maria waren besonders stark daran beteiligt, uns mit Erklärungen und Informationen zu versorgen, um unser Bewusstsein zu erweitern.

Es werden zurzeit vonseiten der geistigen Hierarchie gewaltige Anstrengungen unternommen, den Aufstieg des Planeten und aller seiner Bewohner zu fördern. Die Orbs spielen dabei eine große Rolle. Deshalb bitten wir Sie, Ihr Bewusstsein zu erweitern und zuzulassen, dass die Orbs Sie auf ein höheres Bewusstseinsniveau heben und Ihren Aufstieg beschleunigen.

Als Kathy und ich *Orbs – Boten der Liebe, Hoffnung und Weisheit* schrieben, hatten wir das Gefühl, wir würden an einer außerordentlichen bewusstseinserweiternden Erfahrung teilhaben. Nichts schien mehr so zu sein, wie es einmal war. Dieses Buch baut darauf auf und verstärkt dieses Gefühl noch. Wieder empfingen wir ganz wunderbare Erklärungen von Mutter Maria, Kumeka, den Erzengeln Michael, Raphael, Roquiel und Uriel, vom Serafim Serafina und von Wywyvsil, einem der Herren des Karmas, die alle nicht nur etwas zu unserem heutigen Wissensstand beigesteuert, sondern auch Licht auf ein größeres Spektrum universeller Wahrheit geworfen haben. Es gibt nur eines, was wir der geistigen Hierarchie sagen können: »danke!«

Dieses Buch spricht vor allem die rechte Gehirnhälfte an, deshalb bitten wir Sie, es nicht mit dem Kopf, sondern mit dem Herzen zu lesen.

TEIL 1

AUFSTIEG:
EIN ÜBERBLICK

Kapitel 1

AUFSTIEG DURCH ORBS

WAS IST AUFSTIEG?

Als Aufstieg bezeichnen wir den Prozess, in dessen Verlauf Licht vom göttlichen Quell durch die menschliche Monade in die Zellen des Körpers hinabsinkt, bis diese so gesättigt sind, dass sie die göttliche Schwingung nicht länger halten können, solange sie auf der physischen Ebene verbleiben. Es gibt viele Stufen des Aufstiegs. Die höchste Stufe besteht darin, dass sich der physische Körper im Licht auflöst und Sie ihn mit auf die höheren Ebenen nehmen können. Diese Entscheidung trifft die Seele aber nur sehr selten, weil die Auswirkungen auf die Familie und Freunde sehr groß sind und oftmals eine große Angst damit verbunden ist. Die meisten hoch entwickelten Menschen entscheiden sich dafür, eines natürlichen Todes zu sterben und während des Übergangs aufzusteigen.

WAS GESCHIEHT, WENN SIE BEIM ÜBERGANG BEINAHE BEREIT SIND AUFZUSTEIGEN, ABER DIE ERFORDERLICHE STUFE NOCH NICHT GANZ ERREICHT HABEN?

Wenn Sie sterben, bevor Sie das für den Aufstieg erforderliche Lichtniveau erreicht haben, helfen Ihnen die Meister und Engel auf der anderen Seite, den erforderlichen Lichtquotienten zu erreichen. Uns wurde ein wunderbares Orb-Foto geschickt, das auf ganz spezielle Weise zeigt, wie viel Hilfe jemand erfährt, der fast, aber eben doch noch nicht ganz bereit ist.

Auf dem Foto sahen wir zwei Orbs. Der untere, schwach leuchtende war der des Geistes einer Frau, die gerade gestorben und fast so weit war aufzusteigen. Aber sie hatte die für einen vollständigen Aufstieg notwendige Frequenz noch nicht ganz erreicht. Wenn sie vollkommen bereit gewesen wäre, wären viele Erzengel gekommen, um sie abzuholen. Stattdessen konnte man im zweiten Orb darüber sehen, dass drei Engel der Liebe und Kumeka gekommen waren, um ihr Kind zu ihr zu bringen, das vor ihr gestorben war. Das Kind kam zur Mutter, um sie zum Aufstieg zu ermutigen. Dieses Foto erinnerte uns daran, wie viel geistige Hilfe uns zur Verfügung steht.

ERHÖHT ES DEN FÜR DEN AUFSTIEG ERFORDERLICHEN LICHTQUOTIENTEN, WENN MAN SICH FOTOS VON ORBS ANSCHAUT?

Das Betrachten bestimmter Orbs hilft tatsächlich. Alle in diesem Buch dargestellten Orbs werden Ihnen helfen, Ihr Lichtniveau anzuheben, wenn Sie sie anschauen und über sie meditieren. Wir werden Ihnen Meditationen vorstellen, die Ihnen noch mehr helfen werden.

KANN MAN AUFSTEIGEN, WENN MAN NOCH KARMA HAT?

Um aufzusteigen, muss man sein Karma ausgeglichen haben. Zurzeit werden uns göttliche Dispense angeboten. Wenn Sie das Gefühl haben, noch unerledigtes Karma zu haben, sollten Sie die Herren des Karmas bitten, Ihres aufzulösen, während Sie meditieren.

WIRD MAN SICH REINKARNIEREN, NACHDEM MAN AUF-GESTIEGEN IST?

Viele, die aufgestiegen sind, sind zurückgekommen, um zu dienen. In diesen Fällen wird sich die Seele häufig eine Familie aussuchen, in der sie Familienkarma aufarbeiten kann und häufig sehr schwierige Lebensumstände haben.

SPIRITUELLE ÜBUNGEN, DIE DEN AUFSTIEG BEGÜNSTIGEN

Sakrale Gesänge

Hymnen, Sprechgesänge auf Sanskrit, buddhistische Sprechgesänge, Bhajans und die sakralen Gesänge indigener Völker beeinflussen Ihre Aura, besonders wenn Ihre Absicht und Ihr Fokus rein sind.

Gebete

Beim Gebet sind Absicht und Hingabe wichtig. Zentrieren Sie sich, seien Sie klar und voller Leidenschaft und bitten Sie um das höchste Gute. Mechanisch aufgesagte Gebete haben keinen positiven Einfluss auf den Aufstieg.

Wir erhielten ein besonders eindrückliches Orb-Foto von einer Dame, die gerade gebetet hatte. Der Orb, der ihr Schutzengel war, strahlte in einem reinen Weiß. Er war durch ihre Gebete größer geworden und hatte sich über das Zimmer hinaus bis zum Auto in der Auffahrt ausgedehnt. Er brachte die Energie ihrer Gebete zu ihrer Seele – teilweise zum Nutzen der Seele und teilweise zum Nutzen der ganzen Welt. Dieses Foto demonstrierte eindrücklich die Macht des Gebets.

Meditation

Nehmen Sie sich Zeit für Kontemplation und Meditation, da dies sehr wichtige spirituelle Praktiken sind.

Dienen

Wenn Sie mit Liebe und Freude in Ihrem Herzen dienen, hebt dies Ihr Lichtniveau an. Es ist aber durchaus in Ordnung, dafür bezahlt zu werden, da auf diese Weise das Karma ausgeglichen bleibt und Sie ja schließlich von etwas leben müssen. Aber geben Sie immer mit einem offenen Herzen.

Hingabe

Was immer Sie tun, tun Sie es mit Hingabe und voller Dankbarkeit. Ob Sie nun im Garten arbeiten, Kindern das Schwimmen oder jungen Erwachsenen das Autofahren beibringen, weihen Sie Ihre Arbeit Gott und seien Sie dankbar für alles, was Sie dabei erleben. Wenn Sie spazieren gehen, tun Sie dies mit einer Absicht, die Ihre Schwingung erhöht. Machen Sie daraus einen Spaziergang der Dankbarkeit, auf dem Sie für alles danken, was Ihnen in den Sinn kommt. Weihen Sie eine Autofahrt der Liebe und denken Sie während der Fahrt liebevoll an eine Person oder eine Situation.

Yoga

Yoga beruhigt den Geist, entfernt Giftstoffe aus dem Körper, reinigt spezielle Nadirs und bereitet Sie auf die Meditation vor.

Spirituelle Lektüre

Das Lesen spiritueller Bücher eröffnet Ihnen höhere Möglichkeiten.

Spirituelle Gespräche

Wenn Sie über die großen Heiligen und Meister, die geistige Hierarchie und die göttlichen Energien sprechen, die Ihnen zur Verfügung stehen und die nur darauf warten, »angezapft« zu werden, werden Sie von ihrem Licht erleuchtet.

Weihen Sie Ihren Schlaf dem Aufstieg

Jede Nacht verlässt Ihr Geist den Körper, während Sie schlafen. Wohin der Geist reist, hängt von verschiedenen Faktoren ab.

Wenn Ihr Leben der Heilung geweiht ist, wird Ihr Geist die Geister der Kranken oder Trauernden aufsuchen, um ihnen Heilung oder Trost zu bringen. Möglicherweise erzählen Ihnen Menschen, dass Sie im Traum zu ihnen kamen und ihnen halfen. Wenn Sie das Gefühl haben, dies sei Teil Ihres Dienstes am Nächsten, tun Sie dies bereitwillig und bitten Sie dabei um Hilfe und Schutz.

Vielleicht leisten Sie auch Rettungsarbeit auf den inneren Ebenen und helfen unerlösten Seelen hinüberzugehen. Dies ist besonders anstrengend, wenn es ein Unglück gegeben hat und viele Geister Ihre Hilfe benötigen. Tun Sie auch dies bereitwillig, bieten Sie Ihre Hilfe an und bitten Sie darum, geführt und beschützt zu werden.

Möglicherweise besuchen Sie auch die Tempel des Lernens auf den inneren Ebenen oder die Aufenthaltsorte der aufgestiegenen Meister oder Erzengel, um zu lernen und Ihr Lichtniveau anzuheben. Wenn Sie dies tun möchten, lesen Sie mehr über diese Refugien, konzentrieren Sie sich auf sie und bitten Sie vor dem Schlafengehen darum, dort hingebracht zu werden.

In diesem Buch führen wir die Refugien der Meister und Erzengel auf, die für den Aufstieg von besonderer Bedeutung sind. Das Orb-Foto Nummer 1 wird Ihnen dabei helfen, weil es Ihrer Seele eine Einladung überbringt.

Rechts oben auf Foto Nummer 1 sehen Sie einen weißen Orb mit Flügeln. Dies ist Maria Magdalena, die Herz-Energie ausstrahlt. Die beiden nebeneinanderliegenden Orbs, die oben zu sehen sind, und der in der rechten unteren Ecke sind Aspekte von El Morya. Die beiden unteren sind Aspekte von Serapis Bey. Sie sind auf dem Weg in den siebten Himmel zu einem Treffen, auf dem die Engel und Meister von Gott unterwiesen werden. Die blauen Orbs sind Kumekas Engel, die sie beschützen.

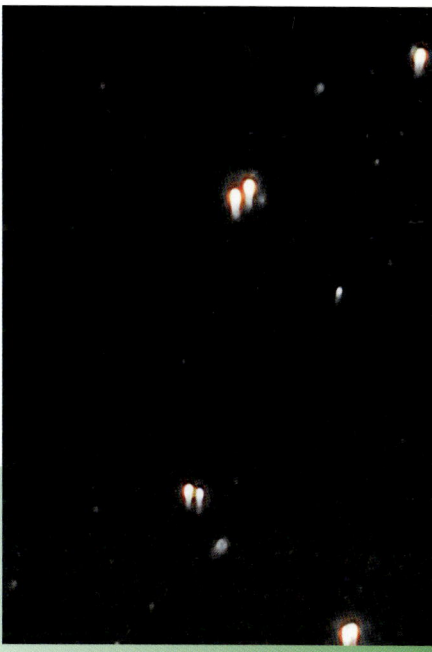

Foto Nummer 1: Die Meister Maria Magdalena, El Morya und Serapis Bey reisen in den siebten Himmel, fotografiert von Lesley Whitehead.

Wenn Sie sich Foto Nummer 1 anschauen, erhalten Sie eine Einladung in den siebten Himmel.

IHRE INNERE EINSTELLUNG

Es gibt viele Aktivitäten, die es Ihnen ermöglichen, das Alte loszulassen und sich der Möglichkeit von etwas Höherem und Größerem zu öffnen. Sorgen Sie dafür, dass sich Ihre Einstellung und Ihre Absichten in Übereinstimmung mit dem Ziel des Aufstiegs befinden, wenn Sie sie ausüben – zum Beispiel reiten, schwimmen, schreiben oder jede kreative Tätigkeit.

Kapitel 2

PARAPSYCHISCHER SCHUTZ

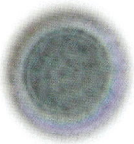

S obald Sie sich den geistigen Welten öffnen, kann Ihr Licht von jenen gesehen werden, die Ihnen etwas von ihrer hochfrequenten Energie stehlen möchten.

BRAUCHEN SIE PARAPSYCHISCHEN SCHUTZ?

Dies ist eine der Fragen, die mir am häufigsten gestellt werden. Viele Menschen glauben, dass sie keinen Schutz brauchen, weil es überhaupt nichts gibt, vor dem sie beschützt werden müssten. Aber wir leben auf der Ebene der Dualität, und für alles im Licht existiert ein Gegenstück in der Finsternis. Deshalb sind wir von Wesen mit niederen Absichten umgeben. Tatsächlich ist es so, dass sich mehr »Motten« zu Ihnen hingezogen fühlen, je mehr Licht Sie ausstrahlen.

Ihre Aura ist ein elektromagnetisches Feld, das Ihre Energiezentren schützt. Wenn negative Energien oder Wesenheiten in Ihre Aura eindringen, weil sie offen ist, können sie einen negativen Einfluss auf Sie haben, der manchmal so stark ist, dass er Ihren Aufstieg blockiert.

Wenn Sie gut geerdet, sehr männlich, verschlossen, praktisch und bodenständig sind und nur über wenig Vorstellungskraft verfügen, brauchen Sie weniger Schutz als eine Person, die nicht geerdet, offen, medial veranlagt, sensibel und sehr weiblich ist.

Bestimmte Dinge können Ihre Aura öffnen, wie zum Beispiel Schock, Angst, Aufregung, starke Trauer, parapsychische oder spirituelle Arbeit und bestimmte Drogen. Wenn Sie aber in der Natur spazieren gehen, werden Sie sich wieder entspannen, weil Sie sich den heilenden Kräften der Natur geöffnet haben.

WANN SOLLTE MAN SICH SCHÜTZEN?

Es ist ratsam, sich einen parapsychischen Schutz zuzulegen, wenn Sie morgens aufstehen, bevor Sie zu Bett gehen, wenn Sie meditieren oder Ihre spirituelle Praxis ausführen oder wenn Sie einen Ort aufsuchen, dessen Energien zweifelhaft sind oder an dem sich viele Geister befinden.

Wir erhielten ein Foto von einer Frau, die das Grab eines Angehörigen besucht hatte. Friedhöfe sind Orte, an denen sich Geister versammeln. Daher war sie von Hunderten Geistern umgeben, die noch nicht hinübergegangen waren, weil sie sich von ihr Hilfe erhofften. Sie war sich dessen nicht bewusst. Wenn ihre Aura offen und ungeschützt gewesen wäre, hätten die Geister sie mit ihrer Angst, ihrer Sehnsucht, ihren Süchten und allen anderen niederen Gefühlen überschüttet. Diese Frau hätte nicht einmal geahnt, warum sie sich so schlecht gefühlt hatte und so deprimiert und ängstlich gewesen war. Sie hätte wohl einfach gesagt: »Immer wenn ich das Grab meines Vaters besuche, fühle ich mich hinterher noch tagelang völlig ausgelaugt.« Sie hätte auch keine Ahnung gehabt, dass die hilfsbedürftigen Geister ihr die Energie entzogen hatten.

WIE KANN MAN SICH SCHÜTZEN?

Das Wichtigste ist, stets daran zu denken, dass Absicht und Fokus die Effektivität Ihres Schutzes beeinflussen.

Zweitens wird Sie alles beschützen, woran Sie bewusst oder unbewusst glauben. Wenn Sie ein früheres Leben hatten, in dem Jesus oder das Christentum eine wichtige Rolle gespielt haben, werden Sie entdecken, dass das Christus-Licht einen sehr guten Schutz darstellt. Wenn Sie eine Verbindung zu Erzengel Michael oder Erzengel Gabriel hatten, werden Sie entdecken, dass deren Mäntel einen sehr wirkungsvollen Schutz darstellen. Diejenigen, die eine starke Verbindung nach Ägypten haben, werden sich zu einer Pyramide hingezogen fühlen.

Sie sollten mehr als einen Schutz wählen, weil die Erfahrungen aus vergangenen Leben Ihre Überzeugungen beeinflussen, ohne dass Sie sich dessen notwendigerweise bewusst sind. Im Folgenden sind einige machtvolle Mittel aufgeführt, mit denen Sie sich und Ihre Familie beschützen können.

1. Erzengel Michaels Mantel

Erzengel Michael ist der Engel des Schutzes. Er hält das Schwert der Wahrheit in der einen und einen Schutzschild in der anderen Hand und kämpft für all jene, die ihn brauchen. Außerdem trägt er einen dunkelblauen Mantel. Wenn seine Engel Ihnen diesen umlegen, wird er Ihre Aura einhüllen.

Die Energie eines Gebetes wird dadurch verstärkt, dass Sie die Hände in einer Gebetsposition halten. Auch das Anzünden einer Kerze hilft.

Bitten Sie Erzengel Michael mit ruhiger Stimme darum, Sie in seinen dunkelblauen Schutzmantel zu hüllen. Warten Sie einen Augenblick. Vielleicht spüren Sie ja, wie die Engel Ihnen diesen umlegen. Wenn Sie es nicht spüren, stellen Sie sich einfach vor, dass Ihnen der Mantel umgelegt wird. Ziehen Sie ihn in Ihrer Vorstellung von den Füßen bis zum Kinn zu und ziehen Sie die Kapuze über das Kronen-Chakra und das dritte Auge.

Vertrauen Sie nun darauf, dass Sie beschützt werden.

2. Erzengel Gabriels reflektierende Kugel

Rufen Sie Erzengel Gabriel an, damit er eine schneeweiße reflektierende Kugel um Sie herum platziert, an der alle niederen Energien einfach abprallen, und Sie so schützt.

3. Der goldene Christus-Strahl

Dies ist ein sehr wirksamer Schutz. Rufen Sie den goldenen Christus-Strahl dreimal auf die folgende Weise an: »Ich rufe nun den goldenen Christus-Strahl zu meinem vollständigen Schutz an.« Sprechen Sie diesen Satz dreimal. Sagen Sie dann: »Es ist vollbracht. Ich befinde mich unter dem Schutz des Christus-Lichtes.« Das Christus-Licht ist ein äußerst wirkungsvoller Schutz. Wenn Sie rein genug sind, um ständig in ihm zu leben, sind Sie vollkommen sicher. Allerdings hat sich zurzeit niemand inkarniert, der diesen Grad der Reinheit erlangt hat.

4. Das Symbol des Kreuzes

Dies ist ein weiteres sehr machtvolles Symbol, das die Christus-Energie hinter sich hat. Stellen Sie sich ein Kreuz vor sich, eines hinter sich, eines links und eines rechts von Ihnen, eines über und eines unter Ihnen vor. Dies wird Ihre Aura auf sehr effektive Weise versiegeln.

Für gewisse Menschen ist es sehr wichtig, etwas Körperliches zu tun. In diesem Fall malen Sie mit dem Finger ein Kreuz über oder vor jedes Ihrer Chakras, und stellen Sie sich vor, dass diese dadurch versiegelt und so geschützt sind.

5. Die Macht Gottes

Wenn Sie sehr stark an den göttlichen Quell oder an Gott glauben, rufen Sie seine Macht an, damit diese Sie beschützt, und stellen Sie sich auf jede Ihnen zusagende Weise vor, dass dies geschieht.

6. Spiegel

Dies ist eine sehr effektive Methode, um parapsychische Angriffe abzuwehren. Jeder, der Ihnen wütende, bösartige oder zerstörerische Gedanken schickt, richtet seine Energie auf eine Weise gegen Sie, die Ihre Aura durchdringen kann.

Sind Sie manchmal ohne ersichtlichen Grund erschöpft, reizbar, nervös oder fühlen Sie sich häufig krank? Wenn die Kraft, die auf Sie gerichtet ist, auf den Spiegel trifft, wird sie auf denjenigen zurückgeworfen, der sie ausgesandt hat. Manche Menschen halten dies nicht für spirituell vertretbar, aber es wirft das schlechte Karma sofort auf die andere Person zurück und bietet ihr so eine Möglichkeit des Wachstums.

Bitten Sie darum, dass ein Spiegel mit der reflektierenden Seite von Ihnen abgewandt zwischen Sie und die Quelle des Angriffs zum höchsten Wohle aller Beteiligten platziert werden möge. Stellen Sie sich dann vor, dass Sie auf allen Seiten von Spiegeln umgeben sind, sodass die »Energiepfeile« dorthin zurückgeschickt werden, von wo sie kommen.

7. Gebete
Bestimmte Gebete wie das Vaterunser oder das Gayatri-Mantra werden Sie schützen.

WIE KÖNNEN SIE IHRE KINDER BESCHÜTZEN?
Die meisten Kinder sind offen und verletzlich. Häufig beschützt sie die männliche Energie ihres Vaters, Großvaters oder Onkels automatisch, aber wenn sie kein starkes männliches Elternteil oder einen starken männlichen Verwandten haben, brauchen sie zusätzlichen Schutz.

Beten Sie darum, dass Ihr Kind beschützt werden möge, und bitten Sie spezifisch um das, was Ihnen dabei am hilfreichsten erscheint. Dann stellen Sie sich vor, dass Ihr Kind davon umgeben ist.

Viele der heutigen Kinder sind parapsychisch begabt, offen und nicht geerdet. Sie können ihnen helfen, indem Sie ihre Aura parapsychisch versiegeln. Reiben Sie die Hände aneinander, um Energie zu erzeugen. Halten Sie sie dann in die Höhe und bitten Sie die Schutzengel oder Erzengel Michael sie zu berühren. Fahren Sie dann mit den Handflächen in einem Abstand von zehn Zentimetern über die Aura des Kindes, bis Sie das Gefühl haben, die Aura sei glatt und versiegelt.

Wenn Sie ein Foto des Kindes auf Foto Nummer 22 von Erzengel Michael (Kapitel 15) stellen, wird es automatisch dessen Schutz genießen.

Kapitel 3

ALLTÄGLICHE ENTSCHEIDUNGEN, DIE DEN AUFSTIEG FÖRDERN

IST LÄUTERUNG FÜR DEN AUFSTIEG WICHTIG?

Die Aura gleicht einem Schwamm, der alles in seiner Umgebung aufsaugt. Wenn Sie einen Schwamm im schmutzigen Wasser liegen lassen, können Sie getrost davon ausgehen, dass er ebenfalls schmutzig sein wird. Wenn Sie ihn aber in klarem, sauberem Wasser liegen lassen, werden Sie nur klares Wasser herausdrücken. Um einen weiteren Vergleich zu gebrauchen: Sie leben in einem Teich, der mit Ihren eigenen Gedanken und Gefühlen gefüllt ist. Die Aura wird von allem und jedem in Ihrer Umgebung beeinflusst: von den Fernsehsendungen, die Sie sehen, bis zu den Menschen, mit denen Sie Umgang pflegen. Wie sieht Ihr Teich also wohl aus?

EINE ANALOGIE FÜR LÄUTERUNG UND AUFSTIEG

Stellen Sie sich einmal vor, Sie wären ein fein gewobenes, weißes Leinentuch, das in den Schmutz geworfen wurde. Der Schmutz kann tief eingedrungen sein, er kann das Tuch aber auch nur oberflächlich verschmutzt haben. Wenn Ihre Seele voller Negativität ist, müssen Sie sich sehr stark läutern. Wenn sie aber nur oberflächlich beschmutzt wurde, müssen Sie einfach dafür sorgen, dass sie sauber bleibt.

Wenn das Tuch gewaschen wurde und wieder schneeweiß ist, hängen Sie es auf die Leine, damit die Sonne es trocknen kann und es das Licht der Sonne absorbiert. Wenn die Wetterbedingungen ungünstig sind, dauert dies möglicherweise eine ganze Weile. Wenn es aber ein sonniger, warmer Tag ist, müssen Sie nicht lange warten, bis das Tuch trocken ist. Ihre Seele bestimmt, unter welchen Umständen Sie leben, und Sie entscheiden, wie Sie mit diesen Umständen umgehen. Der eine mag hinauslaufen, um das Tuch in den Wind zu halten und dafür zu sorgen, dass es immer in der Sonne bleibt. Ein anderer sagt sich vielleicht, dass es das ja gar nicht wert wäre, und ergreift keine der Möglichkeiten, die ihm im Interesse seines spirituellen Wachstums präsentiert werden. Wenn das Tuch rein und leuchtend weiß auf den Tisch gelegt wird, hat sich seine Bestimmung erfüllt.

Das Lesen dieses Buches und das Betrachten der Orb-Fotos ist eine dieser Gelegenheiten, die Sie angezogen haben.

TÄGLICHE ENTSCHEIDUNGEN IM INTERESSE DES AUFSTIEGS

1. FERNSEHEN

Wählen Sie mit Bedacht, was Sie sich anschauen. Eine Sendung mit einer niedrigen Schwingung kann Sie mit schweren Schwingungen füllen, während eine Sendung voll Licht und Lachen das Alte in Ihnen erschüttern und Sie erheben kann.

2. LESEN

Suchen Sie sich Ihre Lektüre sorgfältig aus. Ein spirituelles Buch strahlt Licht aus und erhellt den ganzen Raum, während es Ihre Schwingung beim Lesen anhebt.

3. BLUMEN

Unterschätzen Sie nie die Macht der Blumen. Sie sind nicht einfach nur schön anzusehen, sie reinigen die Atmosphäre, erhöhen die Schwingung, heilen Sie und helfen Ihnen auf vielerlei Weise. Pflanzen Sie welche, wenn Sie können. Kaufen Sie welche für Ihre Wohnung und vergessen Sie nicht, sie zu segnen und sich bei ihnen zu bedanken.

Dianas Geschichte: Ich sollte ein Seminar im Ausland halten, hatte aber nichts vom Veranstalter gehört, der, wie ich später erfuhr, einen Nervenzusammenbruch hatte und sich im Krankenhaus befand. Anrufe und E-Mails von meinem Büro wurden nicht beantwortet. Ich wusste nicht einmal, wo das Seminar stattfinden sollte. Aber ich dachte an all die Menschen, die sich bereits für das Seminar angemeldet hatten, und ich glaube, dadurch öffnete sich ein Spalt in meiner Aura.

An dem Tag, an dem ich eigentlich zum Veranstaltungsort fliegen sollte, ging ich auf dem Land spazieren. Ein Forsythien-busch voller gelber Blüten, der ganz allein dastand, erregte meine Aufmerksamkeit, und ich ging zu ihm. Als ich noch etwa einen Meter von ihm entfernt war, strömte aus ihm plötzlich ein helles gelbes Licht hervor und drang in meine Aura ein. Ich hüpfte vor Schreck fast in die Luft. Erzengel Michael sagte mir, dass der verhinderte Veranstalter mir seinen Ärger geschickt hatte und dass meine Sorge um die Teilnehmer mich dafür geöffnet hatte. Um mir zu helfen, hatte mich der Erzengel zu dem Busch mit den gelben Blüten geführt, der mir seine Energie geschickt hatte, um meinen Solarplexus zu stärken. Blumen sind ganz erstaunliche Heiler.

4. FREUNDE

Suchen Sie sich Ihre Freunde und Gefährten sorgfältig aus. Vermeiden Sie Menschen, die deprimiert sind, die anderen etwas neiden oder über sie klatschen, die sich allen möglichen

Süchten hingeben oder einfach eine unangenehme Art haben. Es ist möglich, dass Sie ihre Schwingung erhöhen können, es ist allerdings ziemlich wahrscheinlich, dass sie Ihre senken werden. Wenn Sie wirklich den Aufstieg anstreben, ist es besser für Ihr spirituelles Wachstum, wenn Sie allein bleiben, als wenn Sie Ihre Zeit mit unangenehmen Menschen verbringen. Sie können während Ihres Lebens Ihr Bewusstseinsniveau anheben, sodass Sie neue Freunde anziehen werden, die auch auf der neuen, höheren Ebene schwingen.

5. FERIEN

Es gibt viele Orte, die Ihr Leben bereichern und an denen Sie sich entspannen und Ihre Batterien wieder aufladen können. Wir erhielten ein paar Fotos von einigen Mädchen, die auf einer Sauf- und Spieltour in Las Vegas gewesen waren. Sie zeigten sie in einem Kasino, umgeben von Wesenheiten und niedrigen Schwingungen. Aber die Mädchen hatten eindeutig eine hohe Schwingung, denn ein riesiger Einhorn-Orb hatte sich um sie gelegt und beschützte sie. Es war klar, dass es für ihren Aufstieg nicht besonders nützlich war, sich an einem solchen Ort aufzuhalten.

Fünfdimensionale Menschen verbringen ihre Freizeit gern mit Aktivitäten, die ihre Schwingung anheben. Der Aufenthalt in den Bergen, am Meer oder auf dem Land, Bewegung, Schwimmen mit Delfinen, der Besuch eines Aschrams oder inspirierender Freunde wird Ihre Aura zum Strahlen bringen.

Manche Menschen benutzen ihre Freizeit auch dazu, anderen in irgendeiner Weise zu dienen, Gefängnisinsassen zu betreuen oder bedürftigen Menschen zu helfen. Sie brauchen besonderen Schutz.

6. HOBBYS

Wenn Sie Ihre Hobbys nicht mehr begeistern, suchen Sie sich neue. Hobbys, die Sie faszinieren und bei deren Ausübung Sie andere Begeisterte kennenlernen, die Sie inspirieren, sind perfekt. Suchen Sie sich Freizeitaktivitäten, die Ihnen ein Gefühl des Friedens, der freudigen Erregung, der Gelassenheit, der Fürsorglichkeit, der Liebe oder jeder anderen positiven Eigenschaft vermitteln oder einfach nur Riesenspaß machen.

7. DER AUFENTHALT IN DER NATUR

Gartenarbeit oder Spaziergänge in der Natur sind eine wunderbare Möglichkeit, Ihre Zellen aufzuladen und sich mit Mutter Erde zu verbinden, besonders wenn Sie sich die Zeit nehmen, die Aussicht zu genießen und sich an Vögeln, Tieren, Blumen und dem prallen Leben, das Sie umgibt, zu erfreuen. Umarmen Sie einen Baum. Segnen Sie Blumen und Gewässer.

8. BEWEGUNG

Gesunde Bewegungsarten sorgen dafür, dass mehr Endorphine ausgeschüttet werden und dass Ihr Licht heller strahlt.

9. LACHEN

Lachen bringt Ihre Aura zum Leuchten. Je mehr Sie lachen, desto leichter und heller werden Sie. Lachen schüttelt die schweren Schwingungen aus Ihnen heraus und öffnet Sie der göttlichen Energie.

10. WASSER

Duschen, baden, schwimmen, paddeln oder im Wasser plantschen reinigen Ihre Aura. Das Schwimmen in klarem Wasser hat einen sehr starken läuternden Effekt.

11. FEUER

Während ich dies schreibe, fühle ich mich gesegnet, dass ich einen Holzofen in meiner Küche habe. Ich kann dasitzen und in der Gewissheit in die Flammen schauen, dass mir mein Feuer viel mehr bietet als nur Wärme.

12. ÄSTHETISCHE UND SAKRALE GEGENSTÄNDE

Umgeben Sie sich mit schönen Dingen voller heiliger Energie, und sie werden ihr Licht in Ihre Umgebung ausstrahlen.

13. MUSIK

Sakrale, inspirierende, harmonische Musik, die Ihre Schwingung anhebt, kann Ihre Aura läutern und heller strahlen lassen.

14. KREATIVER SELBSTAUSDRUCK

Zeichnen, Malen, Papierblumen basteln, Schmuck herstellen oder sakrale Tänze reinigen Ihre Energie und öffnen Ihr Herz.

15. SPIELEN MIT TIEREN UND KINDERN

Unschuld oder das Verweilen in der eigenen Essenz sind wichtige Eigenschaften für den Aufstieg. Wenn Sie mit Tieren oder Kindern spielen, öffnet sich Ihr Herz diesen Eigenschaften.

16. GEBEN SIE IHRE FREUNDE, IHRE VERWANDTEN UND IHRE LIEBEN FREI

Wenn Sie aneinandergebunden sind, klammern Sie sich aneinander fest. Um aufsteigen und Ihre Lieben den für sie höchsten spirituellen Weg gehen lassen zu können, müssen Sie sie freigeben. Das bedeutet nicht, dass Sie sie weniger lieben sollen, sondern dass Sie sie auf eine viel höhere Art und Weise lieben – ohne Bedürftigkeit und ohne Erwartungen.

Wir erhielten Foto Nummer 2 von Joyce Rimmell. Sie hatte es auf einer Abschiedsparade für Luftwaffenangehörige aufgenommen, bei der ihr Enkel verabschiedet wurde. Es spendete ihr großen Trost. Sie sagte: »Dies ist ein gutes Foto, um zu zeigen, dass Engel und verstorbene Angehörige überall sind, selbst an Orten, an denen die Energie so negativ zu sein scheint.« Sie hat nicht nur recht, es gibt sogar noch mehr darauf zu sehen, denn der große Orb enthält die Energie eines Einhorns und eines Engels der Liebe.

Der Engel der Liebe hilft den Menschen im Interesse des Gemeinwohls zusammenzuarbeiten, während das Einhorn den Familien hilft, ihre Lieben im Interesse eines größeren Werkes loszulassen. Über dem Kopf ihres Enkels befindet sich sein Schutzengel mit dem Geist eines lieben Angehörigen, der gekommen ist, um den Enkel zu sehen. Auch die anderen Offiziere haben ihre Schutzengel über sich. Der andere Orb im Vordergrund und die Orbs über den Männern in der Parade sind die Geister von Freunden, Verwandten und anderen ihnen nahestehenden Personen, die mit den Engeln gekommen sind, um sich die Parade anzuschauen.

Foto Nummer 2: Ein Einhorn und ein Engel der Liebe bei einer Parade, fotografiert von Joyce Rimmell.

Wenn Sie sich Foto Nummer 2 anschauen, erhalten Sie die Unterstützung der Engel, damit Sie Ihre Lieben freigeben können.

17. AUF DEM WEG DES AUFSTIEGS SICH SELBST TREU BLEIBEN

Auf Foto Nummer 3 sehen wir, dass Engel der Erzengel Uriel und Raphael in ein Büro gekommen sind, wo ein 18. Geburtstag gefeiert wird. Die Engel haben die Geister von verstorbenen Angehörigen mitgebracht. Auf diesem Foto können Sie ganz deutlich sehen, wie der Schutzengel der Frau unten rechts im Bild sie beschützt. Die Frau im grünen Pullover hat einen riesigen Orb der Engel der Erzengel Uriel und Raphael hinter sich, die gekommen sind, damit sich alle Anwesenden wohlfühlen. Erzengel Uriels Engel gibt allen Anwesenden ein Gefühl der Zuversicht, dass sie, so wie sie sind, gut sind, und Erzengel Raphael strahlt ein Gefühl des Reichtums aus. Die Geister übermitteln die Botschaft, dass es eine höhere Möglichkeit gibt, Dinge zu tun, und erinnern die Anwesenden daran, dass es jenseits der Arbeit auch noch eine Welt gibt.

Foto Nummer 3: Engel der Erzengel Uriel und Raphael bei einer Geburtstagsfeier, fotografiert von Kathy Smith.

Wenn Sie sich die Orbs auf Foto Nummer 3 anschauen, erhalten Sie die Erlaubnis, Sie selbst zu sein, und zwar unabhängig davon, wo Sie sich gerade befinden, damit Sie sich auf dem Weg des Aufstiegs selbst treu bleiben können.

18. FAMILIE

Eine der größten spirituellen Verantwortungen, welche die meisten Menschen in ihrem Leben auf sich nehmen, ist die Erziehung ihrer Kinder, denn diese sind Seelen, die ihrer Obhut anvertraut wurden.

Foto Nummer 4: Erzengel Michael, ein Einhorn und ein Schutzengel beschützen eine Familie, fotografiert von Julie Kingsley.

Auf Foto Nummer 4 ist der Orb aktiv, was man an seiner Form erkennen kann. Dieser Orb ist Erzengel Michael mit einem Einhorn und dem Schutzengel der Mutter. Erzengel Michael beschützt die ganze Familie, während die Einhorn-Energie ihnen allen Erleuchtung bringt. Der Schutzengel der Mutter hält ihr Licht stabil.

Auf diesem Foto einer glücklichen Familie schickt der Orb der Frau Energie, um ihr Hals-Chakra zu schützen und es ihr zu ermöglichen, sich in die fünfte Dimension emporzuschwingen.

Der Orb hat sich über dem Kronen-Chakra des unschuldigen Mädchens platziert, weil sich diese unbewusst damit verbunden hat, um ihre Mutter in einem Zustand kindlicher Unschuld und Reinheit zu halten, den sie für den Aufstieg braucht.

Der Orb hält zudem die ganze Familie in der richtigen Energie für den Aufstieg.

Wenn Sie sich Foto Nummer 4 anschauen, wird in Ihnen die Qualität der Erleuchtung aktiviert, die Sie auf den Weg des Aufstiegs führt.

Der Orb auf Foto Nummer 5 weist auf die Bedeutung des Familienlebens hin. Das Foto zeigt, wie sehr sich die Erzengel bemühen, ganzen Familien den Aufstieg zu ermöglichen. Auf diesem Foto sehen wir einen Orb von Engeln der Erzengel Uriel, Raphael und Zadkiel mit Geistern. Dies verheißt viel, denn Erzengel Uriel entfernt Energie, die alle Familienmitglieder einschränken würde, sich auf den Weg des Aufstiegs zu begeben. Erzengel Zadkiel verströmt die Energien der Freude und Umwandlung, während Erzengel Raphael alle in seinem heilenden Licht hält. Die Geister lernen, Führer zu sein, und erfahren hier, was Menschen vom Aufstieg abhält.

Foto Nummer 5: Engel der Erzengel Uriel, Raphael und Zadkiel und Geister, die einer Familie helfen, fotografiert von Noel O'Neill.

Wenn Sie sich Foto Nummer 5 anschauen, erfahren Sie eine Läuterung Ihres Bewusstseins, die es Ihnen ermöglichen wird, über Ihre Begrenzungen hinauszugehen und sich auf den Weg des Aufstiegs zu begeben.

Kapitel 4

GEISTFÜHRER

Jeder Mensch hat nur einen Schutzengel, der ihm für sein ganzes Leben zugeteilt ist, aber viele Geistführer. Diese werden je nach dem Licht, das Sie ausstrahlen, angezogen. Deshalb gilt: Je erleuchteter Sie werden, desto höher sind die Führer, die mit Ihnen arbeiten, bis Sie möglicherweise sogar einen aufgestiegenen Meister an Ihrer Seite haben.

Sie können mehrere Geistführer auf einmal haben. Einer kann Ihnen in finanziellen Dingen helfen, ein anderer war vielleicht einmal eine Nonne und kann Sie nun auf dem spirituellen Weg führen oder Ihnen helfen, ruhiger zu werden. Ein Dritter kann Ihnen in Ihrem Beruf helfen. Ein Vierter ist möglicherweise ein uralter Weiser. Da Ihre Gedanken diese Führer anziehen, reagieren sie auf Ihre Bedürfnisse und Wünsche.

Um ein Geistführer zu werden, muss man sich einer umfassenden Ausbildung auf den inneren Ebenen unterziehen, da dies eine sehr verantwortungsvolle Position ist. Allerdings können Ihnen auch Menschen helfen, die Sie einmal geliebt haben. Solche Wesen sind Geisthelfer, aber keine Geistführer.

Viele Geistführer erscheinen Ihnen so, wie sie in ihrer letzten Inkarnation ausgesehen haben. Da sie ein der Weisheit gewidmetes Leben geführt haben müssen, sind sie häufig Ureinwohner, Mönche oder Ärzte.

KUMEKA

Geistführer haben normalerweise eine physische Inkarnation hinter sich. Mein wichtigster Führer Kumeka hat aber nie auf Erden gelebt. Er ist einer der höheren Meister, stammt aus einem anderen Universum und ist gekommen, um dem Planeten in dieser schwierigen Zeit zu helfen.

EINSAMER WOLF (LONE WOLF)

Ich war fasziniert, als ich Foto Nummer 6 sah, denn es stellte sich heraus, dass sich in diesem Orb die Großmutter von Pam Raworth gemeinsam mit Einsamer Wolf befand, einem sehr bekannten und beliebten Führer. Wir erfuhren, dass Einsamer Wolf der Freund der Großmutter ist und dass sie Pams Familie – inklusive Katze – besuchen wollten, um ihr Liebe zu bringen.

Foto Nummer 6: Einsamer Wolf, fotografiert von Pam Raworth.

Einsamer Wolf ist auch der Geistführer von Kathys Mann Paul. Dieser erzählte mir, dass er sich als Kind vor Wölfen gefürchtet hatte. Da er medial veranlagt war, konnte er Wölfe um sich herum sehen. Als er älter wurde, erkannte er, dass sie bei ihm waren, weil sie Einsamer Wolf begleiteten. Er erklärte mir, dass Einsamer Wolf ein Häuptling der Kiowa-Indianer gewesen sei und für ihn so etwas wie eine Vaterfigur wäre, obwohl er manchmal auch seine Späße mit ihm trieb. Paul sagte: »Wenn er da ist, habe ich das Gefühl, dass alles in Ordnung ist.«

Wenn Sie sich den Orb auf Foto Nummer 6 anschauen, bekommen Sie das Gefühl, dass alles in Ordnung ist.

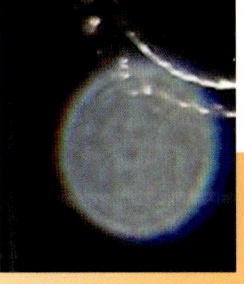

Foto Nummer 7: Engel der Erzengel Zadkiel, Gabriel und Michael und ein Geistführer, fotografiert von Pam Raworth.

2007 nahm Pam während meines jährlichen *Angel-Awareness-Seminars* noch viele andere wunderbare Orb-Fotos auf. Auf einem von ihnen – Foto Nummer 7 – sehen wir Engel der Erzengel Zadkiel, Gabriel und Michael gemeinsam mit Pams Geistführer. Ihr Führer hielt ihr Bewusstsein auf dem richtigen Niveau, damit sie diese Orb-Fotos machen konnte. Ich finde es extrem nützlich, mir immer wieder klarzumachen, dass ich meinen Führer bitten kann, meine Frequenz auf dem richtigen Niveau zu stabilisieren, damit ich das erreichen kann, was ich im Interesse des höchsten Guten erreichen möchte. Vielleicht ist dieser Hinweis auch für Sie nützlich.

Wenn Sie sich Foto Nummer 7 anschauen, bekommen Sie ein Gefühl der Gewissheit, dass Sie geführt werden.

Kapitel 5

DIE HIERARCHIE DER ENGEL

DAS REICH DER ELEMENTARWESEN

Zu den untersten Rängen der Engelhierarchie gehören die Elementarwesen. Dazu zählen Feen, Gnome, Kobolde, Elfen, Faune, Salamander, Undinen, Nixen, Kyhils, Esaks und Drachen.

ENGEL

Engel sind von Gott gesandte Boten. Den niedrigsten Rang nehmen die Schutzengel ein, die sich um den ihnen zugeteilten Menschen kümmern und alle persönlichen Aufzeichnungen über ihn aufbewahren. Auf einer höheren Frequenzebene, aber noch unter den Erzengeln, befinden sich viele verschiedene Ränge der Engel – von Engeln des Schutzes über Engel des Friedens bis zu Engeln der Liebe.

ERZENGEL

Erzengel dienen in einer kosmischen Funktion und sind für die unter ihnen stehenden Engel verantwortlich. Sie oder ihre Engel verschmelzen manchmal miteinander, um ein besonders helles Licht auf einen bestimmten Menschen scheinen zu lassen, wie man an den Orbs in diesem Buch leicht erkennen kann.

EINHÖRNER

Einhörner sind aufgestiegene Pferde und damit siebendimensionale Geschöpfe, die vollkommen in die Hierarchie der Engel integriert sind. Sie haben dieselbe Schwingungsfrequenz wie Erzengel und sind in den letzten Jahren zum ersten Mal seit dem Niedergang von Atlantis zurückgekehrt, um uns in Erstaunen zu versetzen und uns Erleuchtung zu bringen. Durch ihre Lichthörner strömt das Licht der Heilung. Sie suchen nach Menschen, welche die Vision haben, nicht nur sich selbst, sondern auch anderen zu helfen. Dann arbeiten sie mit diesen Menschen, um ihnen Kraft, Mut, Würde und Reinheit zu schenken, damit sie ihre Bestimmung erfüllen können.

Ihr Einhorn wird Ihnen helfen, die Sehnsüchte Ihrer Seele zu aktivieren und den Grad Ihrer Erleuchtung anzuheben, damit Sie den Weg des Aufstiegs erreichen können.

Auf Foto Nummer 8 ist zu sehen, wie ein Einhorn den Mond umhüllt und Erleuchtung auf alle Wesen scheinen lässt, die offen dafür sind.

Foto Nummer 8: Ein Einhorn-Orb
umgibt den Mond,
fotografiert von Einav Adir.

Wenn Sie sich den Orb auf Foto Nummer 8 anschauen, empfangen Sie Heilung und den Wunsch, den Gedanken der Einheit in die Welt zu tragen.

ENGELFÜRSTEN

Einen Rang über den Erzengeln befinden sich die Engelfürsten, die für große Organisationen wie Krankenhäuser, Großkonzerne und Regierungsbehörden verantwortlich sind. Sie kümmern sich auch um Klein- und Großstädte, Schulen, heilige Orte, Länder und um Großanlässe und Großprojekte.

Auf Foto Nummer 9 können Sie einen Orb mit drei Köpfen sehen. Der untere Teil des Orbs ist eine der Mächte, die einen Rang über den Engelfürsten stehen.

Dies ist Wywyvsil, der die drei Engelfürsten aktiviert und ihnen größere Macht verleiht, weil es in der betreffenden Gegend eine Krise gibt. Die Engelfürsten wiederum geben einem von Erzengel Gabriels Engeln, der in dem hellen Orb über ihnen zu sehen ist, Anweisungen. Alle Orbs transportieren Geister, und einige der Engel der Liebe transportieren die Geister von Tieren, die diesen Ort besonders gern hatten. Außerdem sind winzige Flecken zu sehen, die Feen darstellen.

Wywyvsil bringt Karma an die Oberfläche, das zu Blockaden in Ihrem Leben geführt hat – auf eine Weise, mit der Sie umgehen können. Außerdem löst er kollektives Karma auf. Diese Orbs werden den Grad Ihrer Erleuchtung anheben und Ihnen eine umfassendere Sichtweise des Lebens und der Welt ermöglichen.

Foto Nummer 9: Eine der Mächte, drei Engelfürsten und Engel des Erzengels Gabriel, die Geister transportieren, fotografiert von Mandy Whalley.

Wenn Sie sich Foto Nummer 9 anschauen, fangen Sie an zu verstehen, wie viel Hilfe der Menschheit tatsächlich zur Verfügung steht.

MÄCHTE

Zu den Mächten gehören die Herren des Karmas, die über die Akascha-Chronik wachen, und die Engel von Geburt und Tod. Weitere Informationen über die Herren des Karmas finden Sie in Kapitel 7.

TUGENDEN

Die Tugenden schicken riesige Lichtstrahlen auf die Erde, um Veränderungen im Bewusstsein zu bewirken – ein Prozess, der gerade jetzt stattfindet.

HERRSCHAFTEN

Herrschaften beaufsichtigen die unter ihnen stehende Engel-hierarchie, sie segnen die Menschheit mit ihrer Barmherzigkeit und helfen uns beim Aufstieg.

THRONE

Throne empfangen ihre Illumination direkt vom göttlichen Quell und wandeln die göttliche Weisheit in Schwingungen um, welche die Menschheit auch annehmen kann. Sie kümmern sich um die Planeten. So ist zum Beispiel Meisterin Gaia der Thron, in dessen Obhut sich die Erde befindet.

CHERUBIM

Die Cherubim sind die Engel der Weisheit und die Wächter der Sterne und der Himmel.

KERUBEN

Keruben arbeiten eng mit den Cherubim zusammen, so wie Engel mit den Erzengeln zusammenarbeiten.

Die Keruben helfen den Cherubim bei deren Arbeit mit den Sternen und arbeiten mit den universellen Engelgesandten zusammen. Die Schwingungsfrequenz der Keruben ist nicht so hoch wie die der Throne, aber höher als die der Engelfürsten. Als die Menschen, die während der Renaissance lebten, Keruben sahen, konnten sie nur einen winzigen Aspekt von ihnen wahrnehmen. Wenn wir Einhörner in der Ferne sehen, erkennen wir nur ein kleines, aber sehr helles Licht. Wenn sie näher kommen, wird das Licht größer, aber weicher und diffuser. Mit der Energie der Keruben ist es ganz ähnlich. Wenn sie uns als sehr hell und klar erscheinen, sind sie sehr weit entfernt.

Warum werden Keruben als Babys dargestellt und von Mystikern auf diese Weise gesehen?

Hauptsächlich weil die Menschen, die mit ihnen in Kontakt kommen, ihr Licht, ihre Freude und ihre reine Unschuld spüren. Während der Renaissance kamen weit mehr Engel auf die Erde als üblich – so wie auch heute wieder. Aber in der damaligen Zeit litten viele Menschen unter Fieberschüben, wodurch der Schleier zwischen den Welten durchlässiger wurde, sodass sie die Keruben wahrnehmen konnten. Die Cherubim hingegen schwangen auf einer zu hohen Frequenz und waren nicht sichtbar. Eine Krankheit kann also oft auch eine Chance darstellen, eine größere Perspektive zu gewinnen.

Wer hat Kontakt zu den Keruben?

Menschen, die sich verletzlich fühlen, identifizieren sich mit ihnen, während Menschen, welche die Sterne und erweiterte Universen lieben, automatisch eine Verbindung zu ihnen haben.

Wie können wir mit den Cherubim Kontakt aufnehmen?

Dazu müssen Sie einen hohen Grad der Läuterung erlangt haben. Die Einhörner und Erzengel Gabriel können Ihnen dabei helfen. Sie können mit ihnen Kontakt aufnehmen, indem Sie über den Orb eines Cherubim meditieren oder über einen Orb von Mutter Maria, indem Sie in die Sterne schauen, zu den Pyramiden reisen oder sich ein Bild von ihnen anschauen.

Welchen Nutzen hat es, Verbindung zu den Cherubim herzustellen?

Der größte Nutzen ist wohl, dass sie den Menschen helfen, Verbindung zu ihrem Ursprungsplaneten aufzunehmen. Sie helfen uns auch bei der Verbindung mit Neptun, dem vierten Planeten, der einst als der verborgene Planet bekannt war. Die anderen drei Sternensysteme, die für den Aufstieg der Erde wichtig sind, sind Orion, Sirius und die Plejaden. Wenn wir die Verbindung zu allen hergestellt haben, wird dies unsere Mutter Erde heilen und ihr helfen, aufzusteigen. Zudem werden Sie ein neues Verständnis von der ungeheuren Großartigkeit der Schöpfung erlangen.

SERAFIM

Die Serafim, deren Essenz reine Liebe ist, nehmen den höchsten Rang in der geistigen Hierarchie der Engel ein. Sie umgeben die Gottheit und erschaffen die Harmonik, welche die Schwingung der Schöpfung bewahrt und die Energie vom göttlichen Quell in die Schöpfung lenkt.

Normalerweise interagieren sie nicht mit Menschen, außer um große Projekte im Interesse des Aufstiegs des Planeten voranzubringen. Uns wurde eine große Ehre zuteil, als während der Arbeit an diesem Buch Serafim mehrmals mit uns kommuniziert haben. Serafina, deren große Kristallkugel sich rechts jenseits des Sternentor-Chakras befindet, wenn Sie hochschauen, erzählte uns, dass sie mit uns Kontakt aufgenommen hätten, weil die Verbreitung des Lichts der Orbs von ihnen für so wichtig gehalten wird. **Serafina**, eine weibliche Energie, hilft, die Menschheit auf den Aufstieg vorzubereiten.

Serafisa, ebenfalls eine weibliche Energie, hilft der Menschheit, sich zu entspannen und Stress loszuwerden, damit wir in Kontakt mit unseren Herzen treten können. Dadurch werden die Menschen ihr Mitgefühl entdecken. Der göttliche Quell betraute Serafisa speziell mit dieser Aufgabe.

Serafiel, eine männliche Energie, arbeitet daran, die Ordnung im Universum aufrechtzuerhalten. Weil das gegenwärtig so niedrige Bewusstseinsniveau auf der Erde den göttlichen Plan aufhält, konzentriert er seine Aufmerksamkeit auf uns. Er versucht im Besonderen jene Menschen zu beeinflussen, die selbst Einfluss haben und die den Wandel beschleunigen können. Auf den Fotos 10 und 50 ist Serafiel zu erkennen.

Der Orb auf Foto Nummer 10 ist Serafiel, einer der mächtigen Serafim. Er kam an den Ort, an dem dieses Foto aufgenommen wurde, um dort höhere Energie zu erzeugen, da dieser spezielle Ort oft von Menschen aufgesucht wird, die ausschließlich in der materiellen Welt leben. Wenn solche Menschen unter dem Baum sitzen oder Schutz suchen, »schaltet« die Energie sie an und erweckt die Spiritualität in ihnen.

Paul der Venezianer ist mit Serafiel gekommen, um solchen Menschen Freiheit von ihrem niederen Bewusstsein zu bringen und die Grenzen der Welt zu erweitern, in der sie leben. Viele Menschen auf Erden haben mentale Begrenzungen errichtet, daher kann dieser Orb ihnen eine größere, umfassendere Perspektive ermöglichen.

Foto Nummer 10: Der Serafim Serafiel, ein Engel des Erzengels
Uriel mit Paul dem Venezianer, fotografiert von Tammie Stair.

Wenn Sie sich den Orb auf Foto Nummer 10 anschauen, werden Sie inspiriert, Ihr Leben in einem größeren Zusammenhang zu sehen und Ihren geistigen Horizont zu erweitern.

Kapitel 6

ERZENGEL UND DER AUFSTIEG

ERZENGEL

Die Erzengel unterstützen unseren Aufstieg weitaus mehr, als wir uns überhaupt vorstellen können. Während unsere Schutzengel die Vision unseres höchsten spirituellen Potenzials für uns aufrechterhalten, lassen die Erzengel ihr Licht auf dieses Potenzial scheinen und öffnen uns so Türen zu höheren Welten.

In diesem Kapitel veröffentlichen wir wunderbare neue Informationen über die Erzengel, die für die Entwicklung der zwölf Chakras zuständig sind. Wir stellen auch ihre Zwillingsflammen oder Archaii vor, die ihre weiblichen Ergänzungen sind. In diesem Buch zeigen wir Ihnen Orb-Fotos vieler dieser Erzengel, die Ihnen helfen werden, die zwölf Chakras – vor allem auch die transpersonalen – zu erwecken, sie zu öffnen und zu aktivieren, um Ihren Aufstieg zu beschleunigen.

ERZENGEL-STRAHLEN

Da jeder Erzengel auf einem bestimmten Strahl wirkt, kann er nur dessen Farbe und Energie auf uns scheinen lassen. Deshalb zeigen wir so viele Orbs, in denen zwei oder mehrere Erzengel ihr Licht verschmolzen haben, damit sie verschiedene Eigenschaften ausstrahlen können. So sieht man zum Beispiel auf Foto Nummer 22 (s. S. 106), dass Erzengel Michael sein Licht auf das zweier Engel der Erzengel Gabriel und Uriel richtet, damit sie die Kraft und den notwendigen Schutz haben, der menschlichen Angst entgegenzuwirken, während sie eine bestimmte Aufgabe ausführen. Ohne das Licht Michaels wären sie dazu nicht in der Lage.

ERZENGEL-EDELSTEINSTRAHLEN

Die Erzengel verfügen über die Macht, tief in die Erde einzudringen und bestimmte Steine mit ihrem Licht zu aktivieren. Diese werden dann zu Edelsteinen oder Kristallen. Wenn Menschen diese tragen, sie anschauen oder in der Hand halten, erhalten sie Zugang zu den Eigenschaften der Erzengel. Aus diesem Grund trugen die Mächtigen früher Edelsteine. Das Anschauen der Erzengel-Orbs schenkt den Massen heute dieselbe Energie. Wenn man mit Kristallen, Edelsteinen und Orbs meditiert, verstärken sich die Effekte zusätzlich.

Gabriel	Diamant	Klarheit, Läuterung, Freude, Beständigkeit
Michael	Saphir	Schutz, Stärke, Mut
Raphael	Smaragd	Heilung, Überfluss, geistige Klarheit und Macht
Uriel	Rubin	Selbstvertrauen, positives Selbstwertgefühl, Liebe
Chamuel	Rosenquarz	Liebe, Mitgefühl, Empathie
Metatron	Gold	Weisheit, Verbindlichkeit, Disziplin
Sandalphon	Silber	Mediale Fähigkeiten und Spiritualität
Jophiel	Citrin	Wohlstand, Glück
Zadkiel	Amethyst	Verbindung zu höheren Welten, Transmutation

NEUE ERZENGEL

Die Engel der Barmherzigkeit, die sich bisher ganz oben in der Hierarchie der Engel befunden hatten, haben nun die Frequenzebene von Erzengeln erreicht.

ARCHAOI

Die großen Sieben, also jene Erzengel, die aufgrund ihres beständigen Dienstes an der Menschheit am bekanntesten und am beliebtesten sind, heißen Michael, Uriel, Gabriel, Raphael, Chamuel, Jophiel und Zadkiel. Sie haben ihre Frequenz so weit angehoben, dass sie den Rang von Archaoi eingenommen haben – einen Rang, der etwas niedriger als der der Engelfürsten ist, die sich um größere Projekte auf Erden kümmern.

Auch die Erzengel Metatron und Sandalphon sind Archaoi. Die Erzengel Purlimiek, Gersisa, Butyalil und Fhelyai, die zwar nicht so bekannt sind, aber ebenfalls im Interesse positiver Veränderungen in der Natur, im Tierreich und auf dem ganzen Planeten wirken, sind ebenfalls in diesen Rang aufgestiegen. An anderer Stelle in diesem Buch zeigen wir Orbs der Erzengel Purlimiek, Gersisa und Butyalil. Auf Foto Nummer 48 sehen Sie Erzengel Fhelyai (s. S. 231).

DIE ERZENGEL HOLEN SIE AB, WENN SIE AUFSTEIGEN

Wenn Sie im Tod aufsteigen, kommen viele Erzengel und Meister, um Sie abzuholen – und in den Himmeln herrscht große Freude.

DIE ERZENGEL BEGLEITEN DIE MEISTER

Wenn die Meister durch die inneren Welten reisen, werden sie von Erzengeln begleitet. Jeder dieser Erzengel bringt seine spezielle Energie für die anstehende Aufgabe mit, während er den Meister einhüllt. Sie werden viele Fotos von solchen Orbs in diesem Buch finden, in denen die Meister mit bestimmten Erzengeln reisen, die sie beschützen oder die ihnen dabei helfen, Liebe, Frieden, Heilung oder andere wichtige Eigenschaften auszustrahlen.

IM CHRISTUS-LICHT REISEN

Selbst die größten Meister können nicht ohne einen Engel reisen – es sei denn, sie befinden sich im Christus-Licht, das sein eigener Schutz ist. Wir erfuhren dies in den Anfangstagen unserer Beschäftigung mit den Orbs, als wir uns ein Foto ansahen, das vor einem sehr dunklen Nachthimmel aufgenommen worden war. In diesem Orb konnten wir das Gesicht eines Meisters erkennen. Mein Führer Kumeka fragte uns immer wieder: »Was ist an diesem Orb anders?« Endlich sahen wir es: Dieser Meister hatte keinen Engel-Orb um sich herum. Und dann erkannten wir, dass er sich in einer Art goldenen Nebels befand, und begriffen, dass er in der größten aller Schutzenergien reiste: im Christus-Licht.

BEGLEITET EIN ENGEL EINE SEELE, DIE FESTSTECKT?

Die Geister derjenigen, die noch nicht hinübergegangen sind und hier feststecken oder verloren sind, werden immer von einem Elementarwesen begleitet, das Wuryl heißt. Sie sind sich dessen nur in den seltensten Fällen bewusst, aber niemand ist jemals allein.

WENN GEISTER REISEN

Die Geister derjenigen, die hinübergegangen sind, oder von Menschen, die außerhalb ihres Körpers reisen, werden immer von einem Schutzengel begleitet und manchmal auch von einem Erzengel – vorausgesetzt ihre Schwingungsfrequenz ist hoch genug.

ERZENGEL GABRIEL HOLT GEISTER AB

Ich nahm Foto Nummer 11 eines Abends in meinem Garten auf. Die Erzengel Gabriel, Mallory und Uriel holten Geister ab, die verloren waren und nun von ihnen freudig heimgebracht wurden. Man kann sehen, dass die Erzengel ebenso wie die Geister von Freude erfüllt sind. Meisterin Gaia – häufig auch als Mutter Erde bezeichnet – ist mit den Erzengeln und dem Serafim Serafiel verschmolzen und hält die Energie aufrecht. All das befindet sich im Licht des göttlichen Quells.

Fast immer sind in meinem Garten Engel des Erzengels Gabriel anzutreffen. Ich habe mich schon häufig gefragt, warum das wohl so ist. Mir ist auch aufgefallen, dass der Garten immer voller Geister ist, die darauf warten, hinüberzugehen. Uns wurde mitgeteilt, dass meine Arbeit in diesem Haus eine Energie erzeugt, die es den Seelen ermöglicht, voranzuschreiten, und dass sie sich deshalb von diesem Ort angezogen fühlen.

Dieser Orb hat eine Botschaft für alle, die helfen, das Bewusstsein für das Licht zu stärken. Auch Sie werden Geister anziehen, die Hilfe beim Übergang benötigen. Sie brauchen Ihre Hilfe, und Sie brauchen Schutz.

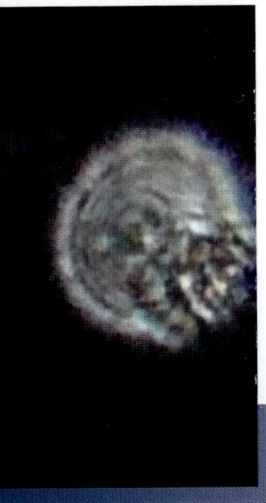

Foto Nummer 11: Die Erzengel Gabriel, Mallory und Uriel holen Geister ab, fotografiert von Diana Cooper.

Wenn Sie sich Foto Nummer 11 anschauen, werden Sie daran erinnert, dass es viele unerlöste oder verlorene Seelen gibt, die sich zu Ihrem Licht hingezogen fühlen. Denken Sie an sie und schützen Sie sich selbst.

WIE SIE DEN SEELEN HELFEN KÖNNEN, DIE ZU IHNEN KOMMEN

Es ist ganz einfach: Legen Sie Ihren Schutz an. Ich schlage Michaels blauen Schutzmantel und das Christus-Licht vor. Setzen Sie sich dann still hin und rufen Sie Mutter Maria an und bitten Sie sie, die betreffende Person abzuholen. Spüren oder beobachten Sie, was mit dem Geist geschieht, und ermutigen Sie ihn auf behutsame Weise, sich dem Licht zuzuwenden. Wenn er endlich sieht, wohin er gehen muss, rast er normalerweise voller Freude davon. Vielleicht spüren Sie, dass er von lieben Angehörigen abgeholt wird. Denken Sie daran, sich bei Mutter Maria und den Engeln in ihrer Begleitung zu bedanken.

Kapitel 7

DIE MÄCHTE UND DIE HERREN DES KARMAS

Den niedrigsten Rang in der Engelhierarchie haben die Schutzengel inne, dann folgen die anderen Engel. Über ihnen stehen die bewunderungswürdigen Erzengel und auf einer noch höheren Frequenz befinden sich die Engelfürsten, also diejenigen Engel, die sich um Städte, internationale Organisationen, Regierungen und Großprojekte kümmern. Der nächste Rang der Engel wird als »Mächte« bezeichnet. Zu diesen Ehrfurcht gebietenden Wesen gehören die Herren des Karmas und die Engel von Geburt und Tod.

Die Herren des Karmas treffen Entscheidungen in Bezug auf das Karma eines Menschen, einer Stadt, eines Landes und eines Planeten. Bis vor Kurzem gab es nur sieben Herren des Karmas, die jeweils für einen der sieben Strahlen der Erde zuständig waren. Nun, da die zwölf Strahlen wiederhergestellt wurden, gibt es auch zwölf Herren des Karmas. Diese unterscheiden sich deutlich von den Meistern oder Chohans der Strahlen, obwohl in bestimmten Fällen mehrere Meister Zuständigkeitsbereiche haben, die sich überschneiden.

Die Herren des Karmas sind in der folgenden Tabelle aufgeführt.

Erster Strahl	Der große göttliche Lenker	Der große göttliche Lenker hat sich niemals verkörpert und gehört weder zu diesem Universum noch zu irgendeinem anderen. Er steht Gott sehr nahe und überdenkt die Dinge des göttlichen Plans.
Zweiter Strahl	Die Göttin der Freiheit	Die Göttin der Freiheit war eine Hohepriesterin im Tempel der Freiheit in Atlantis. Sie arbeitet zum Teil mit Individuen, um ihnen zu helfen, sich mental und emotional zu befreien. Aber vor allem hält sie gemeinsam mit Paul dem Venezianer die Flamme der Freiheit hoch, um es der Menschheit zu ermöglichen, den Weg des Aufstiegs zu gehen. Es ist an der Zeit, dass die Menschen das Leben auf der Erde so erfahren, wie es gedacht war. Ihre Aufgabe besteht darin, die Energie des goldenen Atlantis wiederherzustellen.
Dritter Strahl	Meisterin Nada	Meisterin Nada ist Herrin des Karmas für den dritten Strahl und außerdem Meisterin des siebten Strahls.
Vierter Strahl	Pallas Athene	Die Göttin der Wahrheit.
Fünfter Strahl	Elohim Vista	Die Elohim sind die Schöpferengel.
Sechster Strahl	Guanyin	Die Göttin der Barmherzigkeit, die sich über 2000 Jahre lang in China inkarnierte. Sie verbreitet das göttlich Weibliche.

Siebter Strahl	Meisterin Portia	Die Göttin der Gerechtigkeit und die Sprecherin des Karmischen Direktoriums.
Achter Strahl	Jesus	Jesus ist nun Herr des Karmas für diesen Strahl. Er arbeitete eng mit Meister Maitreya, dem Herrn der Welt, und Kuthumi, dem Weltenlehrer, zusammen, hat sich jetzt aber weiterentwickelt und eine neue Rolle als Überbringer der kosmischen Liebe angenommen. Ein Aspekt von Jesus hat sich gegenwärtig auf Erden als ein Heiler namens Paul inkarniert, der mit dem Christus-Bewusstsein arbeitet.
Neunter Strahl	Josiah	Josiah stammt vom Sirius. Er hatte sich in Pompeji inkarniert, als dieses durch einen Vulkanausbruch zerstört wurde. Als er starb, bildete sein Geist eine Brücke, auf der andere Menschen hinübergehen konnten. Manche von ihnen stiegen auf. Er arbeitete mit Erzengel Uriel, blieb dabei ruhig und zentriert und wusste genau, was zu tun war. Er hilft uns immer noch, mit Vulkanausbrüchen und Erdbeben fertigzuwerden.
Zehnter Strahl	Abraham	Ein Aspekt von El Morya, dem Meister des ersten Strahls.

Elfter Strahl	Peter der Große	Peter der Große hatte viele Inkarnationen und stieg nach seinem Leben in Russland auf. Er war eng mit der Natur und dem Tierreich verbunden und hilft Organisationen, die sich um die Umwelt, die Aufforstung, die Säuberung der Flüsse und ähnliche Projekte kümmern. Wenn Menschen, die den Planeten verschmutzt haben, hinübergehen, hilft er ihnen zu verstehen, welche Konsequenzen ihre Taten haben. Er arbeitet eng mit Erzengel Purlimiek, dem Engel der Natur, und den Meistern der Elementarwesen zusammen. Seine Aufgabe besteht darin, bei der planetarischen Reinigung zu helfen – bis zurück in die Zeit der verheerenden Atombomben, die bei den frühen Experimenten in Atlantis explodierten.
Zwölfter Strahl	Katharina von Siena	Die heilige Katharina hilft, das spirituelle Licht unter den Menschen zu fördern. In ihren früheren Inkarnationen war sie Johanna von Orléans und Helena Blavatsky, die der Welt die Theosophie schenkte.

Foto Nummer 12: Der Erzengel Christiel mit Meister Josiah, dem Herrn des Karmas für den neunten Strahl, fotografiert von Patti McCullough.

Wenn Sie sich den Orb auf Foto Nummer 12 anschauen, empfangen Sie ein Gefühl für die Fairness des Universums.

Foto Nummer 13: Erzengel Mariel mit Peter dem Großen, dem Herrn des Karmas für den elften Strahl, fotografiert von Patti McCullough.

Wenn Sie sich Foto Nummer 13 anschauen, spüren Sie eine tiefe Verbindung zur Natur.

DIE ENGEL VON GEBURT UND TOD

Während der Geburt bringt ein Engel der Geburt Ihren Geist zu Ihrer Mutter und begleitet Sie während des Eintritts. Auch Ihr Schutzengel ist dabei anwesend.

Niemand stirbt allein. Ein Todesengel ist ebenso bei Ihnen wie Ihr Schutzengel. Andere Engel kommen möglicherweise, um Sie abzuholen, und selbstverständlich warten die Geister Ihrer Lieben auf Sie.

Wywyvsil: seine Rolle als Engel der Geburt

Wywyvsil ist einer der Herren des Karmas und für die Engel der Geburt zuständig. Der göttliche Quell und Wywyvsil bestimmen, wer sich inkarniert, da ein Platz auf diesem Planeten äußerst begehrt ist. Es gibt überall im Universum viele Seelen, die sehnsüchtig darauf warten, einen Körper auf Erden anzunehmen, weil die Chancen für das spirituelle Wachstum hier ganz außerordentlich gut sind. Es gibt keine andere Existenzebene, die Erfahrungen durch Sexualität, Empfindungen, Gefühle und physische Körper bietet. Nirgendwo gibt es einen Feedback-Organismus, wie es der Körper ist. Je nach den Botschaften, die Sie dem Körper durch Ihre Gedanken und Gefühle senden, blockiert eine Zelle Ihres Körpers den Fluss der Energie oder lässt ihn zu, wird dunkler oder heller, ist ungesund oder gesund.

Nachdem sich Wywyvsil mit dem göttlichen Quell darauf geeinigt hat, wer sich auf Erden inkarnieren darf, besteht seine Aufgabe darin, zu beaufsichtigen, wo und durch wen diese Seelen geboren werden. Zu diesem Zweck finden Beratungen mit den Erzengeln und Führern und mit dem höheren Selbst der möglichen Eltern und Geschwister statt.

Über Herausforderungen und Chancen muss ebenso entschieden werden wie über den Zweck und die Lektionen des betreffenden Lebens. Das Karma muss ebenso abgewogen werden wie die Sehnsüchte der Seele. Ort und Zeit der Geburt sind ebenfalls wichtig. Wie sind die atmosphärischen Bedingungen an diesem Ort? Ist dies eine Gegend, die der Seele schon bekannt ist oder ist sie ihr vollkommen unbekannt? Welche Auswirkungen wird dies haben? Welche astrologischen Auswirkungen hat die Wahl des Geburtszeitpunkts? Wie passen die Lebenspläne von Milliarden Menschen zusammen?

DIE AUFSICHT ÜBER IHR LEBEN

Bevor Sie sich inkarnieren, wird Ihnen ein Erzengel zugeteilt, der Ihren Fortschritt überwacht. Nachdem Sie geboren worden sind, arbeitet Wywyvsil mit Ihrem Erzengel zusammen. Zunächst haben Sie auch einen Geistführer, der mit Ihnen arbeitet, dann entwickeln Sie sich weiter und bekommen einen Führer-Lehrer zugeteilt und schließlich einen aufgestiegenen Meister. Wenn Ihr Aufstieg in Gefahr ist, hilft dessen große Macht Ihnen, ein voll aufgestiegener Meister zu werden.

LERNEN AUF DEN INNEREN EBENEN

Auf den inneren Ebenen hat Wywyvsil eine Reihe von Schulen etabliert, in denen jene Seelen Heilen, Erleuchtung und Transformation lernen, deren Licht ausreichend groß ist. Wenn Sie dafür qualifiziert sind, können Sie darum bitten, dass Ihr Geist während des Schlafes am Unterricht teilnehmen darf.

Wywyvsil hat auch eine Schule gegründet, in der sich Geister der Erde und anderer Planeten begegnen, einander kennenlernen und so besser verstehen können.

Außerdem organisiert er eine Schule für alle von den Sternensystemen Sirius, Plejaden und Orion, die aufgrund der ägyptischen Verbindung mit Heilung zu tun haben.

DAS ATLANTISCHE ENERGIERESERVOIR

Wywyvsil gehörte zu jenen, die ein Energiereservoir zum Zwecke der Heilung, Transformation und Erleuchtung angelegt haben – darunter auch das ursprüngliche reine Reiki –, damit alle wie in Atlantis daraus schöpfen können. Aus diesem Reservoir schickt er Licht direkt auf die Erde. Alle Hohepriester und Hohepriesterinnen aus Atlantis – mit Ausnahme von Wuslu – sind Schlüssel, um Zugang zu dieser Energie zu erhalten. Alle Orbs der Engelhierarchie sind ebenfalls Schlüssel.

ARBEIT MIT DEN SERAFIM

Wywyvsil arbeitet eng mit den Serafim zusammen, um der Schöpfung zu helfen.

DIE VERBINDUNG ZU KATHY CROSSWELL

Wywyvsil, der zur Hierarchie der Engel gehört, hat mit Kathy Crosswell bereits in 101 früheren Leben auf verschiedenen Planeten und in mehreren Universen gearbeitet. Gegenwärtig ist er ihr Führer und hat mit uns beiden Kontakt aufgenommen, während wir an dieser Reihe von Orb-Büchern arbeiteten.

Foto Nummer 14: Wywyvsil und Erzengel Raphael, fotografiert von Diana Cooper.

Wenn Sie sich Orb Nummer 14 anschauen, wird Ihr Aufstieg beschleunigt.

Als ich Foto Nummer 14 aufnahm, wartete ich auf eine Freundin, mit der ich mich zu einem Spaziergang verabredet hatte. Ich knipste einfach drauflos, manchmal richtete ich den Apparat gegen die Sonne, manchmal auf Bäume. Auf jedem Foto, das ich gegen die Sonne aufnahm, war dieser grüngelbe Orb zu sehen. Ich war so verblüfft, dass ich dachte, dies müsse ein Lichtreflex sein. Ich wollte die Aufnahmen schon löschen, aber irgendetwas hielt mich davon ab. Als Kathy und ich später mit Kumeka sprachen, sagte er uns, dass dieser Orb die Erzengel Raphael und Wywyvsil wären. Die beiden hatten eine besondere Botschaft für mich und für alle, die sich von diesem Orb angezogen fühlen.

Erzengel Raphael bringt Heilung, und Wywyvsil hilft, Karma aufzulösen. Er bringt Dinge an die Oberfläche, so dass diese einem direkt ins Gesicht springen und man sich mit ihnen auseinandersetzen muss. Dies geschieht, um Ihren spirituellen Prozess zu beschleunigen. Vielleicht spüren Sie auch einen gewissen Drang, den Planeten zu heilen.

Einige Wochen darauf lehnte ich an meinem Auto, weil ich wieder einmal auf eine Freundin wartete, und machte wieder einige Aufnahmen gegen die Sonne. Während ich dies tat, dachte ich daran, als Erzengel Raphael und Wywyvsil erschienen waren. Zu meiner Verblüffung war der Orb wieder auf den Fotos zu sehen. Wieder hielt ich dies zunächst für einen Lichtreflex und beschloss, mir die neuen wie die alten Fotos noch einmal genauer anzuschauen.

Dieses Mal kam Erzengel Raphael zu mir und bestätigte, dass auf diesen Aufnahmen Orbs von ihm und Wywyvsil zu sehen waren. Er sagte, ich hätte sie mit meinen Gedanken gerufen, und fügte hinzu, dass ich eine sehr anstrengende und bedeutsame Woche vor mir hätte und sie mir deshalb Heilung geschickt hatten. Dies machte Sinn, denn die Woche hatte bereits anstrengend begonnen.

TEIL 2

DIE ZWÖLF CHAKRAS
UND DIE ERZENGEL

Kapitel 8

DIE CHAKRAS

WAS IST EIN CHAKRA?

Das Wort *Chakra* stammt aus dem indischen Sanskrit und bedeutet wörtlich übersetzt »Rad« oder »Kreis«, weil die Chakras als runde, sich drehende Lichtkugeln gesehen werden, wenn sie aktiv sind. Chakras sind spirituelle Energiezentren, die das göttliche Licht aufnehmen, es absorbieren und es in die Aura hinein ausstrahlen. Die höheren Chakras filtern es auch für die unter ihnen liegenden. Sie fungieren als eine Art Ventil. Stellen Sie sich ein Chakra als Seerose oder Gänseblümchen vor: Wenn die Sonne darauf herabscheint, öffnen sich die Blüten, und wenn das Licht schwächer wird, schließen sich die Blüten wieder.

Da das Licht spirituelles Wissen enthält, empfängt die Blume kosmische Informationen, wenn die Blüte offen ist, die sie dann integriert, wenn sich die Blüte schließt. In eine fest verschlossene Blüte kann kein Licht eindringen und darin kein spirituelles Wachstum stattfinden. Dies wirkt sich auch auf die anderen Blüten am Stängel aus. Beim Menschen ist die Wirbelsäule der Kanal, durch den die Energie fließt und der die Chakras miteinander verbindet. Funktioniert ein Chakra nicht, wird es in den unter ihm liegenden zu Blockaden kommen, was irgendwann zu einer Verschlechterung des Gesundheitszustandes führen wird.

Ein Chakra kann sich in alle Richtungen drehen, was bedeutet, dass es je nach Situation Informationen oder Erleuchtung aufnehmen kann. Das Basis-Chakra zum Beispiel wird nach unten gerichtet, wenn es danach sucht, wo Sie sich verwurzeln können. Wenn Sie eine neue Stelle suchen, kann es weit geöffnet sein und mit seinen Antennen in allen Richtungen suchen. Wenn Sie sich so weit entwickelt haben, dass Sie Ihr ganzes Leben nach spirituellen Prinzipien leben, werden Ihre Chakras nach hochfrequenter Nahrung für Sie suchen.

DREIDIMENSIONALE CHAKRAS

Dreidimensionale Menschen, die glauben, sie könnten Macht, Sicherheit und Glück in materiellen Besitztümern finden, handeln aus Angst und sind in der Illusion gefangen. Sie haben sieben Chakras, die in einem niedrigen Frequenzbereich schwingen. Selbstredend ist es eine enorme Herausforderung, in einer materialistischen Welt zu leben und von Menschen umgeben zu sein, die Erfolg an der Größe ihres Bankkontos, ihre Sicherheit am neuesten Stand der Technik und an der Dicke der Mauern ihrer Häuser messen und gegenseitige Abhängigkeit mit Liebe verwechseln. Aber wir alle haben uns freiwillig gemeldet, um uns jetzt auf Erden zu inkarnieren, weil dies eine unglaubliche Chance für unser spirituelles Wachstum ist. Zum Glück müssen wir nicht perfekt sein, um unsere zwölf Chakras öffnen zu können. Selbst die großen aufgestiegenen Meister haben noch ein gewisses Quäntchen Ego. Sie können Ihre Transformation jetzt beginnen.

VIERDIMENSIONALE CHAKRAS

Wenn Menschen spirituell erwachen und anfangen sich zu entwickeln, erhöht sich ihre Frequenz. Ihre Chakras werden dann vierdimensional. Deren Farben werden feiner, und sie drehen sich schneller. Am wichtigsten ist, dass sich ihre Herzzentren öffnen, damit sie immer mehr nach Versöhnung und Frieden streben. Sie wollen ihre Familiengeschichte heilen. Sie lieben auch sich selbst mehr, deshalb werden sie es nicht tolerieren, respektlos behandelt zu werden. Auf globaler Ebene führt die Öffnung des Herzens zum Beispiel zu größeren Friedensbewegungen und zur gerechteren Behandlung von Frauen.

Eine andere Folge des Bewusstseinswandels ist, dass die Menschen nicht mehr so engstirnig sind und sich darüber klar werden, dass alle Religionen gleichwertige Wege zu Gott sind. Sie fangen an, den Glauben anderer Menschen zu akzeptieren. Sie akzeptieren auch das Konzept der Reinkarnation und erinnern sich möglicherweise sogar an ihre früheren Leben.

FÜNFDIMENSIONALE CHAKRAS

Wenn Sie Ihre Schwingungsfrequenz auf eine fünfdimensionale Ebene angehoben haben, spüren Sie Mitgefühl für die gesamte Menschheit und setzen sich für Gleichheit, Gerechtigkeit und Einheit ein. Sie behandeln andere so, wie Sie von ihnen behandelt werden möchten. Sie akzeptieren, dass Sie Ihr Leben selbst erschaffen haben und dass Sie als Meister die Macht besitzen, es zu ändern. (Da Sie ein Mensch sind, werden Ihnen aber immer ein paar Macken zugestanden.) Dann werden die Farben Ihrer Chakras noch subtiler und klarer, und Sie sind bereit, die fünf Chakras zu aktivieren, die bisher inaktiv waren. Dann sind Sie auf dem besten Weg, all Ihre zwölf Chakras funktionsfähig zu machen.

Kapitel 9

DIE ZWÖLF CHAKRAS UND DIE ERZENGEL

In den Zeiten des goldenen Atlantis, als die Menschen in einem fünfdimensionalen Frequenzbereich schwangen und vollständig erleuchtet waren, hatten sie zwölf voll funktionsfähige Chakras. Dies ermöglichte es ihnen, stets mit dem göttlichen Quell verbunden zu bleiben und als aufgestiegene Meister zu leben. Aus diesem Grund strahlten sie im wahrsten Sinne des Wortes und verfügten über Ehrfurcht gebietende spirituelle und mediale Begabungen.

Gegenwärtig sind all diese Gaben und Kräfte nur latent in uns vorhanden und warten auf das Wiedererwecken der fünf Chakras, die sich verschlossen, als Atlantis niederging.

Heute haben wir alle zum ersten Mal seit dem Fall die Möglichkeit, unsere Frequenz wieder anzuheben, die zwölf Chakras zu öffnen und unser volles göttliches Potenzial wiederzuerlangen. Die Orbs können Ihnen dabei helfen.

Die fünfdimensionalen Chakras haben offensichtlich eine viel höhere Frequenz als die dreidimensionalen, an die die meisten Menschen gewöhnt sind. Auch ihre Farben sind heller, sie drehen sich schneller und mögen Ihnen nicht so vertraut vorkommen.

DIE ZWÖLF CHAKRAS UND DIE FÜR SIE ZUSTÄNDIGEN ERZENGEL

DER ERDSTERN

Erzengel Sandalphon, die Zwillingsflamme des für das Sternentor zuständigen Erzengels Metatron, arbeitet mit diesem Chakra. Der universelle Engel Roquiel und seine Zwillingsflamme Joules bringen das Wissen um den Erdstern mithilfe der Meisterin Gaia auf eine tiefere Ebene. Erzengelin Joules arbeitet tief in den Meeren. Eine ihrer Aufgaben besteht darin, die Ausrichtung der tektonischen Platten zu regulieren. Das Erdstern-Chakra ist schwarz und weiß.

DAS BASIS-, SAKRAL- UND NABEL-CHAKRA

Erzengel Gabriel und seine Zwillingsflamme Elpis sind für diese Chakras zuständig und haben die Entwicklung dessen vorangetrieben, was einmal ein Chakra war, bis es sich in diese drei Chakras aufspaltete. In der fünften Dimension ist das Basis-Chakra platinfarben, das Sakral-Chakra ist von einem zarten Rosa und das Nabel-Chakra ist leuchtend orange.

DAS SOLARPLEXUS-CHAKRA

Erzengel Uriel und seine Zwillingsflamme Aurora absorbieren Negativität, stärken Ihr Selbstvertrauen und bringen Ihnen Ihre Weisheit wieder. Im fünfdimensionalen Frequenzbereich hat dieses Chakra einen satten Goldton mit regenbogenfarbenen Lichtern darin.

DAS HERZ-CHAKRA

Die Erzengel Chamuel und Caritas öffnen Ihr Herz bis in seine tiefsten Tiefen. Dieses Chakra stellt eine zentrale Schaltstelle dar. Alle Erzengel sind mit dem Herz-Zentrum verbunden. Im fünfdimensionalen Frequenzbereich ist dieses Chakra weiß.

DAS HALS-CHAKRA

Die Erzengel Michael und Credo helfen Ihnen, dieses Chakra der Meisterschaft, Stärke und Wahrheit zu stärken. Im fünfdimensionalen Frequenzbereich ist das Hals-Chakra königsblau.

DAS DRITTE AUGE

Für dieses Chakra sind Erzengel Raphael und seine Zwillingsflamme Maria zuständig. Wenn die Schleier in der fünften Dimension entfernt wurden, gleicht dieses Chakra einer Kristallkugel.

DAS KRONEN-CHAKRA

Erzengel Jophiel und seine Zwillingsflamme Christine halten dieses Chakra, das sich oben auf dem Kopf befindet. Christine bringt das Christus-Licht. Der tausendblättrige Lotus ist in der fünften Dimension kristallklar.

DAS KAUSAL-CHAKRA

Erzengel Christiel und seine Zwillingsflamme Mallory, die Hüterin des alten Wissens, helfen, dieses Chakra, das sich über dem Kronen-Chakra befindet, am Hinterkopf zu verankern. Weibliche Energie ist nötig, um diese Aufgabe zu erfüllen. Dieses Chakra ist weiß.

DAS SEELENSTERN-CHAKRA

Sie werden von den Erzengeln Zadkiel und Amethyst darauf vorbereitet, in dieses Chakra einzutreten. Wenn Sie bereit sind, führen die Erzengel Mariel und Lavendel Sie in ein tieferes Verständnis ein. Wir erörtern dies und den Einweihungsweg in dieses Zentrum in Kapitel 19. Dieses Chakra ist magentafarben.

DAS STERNENTOR-CHAKRA

Erzengel Metatron kümmert sich um dieses höchste Chakra. Zwischen dem Sternentor und dem göttlichen Quell befindet sich eine Stufe, für die der Serafim Serafina zuständig ist, der in einem höheren Frequenzbereich arbeitet als Erzengel Metatron. Dieses Chakra hat eine Farbe, die von einem dunklen Goldton bis Orange reicht.

EIN AUFSTIEGSPORTAL

Patti McCullough schickte uns viele wunderbare Orb-Fotos, von denen viele eine Hängematte zeigen, in der ihre Mutter während ihres letzten Besuchs gelegen hatte. Wir fragten, warum dort so viele wunderschöne Orbs zu sehen waren, und erfuhren, dass Pattis Mutter aufgestiegen war, als sie hinüberging, da sie von großer Sanftmut gewesen war. Sie hinterließ ihre Energie an diesem Ort und erschuf so ein Aufstiegsportal. Allerdings ist es Pattis Bewusstsein, das die außergewöhnlichen Orbs angezogen hat, die wir auf den Fotos Nummer 15 und 16 sehen. Die regenbogenfarbenen Orbs dieser Fotos enthalten die Erzengel Uriel, Michael, Metatron, Gabriel und Raphael, die verschiedene Meister und Geister transportieren. Die vier großen Wesen, die in diesem Orb reisen, sind Serapis Bey, Paul der Venezianer, Meister Maitreya sowie Mutter Maria, die das göttlich Weibliche bringt.

Die Geister sind verstorbene Angehörige, die gekommen sind, um ihr Licht scheinen zu lassen. Sie senden ihre Energie in die Erde, und sie dringt direkt bis in die Hohlerde ein. Das bedeutet, dass ein Lichtstrahl des göttlichen Quells durch diesen Ort in den Planetenkern eindringt, um den Aufstieg aller zu beschleunigen. Alle, die diesen Ort aufsuchen, werden diese Energie spüren können.

Foto Nummer 15: Orbs der Erzengel Uriel, Michael, Metatron, Gabriel und Raphael mit Serapis Bey, Paul dem Venezianer, Meister Maitreya, Mutter Maria und Geistern, fotografiert von Patti McCullough.

Wenn Sie sich die Orbs auf den Fotos 15 und 16 anschauen, empfangen Sie einen Energieschub, der Ihren Aufstieg beschleunigt.

Die Farben dieses Orbs sind in verschiedenen Schichten angeordnet, weil jeder Erzengel seine Individualität behält, statt mit den Energien der anderen zu verschmelzen. Erzengel Uriel bringt Frieden, Erzengel Michael stabilisiert den Mut, Erzengel Metatron lädt uns zum Aufstieg ein, Erzengel Gabriel strahlt Klarheit aus, und Erzengel Raphael schickt Heilung.

Foto Nummer 16: vergrößerter Ausschnitt von Foto Nummer 15.

Kapitel 10

VORBEREITUNG AUF DIE AKTIVIERUNG DER ZWÖLF CHAKRAS

Die Einhörner, die Engel von Atlantis, die aufgestiegenen Meister und viele Weise besuchen die Erde in dieser wichtigen Zeit und helfen uns dabei, uns auf die fünfdimensionalen Frequenzen von Liebe, Gnade und Einheit einzustimmen. Sie warten darauf, uns dabei zu unterstützen, unsere niederen Begrenzungen zu überwinden und in die spirituellen Dimensionen aufzusteigen. Dabei sind die Qualität unserer Absichten und unsere Bereitschaft, eine spirituelle Disziplin auszuüben, von besonderer Bedeutung.

Es gibt viele, gleichermaßen gültige spirituelle Disziplinen. Ich habe unter anderem Mantra-Singen, Beten, Tagebuchschreiben, Meditieren, Yoga, Tai-Chi und Friedensatmung versucht, aber ich muss zugeben, dass ich so etwas wie ein Schmetterling bin, der gerne von einer Blüte zur anderen fliegt. Ich wollte diesen Absatz eigentlich wieder entfernen, als mir eine meiner Lieblingsgeschichten über Gandhi in den Sinn kam, die mich daran erinnerte, dass meine spirituelle Disziplin das Schreiben ist, das ich ohne Wenn und Aber praktiziere.

Hier ist die Geschichte über Gandhi, die ich häufig erzähle. Eine Frau war einen halben Tag lang in großer Hitze gegangen, um ihren übergewichtigen Sohn zu Gandhi zu bringen. Als sie endlich zuvorderst in der Schlange angekommen waren, sagte sie zu ihm: »Bitte sage meinem Sohn, er möge aufhören, Zucker zu essen.« Gandhi bat sie, eine Woche später wiederzukommen. Eine Woche später schleppte sie sich wieder in drückender Hitze mit ihrem fetten Sohn im Schlepptau zu dem weisen Guru. Als sie dieses Mal Gandhi bat, ihrem Sohn zu sagen, er möge aufhören, Zucker zu essen, sagte er zu dem Jungen: »Tu, was deine Mutter sagt, und hör auf, Zucker zu essen.« »Aber warum hast du das denn nicht schon letzte Woche gesagt?«, protestierte die Frau wütend. »Schließlich sind wir stundenlang gelaufen, um zu dir zu kommen.« Gandhi antwortete: »Weil ich zuerst selbst damit aufhören musste.«

INTEGRITÄT IST ENTSCHEIDEND, UM DIE ZWÖLF CHAKRAS ÖFFNEN ZU KÖNNEN

Es ist hilfreich, eine tägliche Übungspraxis zu haben, selbst wenn diese so einfach ist wie das Anzünden einer Kerze nach dem Aufstehen, die Sie Ihren höheren Zielen für diesen Tag weihen.

EINIGE EINFACHE TÄGLICHE PRAKTIKEN

- Gehen Sie jeden Tag spazieren und weihen Sie diese Zeit Ihrer Verbindung zu Ihrem Einhorn oder Engel.
- Senden Sie bestimmten Menschen oder der Welt allgemein Heilenergie.
- Zünden Sie Kerzen an und weihen Sie diese den Bedürftigen.
- Umarmen Sie einen Baum und senden Sie ihm Liebe und Dankbarkeit.
- Gehen Sie in Ihrem Garten umher und nehmen Sie bewusst und voller Dankbarkeit die Blumen und das Gras war.
- Singen Sie fünf Minuten lang Aum (Om) oder ein anderes Mantra.

Kapitel 11

DAS ERDSTERN-CHAKRA

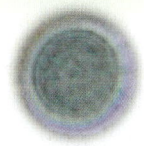

Zirka 30 Zentimeter unter den Füßen befindet sich das Erdstern-Chakra, in dem Ihre Bestimmung für dieses Leben gespeichert ist und in dem die Einladung der Meisterin Gaia enthalten ist, auf Erden zu sein.

Wenn Ihr Erdstern-Chakra wach und offen ist, sind Sie sich über den Sinn Ihres Lebens vollkommen im Klaren.

Dieses schwarze Chakra stellt die Verbindung zwischen Ihrem spirituellen und Ihrem irdischen Selbst dar. Nur wenn dieses Chakra vollkommen erwacht ist, kann das Sternentor-Chakra das Licht des göttlichen Quells vollständig aufnehmen und es durch die Chakras in jede Zelle Ihres Körpers und in Gaia leiten. Dann können Sie sich selbst vollständig heilen und Ihren Teil zur Erneuerung des Planeten beitragen.

Das Licht aus den Sternentor-, Seelenstern- und Kausal-Chakras stimuliert dieses irdische Chakra und bringt es dazu, sich zu öffnen. Deshalb geschieht dies alles gleichzeitig. Das bedeutet, dass wir das Erdstern-Chakra zur selben Zeit aktivieren müssen wie die drei oberen Chakras.

Die Vorbereitung des Erdstern-Chakras ist für den Aufstieg ebenso wichtig wie ein stabiles Fundament für die Stabilität eines Hochhauses wichtig ist.

WIE MAN DAS ERDSTERN-CHAKRA ERWECKT UND ÖFFNET

Dieses Chakra hat 33 Blütenblätter oder Kammern. Wenn diese alle offen und wach sind, ist das Erdstern-Chakra voll funktionsfähig.

Um die einzelnen Kammern zu aktivieren, müssen Sie Folgendes tun:

Akzeptieren und anerkennen Sie Ihre Verbindung
zur Erde.

1. Ehren Sie die Erde auf aktive Weise.
2. Seien Sie dankbar für ihre Schönheit und erfreuen Sie sich an ihr.
3. Gehen Sie voller Achtsamkeit und in dem Bewusstsein auf der Erde, dass zwischen Ihnen und der Erde eine gegenseitige Verbindung besteht.
4. Schicken Sie der Erde Energie durch Ihre zwölf Chakras.
5. Empfangen Sie aktiv von der Erde.
6. Ehren Sie die Früchte der Erde.
7. Graben Sie in der Erde.
8. Berühren und umarmen Sie Bäume.
9. Pflanzen Sie Bäume.
10. Gehen Sie barfuß im Gras.
11. Nehmen Sie die Blumen bewusst wahr und ehren Sie sie.
12. Ehren Sie die Gewässer der Erde.
13. Respektieren Sie die Luft (Prana).
14. Ehren Sie die transmutierenden Eigenschaften des Feuers.
15. Spüren Sie die nährenden Eigenschaften der Erde.
16. Ehren Sie die Tiere, welche die Erde bewohnen.
17. Ehren Sie die Reptilien.
18. Ehren Sie die Vögel.
19. Ehren Sie das Laub, die Blätter, das Gras und den Prozess der Fotosynthese.
20. Ehren Sie Felsen und Steine als Hüter der uralten Erdgeschichte.

21. Seien Sie der Erde für die Kristalle dankbar,
    und schicken Sie den Stellen, an denen sie
    ausgegraben wurden, heilende Energie.
22. Akzeptieren Sie die Bedeutung der Sterne
    in ihrer Verbindung zur Erde.
23. Akzeptieren Sie die Lektionen der Delfine.
24. Ehren Sie alles Meeresleben.
25. Ehren Sie alle Menschen.
26. Akzeptieren Sie die Einheit und dass alles
    ein Teil Gottes ist.
27. Ehren Sie die männliche Kraft und das
    Licht der Sonne.
28. Ehren Sie die weiblichen Eigenschaften des Mondes.
29. Ehren Sie die Pyramiden Ägyptens,
    die der Maya und aller anderen Kulturen.
30. Ehren Sie die Berge.
31. Ehren Sie die Wälder.
32. Ehren Sie die geistige Welt.
33. Akzeptieren Sie die anderen Dimensionen.

BEREITEN SIE SICH AUF DIE ÖFFNUNG DES ERDSTERN-CHAKRAS VOR

Im Orb auf Foto Nummer 17 haben sich die Erzengel Michael und Uriel mit einem Einhorn und Meister El Morya vereinigt, um Ihnen zu helfen, sich auf das Erwachen Ihres Erdstern-Chakras vorzubreiten.

Erzengel Michael bringt Mut, Erzengel Uriel schenkt Ihnen Energie, um besser mit Herausforderungen umgehen zu können, da jeder Mensch auf dem Weg des Aufstiegs mit Prüfungen und Herausforderungen konfrontiert wird.

Das Einhorn hält die Flamme des Aufstiegs und sorgt dafür, dass Sie in dieser schwierigen Zeit auf dem Weg des Aufstiegs bleiben.

Dieser Orb ist besonders für Menschen wichtig, die einen Verlust erlitten haben, sei es der Verlust eines lieben Menschen, einer Stelle oder eines bestimmten Lebensstils. Er ruft auch verstorbene Angehörige herbei, damit diese Ihnen helfen. Wenn Sie mit diesem Orb arbeiten, hilft er Ihnen nicht nur bei der Verarbeitung Ihres Verlusts, sondern bringt Ihnen auch neues Vertrauen und Optimismus und beschleunigt Ihren Aufstieg.

Foto Nummer 17: Die Erzengel Michael und Uriel, ein Einhorn und El Morya, fotografiert von Eugene McGill.

Wenn Sie sich den Orb auf Foto Nummer 17 anschauen, empfangen Sie Mut, Heilung und Unterstützung für Ihren Weg des Aufstiegs.

ERZENGEL SANDALPHON

Erzengel Sandalphon hilft Ihnen, sich noch tiefer zu verwurzeln, damit Sie eine einzigartige Verbindung zu der Meisterin Gaia herstellen können, die ein Thron ist, also eines jener hoch entwickelten Wesen aus dem Engelreich, die sich um die Erde kümmern.

Erzengel Sandalphon ist als »der, welcher Sandalen im Angesicht Gottes trägt« bekannt, weil er der Engel ist, der die Gebete zu Gott bringt. Er wird auch als der große Engel bezeichnet, weil er die Brücke zwischen Erde und Himmel ist. Uns wurde ein Foto geschickt, das den Engel einer Kirche zeigte, der alle Gebete, die dort dargebracht worden waren, gesammelt hatte. Mein Führer Kumeka sagte mir, dass der Engel darauf wartete, diese Gebete Sandalphon zu übergeben, damit dieser sie zu Gott bringt.

Beten ist eine besonders erdende spirituelle Übung.

Erzengel Sandalphons Zwillingsflamme ist Erzengel Metatron, der mit dem Sternentor-Chakra arbeitet, das den Zugang zum göttlichen Quell darstellt. Das Sternentor kann ohne den Erdstern nicht voll funktionieren und umgekehrt. Man muss eben guten Boden für die Wurzeln einer Pflanze bereitstellen und sie dann an einen Ort stellen, der genügend Sonnenlicht empfängt.

In dem außergewöhnlichen Orb, der auf Foto Nummer 18 zu sehen ist, das von Tammie Stair aufgenommen wurde, haben vier große Erzengel ihre Energie miteinander verschmolzen. Es beeinflusst Sie auf unbewusste Weise, wenn Sie es anschauen. Erzengel Sandalphon ist gekommen, um Ihnen zu helfen, Ihr Erdstern-Chakra auf das Erwachen vorzubereiten, oder wenn es bereits erweckt ist, Sie noch stärker an Ihren spirituellen Weg zu binden.

Erzengel Gabriel läutert Ihr Bewusstsein, damit Sie bereit sind, Ihr Erdstern-Chakra zu akzeptieren.

Erzengel Christiel hilft Ihnen, Ihren Geist zur Ruhe zu bringen, damit Sie Ihre transzendenten Chakras erwecken können, durch welche die Energie des göttlichen Quells fließt.

Erzengelin Mallory hält Ihre Energie, damit Sie nur Frieden in sich tragen und Ihre Absichten positiver Natur sind.

Die Geister in diesem Orb haben all das bereits verwirklicht. Sie sind alle hinübergegangen und befinden sich nun im Prozess des Aufstiegs. Indem Sie dieses Bewusstsein aufrechterhalten, machen sie es Ihnen leichter, das Gleiche zu tun. Es ist sehr wichtig, die Öffnung des Erdstern-Chakras zu zelebrieren.

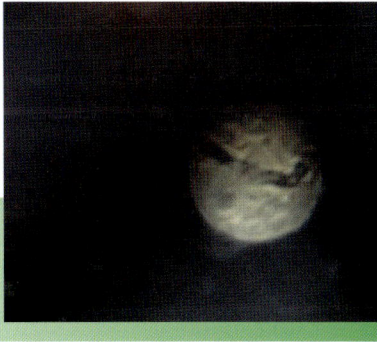

Foto Nummer 18: Die Erzengel Sandalphon, Gabriel, Christiel und Mallory mit Geistern, fotografiert von Tammie Stair.

Wenn Sie sich den Orb auf Foto Nummer 18 anschauen, zelebrieren Sie das Erwachen Ihres Erdstern-Chakras, was ein Übergangsritus zur nächsten Stufe auf dem Weg des Aufstiegs ist.

ERZENGEL ROQUIEL

Erzengel Roquiel hilft Ihnen gemeinsam mit seiner Zwillingsflamme, der Erzengelin Joules, das Sternentor und den Erdstern gleichzeitig zu öffnen. Er nimmt die Energie aus dem Erdstern und bringt sie zu Meisterin Gaia. Da Menschen Brücken zum göttlichen Quell sind, bewahrt Erzengel Roquiel die gesamte Energie, die durch sie hindurchströmt, und schickt sie in einer Form weiter, die Gaia gebrauchen kann. Er lenkt die Energie auch zu den richtigen Menschen, zu den Portalen, den Leylinien und besonders zu den Pyramiden. Er ist einer der universellen Engel im Range eines Serafims.

Außerdem schickt er diese Energie zum Orion, Sirius, zu den Plejaden und zum verborgenen Planet Neptun, die alle mit dem Aufstieg der Erde in Verbindung stehen. Wenn Neptun wieder richtig verbunden ist, wird die Erde aufsteigen. Erzengelin Joules arbeitet mit den tiefsten Meeren.

Banita Kern schickte uns ein ganz außergewöhnliches Orb-Foto (Nummer 19) von Erzengel Roquiel mit Erzengel Sandalphon. Erzengel Roquiel ist der weiße Aspekt des Orbs, während Erzengel Sandalphon der grauschwarze Orb ist. Gemeinsam repräsentieren Schwarz und Weiß das Weibliche und das Männliche, Yin und Yang.

Der Orb strahlt Energie in seine Umgebung aus, um den Menschen zu helfen, sich mit Ihrem Erdstern-Chakra und mit der großen Pyramide zu verbinden. Diese beiden Engel reisen gemeinsam um die Welt, um all jenen, die bereit sind, die Botschaft zu verkünden. Weil dieser Orb Ihnen hilft, sich mit den Tiefen der Erde und den Höhen des Himmels zu verbinden, unterstützt er Sie dabei, Ihre Kundalini zu erwecken. Er macht Sie zudem zu einem reinen Kanal, durch den Energie vom göttlichen Quell zum Erdkern fließt.

Foto Nummer 19: Die Erzengel Roquiel und Sandalphon, fotografiert von Banita Kern.

Wenn Sie sich den Orb auf Foto Nummer 19 anschauen, spüren Sie eine Verbindung, die tief in die Erde und hoch in den Himmel reicht, um Ihnen bei Ihrem Aufstieg zu helfen.

Kapitel 12

DAS BASIS-, SAKRAL- UND NABEL-CHAKRA

Für diese drei Chakras sind Erzengel Gabriel und seine Zwillingsflamme Erzengelin Elpis zuständig.

Im primitiven Menschen waren diese drei Chakras ein einziges. Erzengel Gabriel half unserer Spezies, die Überlebensenergien von den sexuellen zu trennen, woraufhin sich dieses Chakra in zwei teilte, von denen eines rot und das andere orangefarben war. Der größte Teil der Menschheit – also all jene auf der dreidimensionalen Ebene – befindet sich noch in diesem Zustand, aber dies verändert sich zusehends.

Im goldenen Atlantis, als fünfdimensionale Schwingungen durch die Menschen strömten, entstanden aus dem einen drei getrennte Chakras: das Basis-Chakra, das Sakral- oder Sexual-Chakra und das Nabel-Chakra.

DAS BASIS-CHAKRA

Wenn dieses Chakra auf der fünfdimensionalen Ebene schwingt, beschreiten Sie den Weg des Aufstiegs. Es nimmt die Farbe Platin an, was auf völliges Vertrauen in das Universum, für unsere Sicherheit zu sorgen, hinweist. Es spiegelt auch die Entwicklung guter spiritueller Praktiken wider. Wenn es sich geöffnet hat, hilft Ihnen Erzengel Gabriel, mit der heiligen Weisheit der Delfine in Kontakt zu treten.

Dieses Chakra hat zwölf Blütenblätter oder Kammern, von denen jede dem Ziel geweiht ist, ein bodenständiges, erdverbundenes Leben zu führen. Die Reise beginnt in der dritten

Dimension mit auf Angst basierenden Überlebensinstinkten und der instinktiven Reaktion auf Herausforderungen durch den Kampf-oder-Flucht-Mechanismus. Auf dieser Ebene ist das Chakra ständig offen, da es verzweifelt versucht, Sicherheit zu finden. Es dreht sich zu schnell und erzeugt so Angstzustände, oder es dreht sich zu langsam, was zu Depressionen führt. Bei der Entwicklung dieses Chakras geht es darum, Vertrauen zu lernen. Erzengelin Elpis strahlt ständig Licht aus, um uns dabei zu unterstützen.

Um den vollen Nutzen aus unserer Inkarnation zu ziehen, muss man geerdet sein. Das setzt voraus, dass die Chakras in den Füßen offen sind. Diese Chakras schicken parapsychische Wurzeln in die Erde, durch die wir die Erdenergien »trinken« können, was uns im Alltag unterstützt und nährt. Das Prana wird durch das Chakra-System hochgezogen, um sich mit dem spirituellen Licht zu verbinden, das von oben herabsinkt. Diese höheren Frequenzen kann man dann durch die Fuß-Chakras in die Erde leiten. Wenn dieser Prozess reibungslos abläuft, befinden Sie sich jederzeit in Kontakt mit der Realität.

Um aufzusteigen, muss dieser gesamte Prozess aber viel tiefer gehen und höher reichen. Wenn Sie zu einer höheren Energie-frequenz aufsteigen, werden Sie zu einem elektrischen Leiter, der Himmel und Erde verbindet. Deshalb müssen Sie sich gründlich verankern, tiefere Erdenergien anzapfen und sich mit den Leylinien verbinden, bevor der Quell sein Licht durch Sie hindurchleiten kann.

Es gibt ein Sprichwort, das besagt, dass man nur so hoch bauen kann, wie man tief graben kann. Das ist wohl wahr. Die einfache Analogie sieht folgendermaßen aus: Wenn Sie nur ein kleines Gartenhäuschen bauen wollen, brauchen Sie dafür nur ein flaches Fundament. Wenn Sie aber ein hohes Gebäude errichten wollen, müssen Sie dafür sorgen, dass es starke Fundamente hat, die tief in den Boden reichen, da viele Leben vom sicheren Fundament dieses Gebäudes abhängen. Dasselbe gilt auch für Ihre spirituelle Struktur, denn wie oben, so unten.

Wie Sie Ihr Basis-Chakra verankern

Dieses Chakra verkörpert das Prinzip »Sei auf dem Planeten, aber nicht von ihm«. Das bedeutet, dass man alle Erfahrungen, die diese Inkarnation bietet, genießen kann, seinem spirituellen Wissen aber dennoch verbunden bleibt.

Familie, Freunde, Beruf, Wohnung und Hobbys sind die Stützstruktur Ihres »Gebäudes«. Es lohnt sich daher, sich Ihre Beziehungen genauer anzuschauen, sich zu überlegen, ob Sie Ihr Beruf oder Ihre Hobbys wirklich befriedigen und ob Sie sich in Ihrem Zuhause wirklich wohlfühlen. Wenn Sie nicht das bekommen, was Sie brauchen, sollten Sie sich überlegen, was Sie verändern können.

Gute Essgewohnheiten und ein vernünftiges Fitnessprogramm tragen zu einem stabilen Fundament auf Erden bei, deshalb sollten Sie jetzt gesunde, vitalisierende Entscheidungen treffen. Es sind die scheinbar so irdischen Dinge, die Ihnen helfen werden, das Basis-Chakra zu stabilisieren.

Spirituelle Praktiken erden Sie noch stärker. Dies werde ich später noch genauer ausführen.

Alles, was mit dem Berühren der Erde zu tun hat, wie spazieren gehen – besonders barfuß –, trägt dazu bei, das Basiszentrum zu verankern und zu läutern. Es hat nicht dieselbe Wirkung, wenn Sie sich auf Asphalt oder Beton befinden, da Sie durch diese Stoffe keine Energie aufnehmen können.

Ich hatte einmal Kopfschmerzen und fühlte mich ziemlich müde, also ging ich zum Strand hinunter und die Uferpromenade entlang. Schon bald wurde mir klar, dass ich mich nicht besser fühlte, weil ich auf Beton ging. Ich ging also zum Sandstrand am Wasser hinunter. Innerhalb weniger Minuten waren nicht nur meine Kopfschmerzen weg, sondern auch meine Müdigkeit.

DIE BLÜTENBLÄTTER ODER KAMMERN DES BASIS-CHAKRAS

Dieses Chakra hat zwei Blütenblätter, die sich im Gleichgewicht befinden sollten. Sie repräsentieren das Männliche und das Weibliche, Unabhängigkeit und Abhängigkeit, Yang und Yin. Indem Sie diese Eigenschaften ins Gleichgewicht bringen, machen Sie dieses Chakra fit für den Aufstieg.

DAS SAKRAL-CHAKRA

In seiner höchsten Ausdrucksform hat das Sakral- oder Sexual-Chakra eine zarte Rosafärbung, sodass Ihre Sexualität zärtlich, liebevoll, respektvoll und ehrerbietig wird. Auf dieser Stufe wird die Sexualität transzendent.

In diesem Chakra befinden sich 16 Kammern oder Blütenblätter, welche den Weg des Aufstiegs für dieses Zentrum repräsentieren.

Wenn der Fokus auf dem Selbst liegt

Wenn Sie Ihr Leben nicht an den Bedürfnissen des Herzens ausrichten, wird Ihr Fokus auf den Punkten 1 bis 5 liegen. Das heißt, Sie befinden sich auf der Ebene eines manipulierenden, bedürftigen, gierigen inneren Kindes. Sie fühlen sich nicht ausgefüllt und haben zu viel Angst vor emotionaler Bindung, die Ihnen Erfüllung bringen könnte. Sie können grausam sein. Pädophile stecken oft auf dieser Ebene fest.

1. Sexualität um der Kontrolle willen. Viele Menschen, die in einer dreidimensionalen Realität leben, benutzen ihre Sexualität, um andere zu manipulieren, und um das zu bekommen, wonach sie sich sehnen. So bieten sie zum Beispiel Trost und Nähe an, um im Austausch dafür etwas anderes zu bekommen. Wenn das Sexual-Chakra auf dieser Ebene feststeckt, interessiert man sich für Kinderpornografie oder stellt anderen Menschen nach.

2. Ein Gefühl der Machtlosigkeit, das zur Impotenz führt. Dies gilt sowohl für Männer als auch für Frauen.
3. Emotionale Bedürftigkeit.
4. Selbstliebe.
5. Sexualität, die auf der Suche nach immer neuen Höhepunkten basiert.

Wenn ein emotionaler Ausgleich angestrebt wird

Auf dieser Stufe befinden sich »Frauen, die zu viel lieben« und jene, die Angst vor Bindungen haben oder immer im Mittelpunkt des Interesses stehen müssen. Marilyn Monroe blieb auf dieser Stufe stecken. Dies galt auch für John F. Kennedy, der zwar hoch entwickelt war, aber durch die Blockierung dieses Zentrums zurückgehalten wurde, sodass er hinübergehen musste.

6. Sie spenden emotionalen Trost, weil es das ist, was Sie selbst brauchen.
7. Diese Kammer bringt Sie von der Fürsorglichkeit, die Sie geben, um etwas zurückzubekommen – zum Beispiel die Liebe, die den anderen schier erdrückt, oder die Liebe von Eltern, die etwas für Ihre Kinder kaufen und im Gegenzug dafür Liebe erwarten –, zur Fürsorglichkeit aus Liebe.
8. Von der Unsicherheit in Bezug auf Ihre Sexualität zu einem Gefühl der Sicherheit.

Die höheren Kammern, die keine Kehrseite haben

Sie befinden sich nun auf dem Weg des Aufstiegs, und dieses Chakra beginnt zu glühen. Die Fürsorglichkeit und Zärtlichkeit, die von diesem Zentrum ausgeht, breitet sich nun auf alle Freundschaften aus. Sie fangen an, sich wirklich um andere zu kümmern. Ein Beispiel dafür ist Bob Geldof, der sich dazu gedrängt fühlte, verhungernden Kindern zu helfen.

9. Gegenseitige Fürsorge.
10. Zärtlichkeit.
11. Liebe anbieten.
12. Liebe geben.
13. Liebe teilen.
14. Transzendente Sexualität und Liebe.
15. Fortpflanzung, um Kinder in diese Welt zu bringen.
16. Ein Baby in Liebe austragen. Dies gilt auch für Väter, Tanten und Onkel oder andere Familienangehörige, die Sie dabei unterstützen.

DAS NABEL-CHAKRA

Wenn dieses Chakra fünfdimensional wird, strahlt es in einem wunderschönen, warmen hellen Orangeton, sodass Sie freundlich, warmherzig, fürsorglich und gesellig sind. Sie behandeln sich selbst und andere gleichermaßen mit Respekt. Sie strahlen Gleichmut aus, denn dieses Chakra wird klar, wenn Sie in Harmonie mit sich selbst und anderen leben. Auf dieser Stufe hilft Ihnen Erzengel Gabriel, Ihre Kreativität und künstlerischen Begabungen auf angemessene Weise auszudrücken.

Wie das Sakral- hat auch das Nabel-Chakra 16 Kammern oder Blütenblätter, was zusammen 32 Kammern ergibt und die eine, die alle anderen umfasst, ist die 33. Kammer.

Folgende Entwicklungsstufen der Gefühle und Erfahrungen sind für den Aufstieg dieses Chakras erforderlich:

DIE KAMMERN ODER BLÜTENBLÄTTER DES NABEL-CHAKRAS

1. Isolation.
2. Rückzug.
3. Blasiertheit.
4. Angst, über das hinauszugehen, was man kennt, sodass man sehr enge Grenzen hat, oder das Gegenteil: völlig schrankenlos zu sein.

5. Beziehungsunfähigkeit.
6. Freundlichkeit.
7. Auf andere zugehen und andere in sein Leben lassen.
8. Wärme und Fürsorglichkeit.
9. Anderen zu dienen und sie emotional zu nähren,
   zum Beispiel: etwas für andere kochen.
10. Das Beste in anderen sehen.
11. Geselligkeit.
12. Familie.
13. Gemeinschaft.
14. Andere mit einbeziehen.
15. Gemeinschaftliches Feiern.
16. Bedingungslose Führung und Unterstützung.

Die 33. Kammer ist Hellfühligkeit.

ERZENGEL GABRIEL

Der Diamant ist die materialisierte Energie Erzengel Gabriels auf Erden. Sein Licht strahlt und glitzert, und er repräsentiert Klarheit, Ewigkeit, Reinheit und Liebe – alles Eigenschaften dieses großen Erzengels. Wenn Sie Klarheit über Ihren nächsten Schritt brauchen, rufen Sie Erzengel Gabriel um Hilfe an. Seine Orbs werden überall dort gesehen, wo ein Mensch oder ein Ort Läuterung oder Unterstützung benötigen.

Auf allen Hochzeiten ist Erzengel Gabriel gegenwärtig, um die Absichten des Paares zu unterstützen.

Oft sieht man, dass seine Orbs mit Engeln der Liebe verschmelzen. Sie gehen reisenden Meistern und Führern voraus, die Arbeit zu erledigen haben, und bereiten ihnen den Weg.

Sie können Erzengel Gabriel jederzeit anrufen, denn er kann einen seiner zehn Millionen Engel schicken, um das Licht zu halten und eine Person oder einen Ort zu läutern. Man sieht Erzengel Gabriels Engel überall dort die Atmosphäre säubern, wo negative Energie herrscht oder schmutzige Geschäfte,

Prügeleien, Drogenkonsum, Alkoholmissbrauch oder Trauer vorkommen. Sie können seine Engel anrufen, um sich selbst zu helfen, oder sie dorthin schicken, wo etwas aufgelöst werden muss. Wenn Sie einen Ort reinigen müssen, damit dort spirituell gearbeitet werden kann, rufen Sie am besten den mächtigen Erzengel Gabriel an.

SCHUTZ

Bevor ich anfing, mit Orbs zu arbeiten, habe ich immer Erzengel Michael um Schutz gebeten. Das tue ich auch heute noch. Ich bin mir allerdings vollkommen bewusst, wie viel Schutz Erzengel Gabriel gewähren kann. Überall dort, wo Angst oder Negativität vorherrschen, wird er die Menschen läutern oder die Situation bereinigen, sodass ihre Angst keinerlei Gefahren anziehen kann. Wann immer ich Flugzeuge fotografiere – die häufig nicht mehr als ein kleiner Punkt am Himmel sind –, sehe ich daneben und manchmal auch um das Flugzeug herum die Orbs von Erzengel Gabriel. Sie sind viel größer als die Flugzeuge.

Als ich Verkehrspolizisten fotografierte, sah ich, dass auch sie Orbs von Erzengel Gabriel um sich hatten.

ERZENGEL GABRIEL UM SCHUTZ ANRUFEN

Sagen Sie deutlich und absichtsvoll: »Ich rufe jetzt den mächtigen Erzengel Gabriel an, eine Kugel seines schneeweißen reflektierenden Lichtes zu meinem totalen Schutz um mich herum zu platzieren. So sei es. Es ist vollbracht.«
Visualisieren Sie dann in der Gewissheit, dass sie tatsächlich da ist, die Lichtkugel um sich herum. Jegliche Negativität und alle niederen Schwingungen prallen dann von Ihnen ab und werden nicht in Ihre Aura eindringen können.

PERSÖNLICHE LÄUTERUNG

Wenn Sie sich schlecht fühlen, negativ eingestellt sind, mürrisch, reizbar, wütend oder verletzt sind, sind dies sichere Zeichen dafür, dass Sie einer Läuterung bedürfen. Eine Möglichkeit besteht darin, Erzengel Gabriel anzurufen und ihn zu bitten, Sie mit seinem schimmernden Licht zu erfüllen. Atmen Sie es ein und akzeptieren Sie es. Lassen Sie es in jede Zelle Ihres Wesens scheinen.

ERZENGELIN ELPIS

Wenn Sie Wäsche waschen, erwarten Sie, dass diese hinterher sauber ist. Das ist der Lohn Ihrer Arbeit. Viele Menschen vergessen in ihrer Verzweiflung, sich auf die positive Erfüllung Ihrer Wünsche zu konzentrieren. Wie groß oder wie klein die vor uns liegende Aufgabe auch sein mag, Erzengelin Elpis wird das Feuer einer größeren Hoffnung in Ihrem Bewusstsein entfachen.

Ein Regenbogen dient dazu als ständige Erinnerung. Regen begleitet diesen Wasserfall aus Licht. Natürlich kann Ihnen ein Naturwissenschaftler eine schlüssige wissenschaftliche Ursache für dieses Phänomen nennen, aber hinter jeder wissenschaftlichen Erklärung verbirgt sich eine geistige Ursache. Wann immer Sie einen Regenbogen sehen, wird Ihnen von Erzengelin Elpis mit der Hilfe winziger Elementarwesen ein Zeichen der Hoffnung gegeben.

Ein anderes Beispiel ist das Wachstum der Blumen, die sich spirituell entwickeln, indem sie ihre Schönheit und die ihnen innewohnenden Eigenschaften zum Ausdruck bringen. So repräsentiert eine Primel Bescheidenheit und stille Gewissheit, Schneeglöckchen repräsentieren Reinheit und Verheißung. Sie kündigen den Frühling an und die Vorfreude auf einen Neuanfang in jenen Ländern, die Jahreszeiten kennen. Erzengelin Elpis arbeitet mit Erzengel Purlimiek zusammen, um die Elementarwesen und Feen dieser Blumen dabei zu unterstützen, diesen Frühblühern zu helfen, besonders wenn das Wetter unbeständig ist.

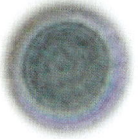

Kapitel 13

DAS SOLARPLEXUS-CHAKRA

Dies ist das Chakra des Instinkts, der Bauchgefühle und der instinktiven Reaktionen. Es besitzt große parapsychische Antennen, die ständig ausgefahren werden, um zu überprüfen, ob Familie und Freunde sicher sind. Seine Fühler sind ununterbrochen in Bewegung, um zu prüfen, ob Ihnen auf der Autobahn andere Autos zu nahe kommen oder ob Sie jemand betrügen will.

Auf der dreidimensionalen Ebene sitzen in diesem Chakra Ihre tiefsten Ängste, die zwar unbewusst sind, aber dennoch Ihr Leben bestimmen. Wenn ein anderer Mensch mit denselben Ängsten in Ihre Nähe kommt, wird sich dieses Chakra anspannen. Wenn Sie Ihre Schwingungsfrequenz anheben, entspannt sich das Solarplexus-Chakra, und Ihre Ängste lösen sich auf, sodass Sie ruhiger werden und ein Gefühl des Friedens auf andere Menschen übertragen können.

Wenn Sie die fünfdimensionale Ebene erreicht haben, verbreiten Sie überall Gleichmut und Ruhe. Sie sind zufrieden, und die Weisheit, die Sie in vergangenen Leben erlangt haben, steht Ihnen wieder zur Verfügung. Dann nimmt dieses Chakra einen satten Goldton an, in dem regenbogenfarbene Flecken zu sehen sind. Erzengel Uriel, der die Engel des Friedens anführt, hilft bei seiner Entwicklung, bis es Ihnen schließlich möglich wird, Frieden auf Erden zu propagieren. Wenn dieses Chakra vollständig entwickelt ist, können Sie mit anderen Sternensystemen Kontakt aufnehmen, um überall Vertrauen und Wohlwollen zu verbreiten.

In diesem Chakra gibt es 33 Kammern oder Blütenblätter. Erzengel Uriel hilft Ihnen, indem er Negativität aus Ihren Chakras herauszieht. Wenn Sie also einen seiner Orbs sehen, der braun oder irgendwie schmutzig erscheint, dann hat er Negativität aufgenommen, die er ins Licht bringt, wo sie umgewandelt wird.

Erzengel Uriel strahlt göttliches Licht und göttliche Weisheit aus den Kammern seiner Orbs in den Solarplexus aus. Wenn Sie einen seiner Orbs sehen, der goldgelb leuchtet, sollten Sie dessen Energie so tief wie möglich einatmen.

Immer wenn Sie sich für Frieden statt für Konflikt, für Ruhe statt Aggression oder Mut statt Feigheit entscheiden, stärken Sie Ihren Solarplexus, und die Verbindung zu Erzengel Uriel wird intensiver.

DIE BLÜTENBLÄTTER ODER KAMMERN DES SOLARPLEXUS-CHAKRAS

1. Aggression oder Konflikt.
2. Feigheit.
3. Verlustängste.
4. Angstzustände oder ein Gefühl der Unsicherheit.
5. Sich immer das Schlimmste vorstellen.
6. Täter oder Opfer sein. Dies sind entgegengesetzte Erscheinungen desselben Glaubenssystems.
7. Abhängigkeit.
8. Mangelndes Selbstwertgefühl.
9. Mangelnde Selbstachtung.
10. Fehlendes Selbstvertrauen.
11. Arroganz.
12. Fehlendes Vertrauen in andere Menschen.
13. Fehlendes Vertrauen in das Leben.
14. Misstrauen.
15. Egotrieb. Das Streben nach persönlicher Befriedigung und der Wunsch, bewundert zu werden.

16. Die eigene Macht aufgeben. Sie lassen sich von anderen beeinflussen oder glauben, dass andere besser sind als Sie selbst.
17. Akzeptanz.
18. Eintreten für die Rechte anderer.
19. Vertrauen in andere Menschen.
20. Unabhängigkeit.
21. Liebe empfangen können.
22. Vertrauen.
23. Demut.
24. Innerer Friede.
25. Frieden verbreiten.
26. Andere ermächtigen.
27. Teilen im Interesse des Wohles aller. Menschen und Gemeinden erkennen, dass sie wechselseitig voneinander abhängen.
28. Harmlosigkeit.
29. Vergangene Leben heilen.
30. Weisheit und das daraus entstehende Selbstvertrauen.
31. Die Weisheit aus früheren Leben tritt hervor.
32. Verbindung zur intergalaktischen Weisheit aufnehmen.
33. Ein intergalaktischer Meister sein.

ERZENGEL URIEL

Erzengel Uriel ist gemeinsam mit seiner Zwillingsflamme Aurora für die Entwicklung des Solarplexus-Chakras zuständig. Was die meisten Menschen auf ihrem spirituellen Weg zurückhält, ist Angst. Wenn Sie alte Ängste loslassen können, kann die Weisheit Ihrer Seele zum Vorschein kommen. Erzengel Uriel wird Ihnen Selbstvertrauen und ein besseres Selbstwertgefühl geben, damit Sie das tun können, was notwendig ist, um auf Ihrem Weg des Aufstiegs voranzuschreiten. Er führt die Engel des Friedens an und wirkt durch bestimmte Menschen, um der Welt Einheit und Frieden zu bringen.

Wenn Ihr Solarplexus-Chakra einen satten Goldton annimmt und voller Weisheit ist, werden Sie zu einem wahren Botschafter des Friedens auf Erden.

Der erstaunliche Orb auf Foto Nummer 20 ist Erzengel Uriel mit den Erzengeln Raphael und Zadkiel, die gekommen sind, um als Reaktion auf Hilferufe und Gebete Seelen abzuholen. Der Orb ist voller Menschen. Die Erzengel sind gekommen, um Menschen, die Angst vor dem Sterben haben, abzuholen. Wenn Sie diesen Orb anschauen, wird Ihre Angst vor dem Tod geheilt. Er hilft Menschen, hinüberzugehen, er heilt den Solarplexus und alle Arten von Schock und Traumata, indem er Sie in seine Liebe einhüllt. Wenn Sie diesen Orb betrachten, werden Sie feststellen, dass sich Ihre Depressionen auflösen. Sein Hauptziel ist es, auf internationaler Ebene die Energie der Versöhnung und des Friedens zu verbreiten.

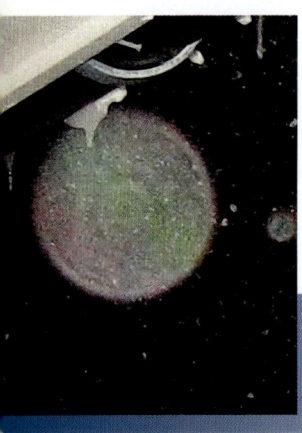

Foto Nummer 20: Die Erzengel Uriel, Raphael und Zadkiel, fotografiert von Kari Palmgren.

Wenn Sie Foto Nummer 20 betrachten, verspüren Sie das Gefühl, mit dem Universum im Einklang zu sein.

Kapitel 14

DAS HERZ-CHAKRA

Dieses Chakra entwickelt sich aus einem Zustand der Ichbezogenheit, in dem das Herz verschlossen ist, zu einem Zustand des freudvollen, liebevollen Gebens. In der dritten Dimension ist es grün – die Farbe der Natur und des Gleichgewichts – mit einem rosafarbenen Zentrum. Weil es sehr stark mit der Natur verbunden ist, ist es für die meisten Menschen viel leichter, sich den höheren Aspekten dieses Chakras zu öffnen, wenn sie draußen im Garten, in einem Park oder auf dem Land sind. Spaziergänge in der Natur tragen dazu bei, alle Spannung aus diesem Zentrum abfließen zu lassen, sodass es sich entspannen, erholen und wieder öffnen kann.

Alle Gefühle, die dieses Zentrum blockieren und die dafür verantwortlich sind, dass es verschlossen bleibt, wie Eifersucht, Neid, Gier, Schuldgefühle oder Bösartigkeit entstehen aus Angst vor Mangel und aus der Überzeugung, dass man selbst nicht liebenswert ist. Derartige Gefühle sorgen dafür, dass Sie anderen Wesen Ihre Liebe vorenthalten. Viele Menschen können das schmutzige Grün von Eifersucht oder Neid spüren und fühlen sich davon abgestoßen.

Die meisten von uns haben Schmerzen, Verletzungen und Traumata erlebt, die wir noch nicht vollständig losgelassen, verarbeitet oder vergeben haben. Wir neigen dazu, derartige Gefühle in die hinterste Ecke des Herz-Chakras zu drängen, wo es – energetisch gesehen – die Wirbelsäule verstopft und verhindert, dass die Frequenz dieses Zentrums angehoben werden kann. Im Interesse Ihres Aufstiegs ist es nun an der Zeit, diese Probleme zu lösen.

DAS FÜNFDIMENSIONALE HERZ-CHAKRA

In der fünften Dimension ist das Herz-Chakra schneeweiß, vom Christus-Bewusstsein erfüllt und eng mit dem großen kosmischen Herzen verbunden. Dann lieben, akzeptieren, ehren und respektieren Sie alle Lebensformen und sich selbst vollständig.

DAS HERZ-CHAKRA LÄUTERN

Der erste Schritt, um dieses wichtige Chakra zu läutern und es zu reinigen, besteht in der Absicht und dem Wunsch, genau das zu tun. Machen Sie unmissverständlich klar, dass Sie jetzt dazu bereit sind, die Vergangenheit loszulassen und allen für alles zu vergeben, was sie Ihnen absichtlich oder versehentlich, bewusst oder unbewusst jemals angetan haben. Stellen Sie auch klar, dass Sie dazu bereit sind, sich selbst für alles zu vergeben, was Sie jemals getan haben, um einen anderen bewusst oder unbewusst zu verletzen oder ihm Schaden zuzufügen.

Der nächste Schritt besteht darin, sich selbst zu lieben. Sie sind nicht Teil Ihrer Eltern, obwohl Sie durch diese gekommen sind und obwohl diese die Mittel für Ihren Eintritt in die Welt und die Lektionen für Ihr spirituelles Wachstum bereitgestellt haben. Sie sind ein Teil Gottes. Wenn Sie den Schöpfer lieben, müssen Sie sich selbst lieben und akzeptieren.

Hören Sie auf zu fragen, was Gott tun kann, um Ihnen zu helfen. Fragen Sie stattdessen, was das Göttliche in Ihnen selbst tun kann, um anderen zu helfen.

ENTWICKELN SIE DIE EIGENSCHAFTEN HÖHERER LIEBE

Dazu gehören Empathie, Mitgefühl, Vergebung und Selbstliebe. All diese Eigenschaften erfordern, dass Sie das Selbst loslassen und sich auf eine höhere Sichtweise einstimmen.

Empathie

Selbst wenn eine bestimmte Person genau die gegensätzliche Position von allem vertritt, woran Sie glauben, müssen Sie mit ihr verschmelzen, um mit ihr fühlen zu können. Öffnen Sie zuerst Ihr Herz, treten Sie dann in das Herz und das Bewusstsein der anderen Person ein, damit Sie sie vollkommen verstehen können. Um dazu fähig zu sein, müssen Sie ihr zuhören und ihre Gefühle wirklich spüren und ihre Ansichten wirklich verstehen.

Um dies zu üben, können Sie für ein paar Augenblicke mit einem Kriminellen, einem Extremisten oder mit jemandem, der völlig andere Ansichten vertritt als Sie, verschmelzen. Wenn Ihnen dies zu schwierig oder ekelerregend zu sein scheint, halten Sie einen Moment inne und erinnern Sie sich daran, dass wir alle ein Teil Gottes sind und dass Trennung durch Urteilen verursacht wird. Das Gefühl, beurteilt zu werden, führt dazu, dass Menschen sich schlecht fühlen. Aus diesem Grund wollen sie anderen wehtun oder sich schlecht benehmen. Sobald Sie bereit sind, mit dem Urteilen aufzuhören und mit dem anderen mitzufühlen, verändert sich tief in seinem Innern etwas, und er wird leichter und heller.

Zum Glück wandeln hohe Schwingungen niedere um. Wenn Sie daher mit Jesus, Krishna, Buddha, Mohammed oder einem anderen Heiligen verschmelzen, wird Sie deren hohes Bewusstsein erheben. Wenn Sie mit einem Menschen mit einem dunklen Bewusstsein verschmelzen, wird Ihr helleres anfangen, ihn zu verändern, und aufgrund der Qualität Ihrer Absicht wird sich die Schwingungsfrequenz Ihres Herzens erhöhen.

Mitgefühl

Wie Empathie erfordert auch Mitgefühl, dass Sie mit einem anderen Menschen fühlen, ohne ihn zu beurteilen. Dazu ist es notwendig, dass Sie Ihr Herz öffnen und den anderen in Ihre Liebe hüllen. Dadurch entsteht eine heilende fünfdimensionale Energie.

Vergebung

Ihr Herz verschließt sich, wenn Sie Ihre Liebe zurückhalten, weil Sie glauben, jemand habe Ihnen etwas angetan. Vergebung bedeutet, einen anderen ungeachtet dessen, was zwischen Ihnen geschehen sein mag, zu lieben. Weil Vergebung eine so hohe Frequenz hat, heilt sie den Empfänger wie den Sender. Vergebung ermöglicht es der spirituellen Energie, wieder durch das Herz zu fließen, und jeder Zelle, sich wieder wie eine Blüte zu öffnen. Aus diesem Grund werden sowohl physische als auch emotionale Blockaden aufgelöst.

Selbstliebe

Die eben genannten Eigenschaften erfordern, dass man Gott im anderen sehen kann. Selbstliebe bedeutet, den Gott in sich selbst anzuerkennen. Es geht hier nicht um Eitelkeit, Einbildung oder Arroganz, die alle aus dem Ego und der Selbsttäuschung entstehen. Selbstliebe ist die stille, schlichte Gewissheit, dass man trotz seiner menschlichen Fehler in seiner Essenz göttlich ist. Wenn Sie dies wahrhaft verstehen, stürzen die Mauern zwischen Ihnen und anderen ein, Verletzungen haben keinen Einfluss mehr auf Ihr Verhalten, und Sie werden zu einem wahren Diener des Göttlichen. Dadurch werden Sie in die Lage versetzt, Ihre Grenzen zu überwinden und Dinge zu erreichen, die bisher unmöglich schienen. Sie können Ihr Herz vollständig öffnen und auf eine höhere Frequenzebene aufsteigen.

DIE BLÜTENBLÄTTER ODER KAMMERN DES HERZ-CHAKRAS

Das Herz-Chakra hat 33 Kammern oder Blütenblätter. Wie ich schon erwähnt habe, sind die äußeren grün; dann nehmen sie eine rosa Färbung an und gehen in ein violettes Rosa über. Im Zentrum sind sie schneeweiß. Wie die Blüte einer Rose öffnen sie sich allmählich der Sonne oder dem Licht des göttlichen Quells.

Auf dem ersten Teil Ihres Weges ist das Herz verschlossen:

1. Lieblosigkeit.
2. Gefühllosigkeit oder Gefühlskälte.
3. Verletzt oder wütend sein.
4. Eifersucht.
5. Ichbezogenheit.
6. Gier.
7. Rückzug.
8. Einsamkeit.
9. Zurückhaltung oder Gemeinheit.
10. Traurig oder unglücklich sein.

Nun fangen die Blütenblätter an, sich zu öffnen:

11. Tierliebe.
12. Liebe zur Natur.
13. Liebe zu Kindern.
14. Liebe zum Partner.
15. Liebe zur Familie.
16. Liebe zu anderen.
17. Selbstliebe.
18. Empathie.
19. Mitgefühl.
20. Fürsorglichkeit.
21. Vergebung gegenüber anderen.
22. Vergebung gegenüber der gesamten irdischen Erfahrung.

23. Vergebung gegenüber sich selbst.
24. Warmherzigkeit.
25. Freundlichkeit.
26. Großzügigkeit.
27. Bedingungsloses Geben.
28. Liebe zur Menschheit.
29. Bedingungslose Liebe.
30. Transzendente Liebe.
31. Verbindung zum kosmischen Herzen.
32. Kosmische Liebe.
33. Einheit.

ERZENGEL CHAMUEL

Die Erzengel Chamuel und Caritas, die für die Entwicklung dieses Chakras zuständig sind, schütten Liebe in den zartesten Rosatönen über Sie aus. Schauen Sie sich Foto Nummer 21 an, und atmen Sie die Energie in Ihr Herz, denn dies ermöglicht es Ihnen, die fünfdimensionale Frequenz der Liebe aufzunehmen.

Erzengel Chamuels Engel werden häufig mit den strahlend weißen Engeln der Liebe gesehen. Wenn Sie sie gemeinsam sehen, wird die Frequenz Ihres Herzens sogar noch weiter angehoben.

Foto Nummer 21: Erzengel Chamuel und ein Engel der Liebe, fotografiert von Kari Palmgren.

Wenn Sie sich Foto Nummer 21 anschauen, empfangen Sie Liebe und Freude und verspüren den Wunsch, dieses Geschenk mit anderen zu teilen.

ERZENGELIN CARITAS

Franz von Assisi sagte: »Indem wir geben, empfangen wir.« Erzengelin Caritas arbeitet mit diesem geistigen Gesetz, um all jenen zu helfen, die aus freien Stücken und mit offenem Herzen geben.

ERZENGEL METATRON

Wenn Sie Ihr Herz Erzengel Metatron öffnen, beschleunigen Sie Ihren Aufstieg und vergrößern Ihre Möglichkeiten. Weitere Informationen über diesen Mächtigsten unter den Erzengeln finden Sie in Kapitel 20.

Kapitel 15

DAS HALS-CHAKRA

Dieses Chakra ist in der dritten Dimension türkisfarben, also blau und grün gemischt. Es benötigt Ausgeglichenheit und ermöglicht es, auf ehrliche Weise zu kommunizieren. Jedes Mal, wenn Sie sagen, was Sie wirklich fühlen, statt es Ihrem Gegenüber nur recht machen, ihn beeindrucken oder beschwichtigen zu wollen, werden die Blütenblätter klarer. Viele dreidimensionale Menschen verschanzen sich hinter der Entschuldigung, dass sie jemandem nicht sagen konnten, was sie wirklich gefühlt haben, weil sie ihn nicht verletzen wollten. Tatsächlich schützen sie sich selbst vor der eingebildeten Reaktion des anderen.

Falschheit und Verstellung – gleich wie gut die Absichten dahinter auch sein mögen – erzeugen unbewusst Disharmonien beim anderen. Ohne zu wissen, warum, fühlt er sich unbehaglich oder verspürt sogar Angst. Menschen, denen ständig gut gemeinte Halbwahrheiten gesagt werden, fühlen sich, als ob sie langsam im Treibsand versinken.

Wahrheit hat eine Schwingung, die mit Ihrem tiefsten Wissen übereinstimmt. Auch wenn sie nicht das sein mag, was Sie gerne hören möchten, gibt sie Ihnen doch Kraft, und Sie können mit Ihrem Leben weitermachen.

Janice und John waren 13 und zehn Jahre alt. Ihre Eltern verstanden sich nicht, aber sie waren stolz darauf, dass sie sich nie vor den Kindern stritten. Dennoch war die Atmosphäre im Haus sehr angespannt. »Natürlich denken sie, dass alles in Ordnung ist«, sagte ihre Mutter zu mir. Aber John fing an zu rebellieren, während Janice immer stiller wurde und sich immer mehr zurückzog. Sie beobachtete alles mit einem ängstlichen Gesichtsausdruck. »Das liegt einfach an ihrem Alter«, sagte ihre Mutter. Als sie den Kindern endlich erzählte, dass sie sich probeweise von ihrem Vater trennen würde, war sie völlig erstaunt, als Janice vor Erleichterung seufzte und sagte: »Na endlich!« John rebellierte auch weiterhin, aber als er realisierte, dass man ihn endlich informiert und ihm die Wahrheit gesagt hatte, reagierte auch er positiv darauf.

Ich hörte eine ähnliche Geschichte von einem Vater, der schwer krank war. Alle versicherten seiner pubertierenden Tochter, dass es ihm bald besser gehen würde. Die Mutter nahm all ihre Kraft zusammen, um ein optimistisches Gesicht zu machen, obwohl sie tief im Herzen wusste, dass ihr Mann sterben würde. Die Tochter wurde zornig, frech und ungehorsam, weil sie spürte, dass man ihr nicht die Wahrheit sagte. Als die Mutter endlich ihre Ängste mit ihr teilte und ihr erklärte, dass ihr Vater wirklich sehr krank war, reifte das Mädchen sehr schnell heran, obwohl sie von Kummer überwältigt war, und wurde ihrer Mutter eine feste Stütze. Deren Ehrlichkeit bedeutete für sie, dass sie sich ernst genommen fühlte, auch wenn sie noch so traurig war.

Das Hals-Chakra ist sehr empfindlich und nimmt auf einer unbewussten Ebene alles auf, gleich, ob dieses ausgesprochen wurde oder nicht. Es ist mit der Fähigkeit der Hellhörigkeit verbunden. Wenn Sie also spüren, dass jemand etwas sagen will, was Sie nicht hören wollen, spannen Sie die Rückseite Ihres Hals-Chakras an. Wenn Sie dies oft genug tun, wird dieses Zentrum verstopfen und sich schließlich verschließen.

Im Hals-Chakra befinden sich 22 Kammern oder Blütenblätter. Wenn Sie sich in sie hineinbegeben, machen Sie sich auf die Reise zu einem höheren Bewusstsein.

DIE KAMMERN ODER BLÜTENBLÄTTER DES HALS-CHAKRAS

Wenn Sie mit diesem Chakra arbeiten, müssen Sie mit der höchsten Kammer beginnen und sich dann nach und nach zu den äußeren Kammern vorarbeiten, weil Sie viel Schutz dabei brauchen. Wenn Sie bei der niedrigsten Kammer beginnen, können Wesenheiten eindringen; deshalb ist es unerlässlich, dass Sie um Erzengel Michaels Schutzmantel bitten, bevor Sie sich mit den niederen Kammern befassen. Wenn Sie mit der höchsten Kammer beginnen, werden während der Arbeit an den Lektionen jeder Kammer automatisch Schutz und Licht angezogen, die Sie während jedes Schrittes heilt.

Uns wurde auch mitgeteilt, dass alle, die sich mit diesen höheren Ebenen befassen, denjenigen Schutz senden müssen, die sich noch nicht auf dieser Stufe befinden. Es gibt zum Beispiel Fernsehsendungen über Orte, an denen es spukt, und die man nie ohne Schutz aufsuchen sollte. Es gibt auch Medien, die mit den Nichteingeweihten arbeiten. Es ist lebenswichtig, dass die, die mit ihnen arbeiten, sehr klar sind und einen starken Schutz haben.

Wie bei allen Chakras haben Sie einen Teil der Reise wahrscheinlich schon in früheren Leben unternommen.

22. Gottvertrauen.
21. Selbstvertrauen.
20. Ein Botschafter des Lichts sein.
19. Inspirierte Führerschaft mit Integrität.
18. Die eigene Herrlichkeit ehren.
17. Die Wahrheit lehren.
16. Ehrenvoll und mit Integrität sprechen.
15. Offen und auf die höhere Wahrheit eingestimmt sein.
14. Für sich selbst einstehen.
13. Für andere einstehen.
12. Zu wissen, wer man ist.

11. Die eigene Größe akzeptieren.
10. Sprechen, um andere zu ermächtigen.
9. Telepathie.
8. Die göttliche Wahrheit unter allen Umständen aussprechen.
7. Sich dazu verführen lassen, die Wahrheit zu manipulieren. Dies geschieht oft, wenn Sie sich der Meinung anderer anschließen.
6. Angst davor, dass einem nicht geglaubt wird, dass man missverstanden oder wegen seiner Ansichten verfolgt wird.
5. Auf die innere Stimme hören.
4. Zuhören und verstehen.
3. Nicht zuhören.
2. Absichtlich Lügen verbreiten.
1. Lügen oder unehrlich sein, um sich selbst zu schützen.

DIE FÜNFTE DIMENSION

Wenn sich die Schwingungsfrequenz dieses Chakras erhöht, nimmt es mehr violettes Licht auf. Dann vermischt sich Lila damit, und um das Ganze abzurunden, etwas Rot. Wenn dies geschehen ist, dreht sich das Chakra schneller und strahlt ein wunderbares Königsblau aus, die Farbe der Erhabenheit, Macht und Wahrheit.

Nun sind Sie bereit, mit Erzengel Michael zu arbeiten, sein Schwert der Wahrheit in die rechte Hand zu nehmen und seinen Schutzschild in die linke. Dies symbolisiert, dass Sie nun bereit sind, im Interesse des höchsten Wohles aller Wesen mit Integrität, Aufrichtigkeit und Taktgefühl zu sprechen. Dank ihrer fein abgestimmten Intuition wissen Sie nun, was angebracht ist zu sagen. Außerdem beschützen Sie all jene, die schwächer sind als Sie oder die nicht so für sich selbst eintreten können, wie Sie es tun.

Auf dieser Stufe sind Sie zu einem mächtigen Krieger im Dienste der Wahrheit geworden.

ERZENGEL MICHAEL

Erzengel Michael, einer der bekanntesten und beliebtesten Erzengel, ist für dieses Chakra zuständig. Seine Engel sieht man in vielen Orbs. Ihr charakteristisches strahlendes Blau beschützt andere Erzengel, Engel oder Geister.

Wir sind entzückt, Ihnen zwei Orbs von Erzengel Michael selbst zeigen zu können. Ich nahm das erste Foto in Thailand während eines heftigen Tropensturms auf. Mit Erzengel Uriel und vielen Engeln der Liebe war er auf dem Weg nach Bangkok, wo er während des Unwetters Tiere beschützen wollte. Er strahlt Mut, Kraft und Schutz aus und übermittelt die Energie des göttlichen Quells. Sie können das schneeweiße Zentrum sehen, in dem er ganz offen für den göttlichen Quell ist. Erzengel Michael beschützt Sie, wenn Sie nach spirituell Höherem streben, und gibt Ihnen die Kraft und den Mut, dorthin zu gelangen.

Foto Nummer 22: Erzengel Michael, fotografiert von Diana Cooper.

Wenn Sie sich den Orb auf Foto Nummer 22 anschauen, empfangen Sie einen großen Schub an Mut, Kraft und Schutz.

Auf Foto Nummer 23, das von Ann-Marie Bentham aufgenommen wurde, sicht man den mächtigen Erzengel Michael in der Mitte als kleines blaues Licht über dem Stein. Er überträgt Mut auf den weißen Orb, der ein Aspekt von Erzengel Gabriel mit einem Engel der Liebe und einem Einhorn ist, und auf den gelben, der ein Aspekt von Erzengel Uriel ist.

Man kann deutlich sehen, dass die Orbs der letzteren beiden Erzengel länglich und weit offen sind, um Erzengel Michaels Energie zu empfangen.

Foto Nummer 23: Erzengel Michael überträgt Energie auf Aspekte der Erzengel Gabriel und Uriel, fotografiert von Ann-Marie Bentham.

Wenn Sie sich den Orb auf Foto Nummer 23 anschauen, empfängt Ihr Unbewusstes die Bestätigung, dass es Engel gibt.

Die meisten Orbs sind siebendimensional, schwingen also auf der Frequenz der Engel. Um den weißen und den gelben Orb befinden sich äußere Ringe, die ein Frequenzband darstellen, das die Orbs auf einer sechsdimensionalen Ebene hält. Der Grund dafür liegt darin, dass sie von mehr Menschen gesehen werden können, wenn sie im sechsdimensionalen

Frequenzbereich schwingen. Dies ist ein Teil des Plans, den Menschen die Existenz von Engeln näher zu bringen. Dies ist der nächste Schritt.

Erzengel Michael überträgt diesen beiden Erzengeln Mut und Kraft. Er tut dies, weil viele Menschen Angst aussenden, wenn sie die Orbs mit ihren eigenen Augen sehen. Dies wirkt sich auf die Engel aus, wenn sie offen sind. Zum Teil stammt die Angst daher, dass viele Menschen, die sie sehen, glauben, es handele sich um Ufos. Diese außerirdischen Aktivitäten beunruhigen die Menschen zurzeit sehr. Wenn Erzengel Michael die Orbs umschließen würde, könnten sie ihre Schwingung nicht auf einen sechsdimensionalen Frequenzbereich senken.

Auf diesem Foto sieht man also die beiden weit geöffneten Engel, die Erzengel Michaels Kraft aufnehmen, bevor sie sich wieder verschließen und zu Orbs werden. Dann werden sie in dem niedrigeren Frequenzbereich weiterreisen, damit mehr Menschen ihrer ansichtig werden können. Dies stellt eine neue Phase der Erzengel-Aktivitäten dar, die gerade begonnen hat und die der Menschheit helfen soll, bewusster zu werden.

ERZENGELIN CREDO

Erzengel Michaels Partnerin ist Credo. Glaube ist notwendig, damit das Hals-Chakra sein volles Potenzial entwickeln kann. Glaube wird Ihnen helfen, Ihr Licht und Ihre Integrität zu bewahren.

Schauen Sie sich Foto Nummer 42 (s. S. 197) an, das Erzengelin Credo als vorbeischießenden Orb auf der linken Seite zeigt. Die Meister Kuthumi und Imor sind bei ihr und bringen höhere Lehren in diesen Teil der Welt.

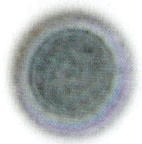

Kapitel 16

DAS CHAKRA DES DRITTEN AUGES

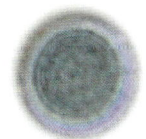

Dieses Chakra in der Mitte der Stirn ist als Zentrum der Erleuchtung bekannt. Wenn es im fünfdimensionalen Bereich schwingt, wird es zu einer klaren Kristallkugel. Dadurch werden Hellsichtigkeit und göttliche Weisheit aktiviert. Das Licht, das aus ihm strahlt, heilt andere Menschen auf der mentalen Ebene, berührt ihre Essenz und hebt ihre Schwingungsfrequenz an. Es ermöglicht Ihnen, Klarheit zu erlangen, damit Sie das, was Ihr Herz begehrt, im Überfluss anziehen können und es sich auf der materiellen Ebene manifestieren kann.

Erzengel Raphael und seine Zwillingsflamme, die große Universalengelin Maria, wirken durch dieses Chakra, um Heilung und Reichtum zu gewähren.

Im Chakra des dritten Auges befinden sich 96 Blütenblätter oder Kammern, deshalb gehen wir nicht auf jede Einzelne ein. Ich werde Sie aber mit auf eine Reise durch die sieben Schleier nehmen, die beiseitegezogen werden müssen, damit Sie in das Zentrum dieses Chakras reisen können.

DIE SIEBEN EBENEN DES DRITTEN AUGES

1. Illusion

Die Wahrheit ist, dass es nur Liebe und Licht gibt, denn dies ist Gottes Essenz und daher auch Ihre eigene. Was auch immer Ihnen Gedanken über Trennung, Krieg, Schmerz, Überlegenheit oder mangelnde Liebe eingeben will, ist eine Illusion. Die

Engel des Lichtes sind Teil der Einheit und flüstern nur von Einheit und Liebe. Sie werden allerdings Versuchungen auf dem spirituellen Weg begegnen, die Sie dazu verlocken, sich anders oder besser als andere Menschen zu fühlen. Diese Illusion wird so lange bei Ihnen bleiben, bis Sie sich wieder der Liebe zuwenden. Dann werden Sie die Prüfung dieser Kammer bestanden haben.

2. Mentale Heilung

Dabei geht es um das rechte Fokussieren und wie man seine Gedanken mit der Absicht der Heilung auf einen anderen Menschen oder eine bestimmte Situation richtet.

3. Telepathie

Damit ist die Fähigkeit gemeint, sich auf alle Frequenzen der Menschen, spirituellen Wesen und Engel einzustimmen, damit Sie deren Botschaften auf allen Ebenen empfangen können.

4. Schöpfung

Sie gebrauchen die Macht Ihrer Gedanken und Visionen, um zu erschaffen und zu manifestieren.

5. Hellsichtigkeit

Damit ist klares Sehen mit dem inneren Auge gemeint.

6. Überfluss

Was Sie geben, das werden Sie empfangen. Nun besitzen Sie das Wissen um den göttlichen Reichtum und sind bereit, diesen zu empfangen.

7. Hellwissen

Dies ist Allwissenheit oder Gnosis.

MUTTER MARIA

Ich war in Bezug auf Mutter Maria immer verwirrt. Wie kann es sein, dass sich ein Wesen aus dem Reich der Engel auf Erden inkarniert hat? Mir wurde nämlich von der geistigen Hierarchie mehrmals mitgeteilt, dass Engel niemals physische Körper annehmen. Deshalb schien mir dies immer ein Mysterium zu sein, das meine Vorstellungskraft übersteigt. Nun hat Erzengel Michael mir eine Erklärung gegeben, die meinen geistigen Horizont erweitert hat. Ich bin mir aber sicher, dass es noch weitere Schichten aufzudecken gibt und weitere Erkenntnisse auf mich warten, wenn ich dafür bereit bin.

Ich habe in anderen Büchern geschrieben, dass Maria Ma Ra in Lemuria war und Isis in Atlantis und Ägypten. In einem gewissen Sinn stimmt das auch, aber Erzengel Michael hat mir nun eine umfassendere Erklärung gegeben.

Wer ist Mutter Maria?

Sie ist eine Universalengelin und gehört damit dem höchsten Rang der Engel an, die in mehr als einem Universum arbeiten. Sie trägt das reinste göttlich-weibliche Licht des Mitgefühls und der Empathie in sich. Aus diesem Grund heilt sie mit ihrer reinen Liebe.

ERZENGEL RAPHAEL

Erzengel Raphael ist die Zwillingsflamme von Mutter Maria und gemeinsam mit ihr für die Entwicklung des dritten Auges zuständig. Selbstverständlich arbeitet Maria durch dieses Zentrum, aber die höchste Form ihrer Heilkraft kommt aus dem Herz-Zentrum.

IST ES MÖGLICH, DASS SICH EIN ENGEL INKARNIERT?

Nein, das ist nicht möglich.

GEBAR MARIA JESCHUA BEN JOSEPH, DER DEN NAMEN JESUS ANNAHM?

Nein, die große Meisterin und Hohepriesterin Isis gebar Jesus, wurde aber von Maria überstrahlt. In all ihren Inkarnationen wurde Isis von der göttlichen Mutter Maria geführt, die sich mit ihrem Bewusstsein verschmolzen hatte.

ISIS

Isis gehört der Hierarchie der Menschen an und stammt von der Venus. Alle Wesen von der Venus arbeiten auf dem Herzstrahl der reinen Liebe.

Sie inkarnierte sich in Lemuria als Ma Ra – ganz klar unter dem Strahl Marias – und etablierte dort die Mysterienschulen. In Atlantis war sie eine der ursprünglichen Hohepriesterinnen des goldenen Zeitalters. Später gebar sie Horus in einer jungfräulichen Geburt. Während des Untergangs von Atlantis kehrte sie zurück und führte ihren Stamm nach Südamerika, wo aus ihm die Azteken hervorgingen, die für ihre herrlichen Kunstwerke und ihr astronomisches Wissen berühmt waren. Der aztekische Kalender beginnt mit der Geburt der Venus und die Berechnungen basieren auf einem fortgeschrittenen astronomischen Wissen. Zu Beginn des Fische-Zeitalters inkarnierte Isis sich als Maria, die in einer jungfräulichen Geburt den Mann gebar, welcher der Christus werden sollte.

EINE GESCHICHTE

Mir wurde diese Geschichte von einer Freundin erzählt, die ich Molly nennen will. Molly besuchte ein Seminar, auf dem den Teilnehmern gesagt wurde, sie sollten sich vorstellen, ägyptische Götter zu sein. Meine Freundin wusste sofort, dass sie Isis sein würde. Auf einem Tisch lag ein Stapel Bücher. Als sie eines davon wahllos in die Hand nahm und eine Seite aufschlug, auf der Zitate von Isis standen, wusste sie, dass sie geführt wurde.

Anschließend saßen alle in einem Kreis und teilten ihre Erlebnisse miteinander. Als Molly an der Reihe war, stimmte sie sich ein und wurde von Isis überlagert, die nun durch sie sprach. Als sie fertig war, verbeugte sich die Lehrerin vor ihr als Isis, aber sonst niemand. Meine Freundin stand auf und spürte Isis in sich, als sie sich auf eine Weise verbeugte, wie sie es noch nie zuvor getan hatte.

Eine der Teilnehmerinnen war dadurch besonders berührt. Diese Frau hatte schreckliche Nachbarn, die sich immer beklagten, wenn sie den Rasen mähte, oder wegen irgendetwas anderem. Diese Nachbarn veranstalteten zudem ständig Grill-abende, sodass dicke Rauchwolken über ihre Veranda zogen. Die Frau beschloss, Isis zu bitten, ihr bei diesem Problem zu helfen. Von diesem Tag an gab es nie wieder Beschwerden seitens der Nachbarn und auch keine Grillabende mehr.

MARIAS ORB

Gillian Barnes schickte uns freundlicherweise die Aufnahme eines wunderbaren Orbs von Mutter Maria und Erzengel Zadkiel (s. S. 127, Foto Nummer 29). Das Foto wurde am 10. Mai 2007 um circa drei Uhr morgens über der Statue der heiligen Mutter in Lourdes aufgenommen. Dieser Orb ist besonders geeignet für das Öffnen des Seelenstern-Chakras und um das Herz zu heilen. In Kapitel 19 können Sie mehr darüber lesen.

Kapitel 17

DAS KRONEN-CHAKRA

Das Chakra oben auf dem Kopf ist wegen der tausend Kammern oder Blütenblätter, die es enthält, als der tausendblättrige Lotus bekannt. Es ähnelt einer Seerose oder einem Lotus, wenn es sich öffnet. Jedes dieser Blütenblätter ist mit einem Aspekt Gottes verbunden.

Man gebraucht bei diesem Chakra das Gleichnis, dass der spirituelle Weg an der Basis beginnen und das Negative mit einbeziehen muss, so wie der Lotus seine Wurzeln im Schlamm hat. Die Knospe des spirituellen Potenzials steigt auf, bis sie die Wasseroberfläche durchbricht und ihre Blüte sich der Sonne öffnet. Unser spiritueller Weg beginnt mit dem Schlamm an der Basis und führt über die Chakras in der Wirbelsäule (dem Stängel) bis zum Kronen-Chakra, das sich dem Licht öffnet. Dann ist dieses Chakra wie ein Kelch, in den das Licht der höheren, transpersonalen Chakras strömt, wo es gefiltert und in die unteren Chakras weitergeleitet wird.

Die Erzengel Jophiel und Christine helfen bei der Entwicklung dieses Chakras von Violett in der dritten Dimension hin zu einem durchsichtigen klaren Kristall. Jophiel bringt uraltes Wissen mit, und Christine hält das Licht dort aufrecht.

DIE TAUSEND BLÜTENBLÄTTER DES KRONEN-CHAKRAS

Diese Blütenblätter repräsentieren die tausend Schwingungsfrequenzen Gottes.

Als ich mich in Ammas Aschram in Kerala aufhielt, war es eine der tiefgründigsten Erfahrungen für mich, frühmorgens aufzustehen und zu hören, wie die Swamis die tausend Namen Gottes sangen. Indem sie dies absichtsvoll taten, intonierten sie die tausend Frequenzen des Kronen-Chakras. Es war jedes Mal eine unglaubliche Erfahrung für mich, und die Schwingung durchströmte mich noch Stunden später. Ich spürte immer, dass das Singen mich für einen transzendenten Zustand öffnete.

ERZENGEL JOPHIEL

Erzengel Jophiel, der Erzengel der Weisheit, ist für die Entwicklung des Kronen-Chakras zuständig, das ein Kelch ist, der die Energie aus den transzendenten Chakras auffängt und sie im ganzen Körper verteilt.

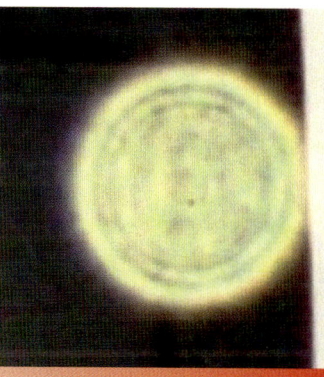

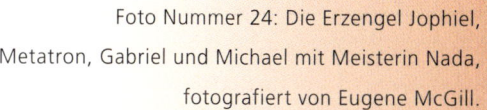

Foto Nummer 24: Die Erzengel Jophiel, Metatron, Gabriel und Michael mit Meisterin Nada, fotografiert von Eugene McGill.

Wenn Sie sich den Orb auf Foto Nummer 24 anschauen, wird Ihnen Hilfe zuteil, dank derer Sie Ihre Intuition und Ihre höheren medialen und spirituellen Begabungen entwickeln können.

Eugene McGill schickte uns diesen herrlichen gelben Orb (Foto Nummer 24) der Erzengel Jophiel, Metatron, Gabriel und Michael, die Meisterin Nada bringen, um Eugenes Mutter während des Aufstiegs abzuholen. Dies ist ein sehr hochfrequenter Orb, denn Erzengel Jophiel bringt Weisheit und bewahrt zudem die Weisheit von Meisterin Nada, während Erzengel Gabriel jene Menschen läutert, die sich diesen Orb anschauen und seine Energie empfangen. Erzengel Metatron ist in diesem Orb präsent, um Ihnen zu helfen, sich zu öffnen, damit Sie Zugang zum Sternentor-Chakra finden, während Erzengel Michael mit Meisterin Nada reist, um sie zu beschützen. Sie ist gekommen, um Menschen mit großer Integrität zu helfen, ihre Intuition und ihre höheren medialen und spirituellen Begabungen zu entwickeln.

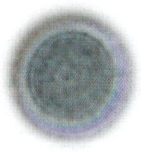

Kapitel 18

DAS KAUSAL-CHAKRA

Zwischen dem Kronen- und dem Seelenstern-Chakra liegt das schimmernde weiße Kausal-Chakra, das die Stille und den Frieden des höheren Geistes repräsentiert. Dieses Chakra bringt das Licht Ihrer Seele in Ihren Mentalkörper. Damit dies geschehen kann, müssen Sie Ihre rechte Gehirnhälfte aktivieren und Ihre linke regulieren. Die rechte Gehirnhälfte ist die kreative und somit fähig, größere Zusammenhänge und das Gesamtbild zu erkennen. In der linken Gehirnhälfte sind Ihre vorprogrammierten Glaubensstrukturen und anerzogenen Überzeugungen gespeichert.

Ich habe schon häufig gesehen, dass Einhörner mit diesem Chakra arbeiten, damit es ruhig und still wird und sich öffnet. Wenn Sie auch unter schwierigen Umständen ruhig und friedvoll bleiben können, kann das Kausal-Chakra Botschaften oder Ideen aus der geistigen Welt empfangen. Wenn Sie Ihren höheren Geist gemeistert haben – zum Beispiel durch Meditation –, können Sie Übertragungen aus dem Kosmos empfangen. Kosmische Ideen, die hier eindringen, brauchen Ruhe, Zeit und Raum, um zu wachsen und sich zu manifestieren.

Wenn dieses Chakra die Informationen von oben empfangen, verarbeitet und angenommen hat, überträgt es sie an die Zellen des Körpers. Die Erzengel Christiel und Mallory bringen zudem die Stille der Christus-Energie in dieses spirituelle Zentrum. Wenn mehr Menschen ihre Kausal-Chakras verankern, wird der kollektive Mentalkörper des

Planeten reiner und beginnt, die Gedanken Gottes zu bewahren.

Wenn Sie anderen Menschen helfen, Stille in diesem Chakra zu entwickeln, indem Sie zum Beispiel Meditation, Yoga, Gedankenkontrolle oder irgendeine andere Form geistiger Disziplin unterrichten, wird Erzengel Christiel die richtigen Meister zu Ihnen bringen, damit sie Ihnen helfen. Auf Foto Nummer 40 (s. S. 187) können Sie einen Orb von Erzengel Christiel sehen, der Babaji zu einem Yoga-Kurs bringt.

DIE RECHTE UND DIE LINKE GEHIRNHÄLFTE

Lernen mit der linken Gehirnhälfte ist logisch, linear, wissenschaftlich, mathematisch und klar strukturiert. Eine Person, bei der die linke Gehirnhälfte dominant ist, akzeptiert und wiederholt die Ideen anderer Menschen, weil es ihr häufig an Originalität und kreativen Ideen mangelt. Derartige Menschen setzen Regeln und Vorschriften durch und ziehen es vor, Anweisungen zu befolgen. Als Folge davon wird ihr natürlicher Lebensfunke unterdrückt, und sie haben häufig das Gefühl, dass sie die Verbindung zum Göttlichen verloren haben. Wenn Sie sich selbst anschauen und merken, dass bei Ihnen die linke Gehirnhälfte zu sehr dominiert, sollten Sie sich jeden Tag Zeit für die Stille nehmen und auf Ihre innere Stimme lauschen. Setzen Sie dann die kreativen Gedanken um, die Ihnen kommen.

Die rechte Gehirnhälfte ist für Originalität, Kreativität, Vorstellungskraft, Rhythmus, Singen, künstlerische Fähigkeiten, spirituelle Verbindungen und die Öffnung des Herzens zuständig.

Sie können nicht aufsteigen, wenn Sie allein Ihre linke Gehirnhälfte benutzen, da Aufstieg ein Prozess ist, der die Mitwirkung der rechten Gehirnhälfte erfordert. Um aufzusteigen, benötigen Sie Kreativität, Hingabe, einen offenen

Geist, die Fähigkeit, in größeren Zusammenhängen zu denken, und die Vorstellungskraft des dritten Auges.

Sie können dafür auch männliche Eigenschaften wie lineares Denken, Selbstbeherrschung, Gewalt, Druck oder Kraft nicht gebrauchen, da für den Aufstieg weibliche Eigenschaften wie Fürsorglichkeit, Liebe, Güte, Empathie, Mitgefühl, Akzeptanz, freudiges Teilen und Geben und ein Gefühl der Zusammengehörigkeit notwendig sind.

Aus diesem Grund entwickeln heute so viele Männer ihre weibliche Seite. Deshalb inkarnieren sich so viele Männer als Homosexuelle, weil sie auf diese Weise ihre sanfteren Eigenschaften erleben und ausdrücken können.

MANIFESTIEREN SIE IHRE VISION
Um schreiben zu können, brauchen Sie die linke Gehirnhälfte. Um zu zeichnen, die rechte. Um sicherzustellen, dass Ihr ganzer Computer im Kopf daran beteiligt ist, Ihre Vision zu verwirklichen, überlegen Sie sich, was Sie manifestieren möchten. Schreiben Sie alles auf und illustrieren Sie das Geschriebene dann mit einer Zeichnung.

DIE BLÜTENBLÄTTER ODER KAMMERN DES KAUSAL-CHAKRAS
Es gibt nur eine einzige Kammer: den Eintritt in die Stille.

ERZENGEL CHRISTIEL
Schauen Sie sich den Orb auf Foto Nummer 40 an, in dem Christiel Babaji bringt, um Zugang zur Energie des Friedens und zur Stille des höheren Geistes zu erlangen.

ERZENGELIN MALLORY
Erzengelin Mallory, die Zwillingsflamme des Erzengels Christiel, bringt das göttliche weibliche Gleichgewicht in das Kausal-Chakra. Der wunderbare Orb auf Foto Nummer 25 ist

ein Engel der Liebe mit den Erzengeln Mallory, Uriel und Michael, die einen Geist transportieren. Der Engel strahlt Liebe auf Sie aus, wenn Sie sich den Orb anschauen.

Wenn Sie sich zu einem höheren Schwingungsniveau hin entwickeln, beginnen Sie sich für Ihre vergangenen Leben zu öffnen, damit Sie die Reise Ihrer Seele besser verstehen können. Mit diesem Orb möchte Erzengelin Mallory Ihr Interesse an vergangenen Leben anregen, während Erzengel Uriel Ihnen hilft, Zugang zu der Weisheit zu finden, die Sie bereits in früheren Leben erlangt haben. Erzengel Michael beschützt Sie, während Sie diese erforschen. Gleichzeitig beschützt er auch den Geist – einen Führer in Ausbildung –, der im Orb reist.

Foto Nummer 25: Die Erzengel Mallory, Uriel und Michael mit einem Engel der Liebe und einem Geist, fotografiert von Eugene McGill.

Wenn Sie sich den Orb auf Foto Nummer 25 anschauen, wird in Ihnen der Wunsch heranwachsen, Kontakt zu Ihrer Weisheit aus vergangenen Leben aufzunehmen. Sie empfangen den Schutz, den Sie benötigen, um dies zu tun, und die Weisheit, die Sie auf dem Weg des Aufstiegs brauchen.

ORBS DER ERZENGEL CHRISTIEL, MALLORY UND ZADKIEL

Outi Seppi schickte uns einige wahrlich fantastische Orb-Fotos, auf denen die Erzengel Christiel und Mallory mit anderen Erzengeln und Meistern zu sehen sind. Freundlicherweise hat sie uns gestattet, diese hier zu veröffentlichen. Auf Foto Nummer 26 bringt Erzengelin Mallory, der weiße Orb, Geister und hält die Energie aufrecht. Erzengel Zadkiels violettes Licht hüllt Erzengelin Mallory, die Geister bringt, damit sie Informationen und Energie von der Sonne empfangen, ein und beschützt sie.

Foto Nummer 26: Die Erzengel Christiel, Mallory und Zadkiel, fotografiert von Outi Seppi.

Wenn Sie sich den Orb auf Foto Nummer 26 anschauen, empfangen Sie ein Hochgefühl aus dem göttlichen Quell.

Auf Foto Nummer 26 empfangen sowohl der weiße Orb, der Erzengel Christiel ist, und der magentafarbene, in dem die Erzengel Mallory und Zadkiel verschmolzen sind, Energie von der Sonne, die mit der Großen Zentralsonne und dem göttlichen Quell selbst verbunden ist. Diese Energie bringt den Wunsch nach Aufwärtsstreben, Inspiration und ein Gefühl, dass Sie Erfolg haben werden, mit sich. Sie erweitert all Ihre Grenzen, und sie kommt jetzt, um das Seelenstern-Chakra vieler Menschen zu öffnen.

Kapitel 19

DAS SEELENSTERN-CHAKRA

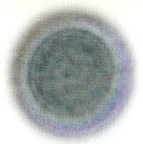

Unterhalb des Sternentores befindet sich auf einer etwas niedrigeren Schwingungsfrequenz das elfte Chakra, das magentafarbene Seelenstern-Chakra, das die Weisheit des göttlich Weiblichen enthält. Es nimmt das Licht des höchsten Chakras auf, verarbeitet es und filtert es in die Seele, wenn Sie dazu bereit sind. Der Seelenstern bereitet Sie darauf vor, sich der bedingungslosen Liebe zu öffnen. Die Engel helfen Ihnen, Ihre männlichen und weiblichen Energien im Interesse wahrer Meisterschaft in diesem Chakra ins Gleichgewicht zu bringen.

Um den Seelenstern öffnen und aktivieren zu können, müssen Sie eine parapsychische Läuterung durchlaufen und jegliche Form mentaler Negativität in diesem Bereich auflösen. Hier kristallisieren sich Ihre disharmonischen Gedanken und Überzeugungen, die unbedingt entfernt werden müssen. Viele dieser Überzeugungen stammen von unseren Vorfahren, denn Überzeugungen und Glaubensstrukturen werden als Familienkarma weitergegeben. Wenn Ihr Vater beispielsweise daran glaubte, dass er niemals in der Lage sein würde, angemessen für seine Frau und Kinder zu sorgen, würde er diese Überzeugung manifestieren, indem er als Versorger versagte. Falls er diese Überzeugung niemals geändert hat, werden Sie oder eines Ihrer Geschwister sie auf irgendeiner Ebene übernehmen.

Dieses Glaubenssystem mag sich bei Ihnen allerdings anders als bei Ihrem Vater ausdrücken, wenn Ihre Angst, möglicherweise wie er zu sein, oder Ihre Entschlossenheit, es allen zu beweisen, Sie dazu treibt, unter allen Umständen erfolgreich zu sein. Allerdings wird die Ursache dieses Triebes immer eine Familienangst sein, die im Seelenstern-Chakra gespeichert ist.

Zukünftige Generationen werden jegliches Familienkarma übernehmen müssen, das Sie nicht aufgelöst haben. Haben Sie keine Kinder, werden andere Mitglieder Ihrer genetischen Abstammungslinie diese Aufgabe übernehmen müssen. Gleichermaßen werden Sie das Familienkarma von Onkeln oder Großonkeln, Tanten oder Großtanten übernehmen müssen, wenn diese sich nicht damit befasst haben.

WIE MAN DIESES CHAKRA REINIGT

- Erden Sie sich. Schwarzer Turmalin zwischen den Füßen auf den Boden gelegt, wird Sie erden.
- Rufen Sie Erzengel Zadkiel an, damit er jegliche Negativität mit seiner violetten Flamme verbrennt. Stellen Sie sich vor, dass dies geschieht.
- Visualisieren Sie dann eine weißgoldene Energiekugel, die in Ihrem Seelenstern-Chakra strahlt.
- Bitten Sie die Einhörner, Ihnen dabei zu helfen, dieses Chakra von allen unnützen kollektiven und familiären Glaubensmustern zu befreien.
- Ein Selenit-Kristall kann Ihnen helfen, das Seelenstern-Chakra zu reinigen und seine Frequenz anzuheben.

Es ist sehr leicht, dieses empfindliche Chakra zu verunreinigen. Ungesunde Gedanken, ungesunde Vorstellungen und ungesunde Bilder, die Sie aufrechterhalten, können die Schwingung senken. Auch Drogengebrauch, das Festhalten von zornigen Gedanken oder Reisen durch die niedere Astralebene können das bewirken.

DIE ERZENGEL ZADKIEL UND AMETHYST

Diese beiden Erzengel sind Zwillingsflammen und helfen Ihnen, die alten Energien der ersten Kammer dieses Zentrums durch ihr violettes Licht umzuwandeln, damit dieses Chakra das Licht des göttlichen Quells aufnehmen kann.

Sie müssen durch die erste Kammer gehen, bevor Sie Zugang zur inneren Kammer erlangen können.

Foto Nummer 27: Erzengel Zadkiel, fotografiert von Dawn Gilroy Smith.

Wenn Sie sich den Orb auf Foto Nummer 27 anschauen, empfangen Sie Energie, die Sie inspirieren wird, im Interesse des höchsten Guten zu handeln.

Der herrliche Orb auf Foto Nummer 27 ist Erzengel Zadkiel, der die Schönheit dieses lieblichen Ortes verstärkt, damit die Menschen, die hier spazieren gehen, dieselbe Freude verspüren wie Sie, wenn Sie dieses Foto anschauen. Das Betrachten schenkt Ihnen Vitalität und neue Lebenskraft.

DIE ERZENGEL MARIEL UND LAVENDEL

Erzengel Mariel repräsentiert die höhere Kammer dieses Chakras und besitzt männliche Energie. Er ist eng mit Mutter Maria verbunden und hält die magentafarbene Flamme aufrecht.

Seine Zwillingsflamme, Erzengelin Lavendel, steuert den göttlich weiblichen Aspekt bei. Sie trägt die Energie einer Hohepriesterin in sich und ist mit einer besonderen Aufgabe betraut. Wie man aus dem Namen schon ersehen kann, arbeitet sie an der Läuterung des Seelensterns, was sich auf alle Chakras bis hinunter zum Erdstern und hinauf zum Sternentor auswirkt.

Sie hilft Ihnen auch, Ihren Seelenstern während des Schlafes zu heilen. Weil dieses Chakra eng mit Familien-, Ahnen- und Kollektivkarma verbunden ist, beschützt sie Sie vor der Energie jener Vorfahren, die Ihrem Fortschritt im Weg stehen. Gleichzeitig kommuniziert sie mit allen früheren Mitgliedern Ihrer Familie, hilft ihnen zu vergeben, wo dies nötig ist, überträgt ihre Weisheit auf sie und erteilt ihnen die Erlaubnis, ihre Weisheit mit Ihnen zu teilen.

Foto Nummer 28:
Engel der Erzengel Mariel, Lavendel und
Chamuel, fotografiert von Andrea Barth.

Wenn Sie sich den Orb auf Foto Nummer 28 anschauen, verspüren Sie ein Gefühl freudigen Erwachens in Ihrem Herzen und im Sternentor.

Uns wurde ein wunderbarer Orb der Erzengel Mariel und Lavendel geschickt, die Licht empfangen. Sie transportieren Geister, damit diese sich daran erfreuen können. Wenn Sie das Licht aus Ihrem Herzen nach oben in das Seelenstern-Chakra lenken, strahlt es heller, wodurch das Sternentor erweckt wird. Wenn Sie sich dieses Foto anschauen, dann atmen Sie in Ihr Herz hinein und lenken Sie die Energie hinauf und aus Ihrem Sternentor hinaus.

EIN ORB MUTTER MARIAS UND ERZENGEL ZADKIELS

Dieser fantastische Orb auf Foto Nummer 29 wurde am 10. Mai 2007 von Gillian Barnes aufgenommen, als die Jungfrau Maria zum ersten Mal in der Grotte von Lourdes erschien. In ihm ist Erzengel Zadkiel mit Mutter Maria verschmolzen. Die göttliche Mutter kam selbst zu uns, als wir dieses Foto erforschten. Sie sagte uns, das Betrachten dieses Orbs soll uns helfen, das Seelenstern-Chakra zu erwecken, es zu öffnen und zu aktivieren. Auf diese Weise ist der Betrachter zudem mit Cheiron und Vesta verbunden, damit das Herz heilen kann. Cheiron ist der verwundete Heiler und Vesta die Mutter des Hauses.

Wenn Menschen reinen Herzens einen Ort aufsuchen, an dem sie erschienen ist – wie Lourdes oder Fatima –, hilft Ihnen die Energie des Ortes, dieses spirituelle Zentrum zu öffnen. Das liegt daran, dass Mutter Maria durch ihr Erscheinen die dafür notwendige Schwingung erzeugt hat.

Dieser Orb ist deshalb so wichtig, weil es in naher Zukunft zu einer massenhaften Öffnung der Seelenstern-Chakras kommen wird.

Foto Nummer 29: Mutter Maria und Erzengel Zadkiel, fotografiert von Gillian Barnes.

Wenn Sie sich den Orb auf Foto Nummer 29 anschauen, werden Sie eingeladen, mit Mutter Marias Hilfe den Weg des Herz-Chakras zu gehen, und empfangen eine direkte Verbindung zum Herzen von Mutter Maria und zum kosmischen Herzen.

Die Astrologin Alison Chester-Lambert schickte mir einen detaillierten, faszinierenden Artikel über die astrologische Bedeutung dieses Orbs. Leider habe ich hier nur Platz, eine kurze Zusammenfassung davon wiederzugeben.

Die erste Erscheinung unserer lieben Frau in Lourdes ereignete sich am 11. Februar 1858. Dieses Datum kann in den astrologischen Berechnungen als Anfang oder Geburt angenommen werden. Ein für diesen Tag erstelltes Horoskop zeigt an, worin die Bedeutung ihres Erscheinens liegt. *Alison zufolge sagt das »Geburtshoroskop« unserer lieben Frau aus, dass der Sinn ihres Erscheinens mit Mitgefühl, Vergebung, Liebe und Heilung in der Energie des universellen Geist Gottes zu tun hat. Die ursprüngliche Botschaft unserer lieben Frau lautet: »Wacht auf!«*

Als Alison das Horoskop unserer lieben Frau mit dem Stand der Planeten am Tag der Aufnahme des Orbs verglich, konnte sie sofort eine außerordentlich starke Verbindung zwischen dem ersten Erscheinen unserer lieben Frau und dem im Mai aufgenommenen Orb erkennen. Die astrologische Bedeutung dieses Orbs ist wiederum ein Weckruf. Sie sagt, dass an dem Tag, als das Orb-Foto aufgenommen wurde – also am 10. Mai 2007 –, Jupiter und Uranus sich in eine gemeinsame Konstellation hineinbewegten, aus der eine Handlung resultieren muss. Sie wirkten aufeinander ein, um etwas geschehen zu machen. In der Astrologie können wir immer, wenn Uranus an einem Ereignis beteiligt ist, eine plötzliche Offenbarung, ein plötzliches Erwachen oder eine plötzliche Erleuchtung erwarten. Uranus kann unsere tiefsten Wünsche freisetzen, Jupiter liefert die dafür notwendige Kraft und das nötige Selbstvertrauen. Jupiter steht im Zusammenhang mit Schutzengeln, Schutz, Selbstvertrauen und Selbstermächtigung. Er sieht die Vision und das Potenzial eines Menschen und drängt ihn, diese zu verwirklichen. Wenn Jupiter involviert ist, haben wir keine Ängste, weil wir uns von göttlicher Güte eingehüllt fühlen. Wir vertrauen, und wir wissen einfach – wie in der Gnosis. Die astrologischen Berechnungen haben ergeben, dass Maria im Mai 2007 ihre Aufgabe übernommen hat. Wir sind so gesegnet, dass wir diesen Orb sehen dürfen.

Alison Chester-Lambert machte mich auch auf einen anderen Orb aufmerksam, der am selben Tag ebenfalls über der Statue Mutter Marias aufgenommen worden war – wie der Orb von Maria und Erzengel Zadkiel. Ich schaute ihn mir auf ihrer Website an und sah, dass es sich um Erzengel Gabriel und Meister Hilarion handelte. Die Botschaft, welche die beiden überbrachten, lautete: »Erwacht zu der Tatsache, dass wir die Möglichkeit von Orbs erschaffen haben.« Sie fügten hinzu, dass es die Resultate Ihrer Absichten verstärken wird, wenn

Sie irgendwo hingehen, um ein Foto in spiritueller Absicht aufnehmen und dabei einen Orb anziehen.

Kurz bevor Kumeka und die Engel uns baten, die Orb-Bücher zu schreiben, besuchte Diana mit zwei Meisterlehrern der *Diana Cooper School* Fatima mit der ausdrücklichen Absicht, in der Energie von Mutter Maria zu verweilen. Wir fanden die Energie auf dem Platz in der Innenstadt von Fatima sehr enttäuschend, aber als wir schließlich zur Statue von Mutter Maria in den Olivenhainen kamen, konnten wir ihr Licht um uns herum fühlen. Nach dem Besuch teilte uns Erzengel Michael mit, dass wir dorthin geschickt worden waren, weil unsere Seelenstern-Chakras Mutter Marias göttliches Licht empfangen sollten.

Bevor Sie Ihr Seelenstern-Chakra öffnen, müssen Sie sich auf eine innere Reise begeben. Zunächst einmal müssen Sie die richtige Absicht und das richtige Bewusstsein haben, um Zugang zu diesem Chakra zu finden. Sie müssen mit Erzengel Zadkiel auf die Weise arbeiten, die im Abschnitt »Wie man dieses Chakra reinigt« beschrieben ist. Wenn Sie dieses Niveau erreicht haben, glauben Sie vielleicht, dass die Arbeit getan ist und dass Ihr Seelenstern nun vollständig geöffnet ist. Dies ist aber nur der Anfang.

Nachdem Sie das Chakra in der ersten Phase gereinigt und vorbereitet haben, müssen Sie sich in einen reflektiven Zustand hineinbegeben, bevor Sie das nächste Tor erreichen können. Dies wird es Ihnen ermöglichen, in die höheren Ebenen des Seelensterns einzutreten, auf denen Sie Zugang zum Orb von Mutter Maria und Erzengel Mariel erlangen werden. Erzengel Mariel hilft Ihnen dabei, die weiblichen Aspekte dieses Chakras zu entwickeln.

Zwischen den beiden Ebenen sollten Sie über Ihre Liebe zu Ihrer Familie, zur Menschheit, zur Welt und zu sich selbst nachdenken. Dann wird Ihr Karma vollständig sein, weil Sie sich selbst so lieben und schätzen wie andere auch. Die Liebe zu sich selbst ist der Schlüssel, um Zugang zu diesem Orb zu erlangen. Indem Sie ihn betrachten, eröffnet sich Ihnen die Möglichkeit, sich selbst noch mehr zu lieben. Dann beginnen Sie Ihre Reise, auf der Sie Zugang zu Maria und dem göttlich Weiblichen finden werden. An dieser Stelle kann es sein, dass Sie das Gefühl verspüren, keinerlei Verbindung mehr zu haben und sich im freien Fall zu befinden. Plötzlich funktioniert das Leben nicht mehr so wie früher, und Sie fühlen sich versucht, aufzugeben.

Wenn Sie diesen Orb sehen können, empfangen Sie den Impuls, weiterzumachen.

In diesem Orb befinden sich 33 Tore zu verschiedenen Sektionen. Wenn Sie durch diese hindurchgehen, treten Sie in das Christus-Bewusstsein und das kosmische Herz ein. Zur Reise gehört es, jedes einzelne Tor zu durchschreiten, denn jedes vergrößert Ihre Liebesfähigkeit. Dies sind die Phasen der Öffnung Ihres Herzens, bis Sie die Menschheit als Ganzes lieben.

Wie Sie sehen können, bietet das Leben aller Eltern ihnen automatisch die Möglichkeit dazu. Wenn Sie keine eigenen Kinder haben, können Sie diesen Weg mit einem anderen Kind oder auch einem Tier gehen. Sie können den Weg auch im Rahmen tätiger Nächstenliebe gehen, zum Beispiel als Krankenschwester oder indem Sie Bedürftigen helfen. Möglicherweise haben Sie diese Lektionen schon in einem früheren Leben gelernt und müssen sie nicht noch einmal lernen. Aus diesem Grund ist das Seelenstern-Chakra in manchen kinderlosen Menschen oder sogar in Kindern voll funktionsfähig. Jeder hat diese Chance.

Tor 1   Lieben Sie sich selbst.

Tor 2   Lieben Sie Ihre Eltern.

Tor 3   Lieben Sie Tiere.

Tor 4   Lieben Sie Ihre Geschwister und nahe Familienangehörige.

Tor 5   Lieben Sie sich selbst so, wie Sie in der Pubertät waren.

Tor 6   Dienen Sie anderen liebevoll.

Tor 7   Lieben Sie Ihre Männlichkeit oder Ihre Weiblichkeit.

Tor 8   Lieben Sie sich selbst, indem Sie sich verlieben.

Tor 9   Machen Sie jemanden glücklich.

Tor 10 Lieben Sie Ihre Eltern für alles, was Sie getan haben, um Sie an diesen Punkt zu bringen.

Tor 11 Dienen Sie liebevoll einer Seele, die durch Sie hindurch kommt, oder Kindern, auf die Sie Einfluss haben.

Tor 12 Eine neue Ebene der Selbstliebe.

Tor 13 Lieben Sie die neue Seele (das Baby).

Tor 14 Lieben Sie Ihren Partner auf tiefer gehende Weise.

Tor 15 Lieben Sie es zu lernen, Eltern zu sein.

Tor 16 Lernen Sie, das Kind auch andere Menschen lieben zu lassen.

Tor 17 Wertschätzen Sie die Großeltern.

Tor 18 Verbreiten Sie Ihre Liebe außerhalb der Familie.

Tor 19 Lernen Sie, sich selbst zu nähren.

Tor 20 Lieben Sie die Unterschiede zwischen Ihrem Kind und den Kindern anderer Menschen.

Tor 21 Vertrauen Sie Ihrem Kind, wenn es bei anderen Menschen ist.

Tor 22 Vertrauen Sie anderen Menschen Ihr Kind an.

Tor 23 Finden Sie Ihren Platz in der Gemeinde.

Tor 24 Arbeiten Sie harmonisch mit Ihrem Partner zusammen.

Tor 25 Sorgen Sie für Ihre Eltern.

Tor 26 Seien Sie glücklich.

Tor 27 Lassen Sie Ihr Kind unabhängiger sein.

Tor 28 Akzeptieren Sie Ihr Älterwerden.

Tor 29 Lieben Sie, wer Sie sind.

Tor 30 Lieben Sie andere Menschen so, wie sie sind.

Tor 31 Geben Sie Ihr Kind frei.

Tor 32 Geben Sie Ihre Eltern frei.

Tor 33 Ihr spirituelles Wachstum.

Kapitel 20

DAS STERNENTOR-CHAKRA

Das Sternentor, das sich circa 30 bis 60 Zentimeter über dem Kopf befindet, ist von reinem Gold. Es enthält die monadische Energie und die Gesamtsumme aller Erfahrungen. Die Monade ist der ursprüngliche göttliche Funke und stellt somit die wahre Essenz dessen dar, was Sie sind. Wenn Sie bereit sind, diese höhere Energie in Ihren Alltag zu integrieren, haben Sie damit gleichzeitig Zugriff auf die Energie des göttlichen Quells. Sie erfahren das höchste Bewusstsein – die wahre Einheit. Sie müssen sich dieses Recht aber durch spirituelle Anstrengung und die Auflösung des Egos verdienen – normalerweise im Verlauf mehrerer Leben.

Zwei Erzengel sind für dieses Chakra zuständig: Erzengel Metatron, welcher der gesamten Menschheit hilft, ihre Frequenz anzuheben, und Serafina, ein weiblicher Serafim, welche die Verbindung zu Ihrer Monade und dem Quell herstellt.

Dieses Chakra ist das Tor zum göttlichen Quell und ist von einem wunderschönen satten Goldton. Wenn die unteren Chakras bereit sind, öffnet sich diese mächtige Blume, sodass Sie Zugang zur göttlichen Energie erlangen. Dann wird es zu einem Kelch, der sich mit dem heiligen Nektar füllt und diesen gefiltert in die unteren Chakras weiterleitet.

ERZENGEL METATRON

Erzengel Metatron ist für die Entwicklung des Sternentores, des zwölften und damit höchsten Chakras, zuständig. In der

Kabbala gilt es als Spitze des Lebensbaumes und wird als Kether oder Krone bezeichnet. Metatron ist einer der wichtigsten Engel in der Hierarchie und eines der wenigen Wesen, denen es gestattet ist, das Angesicht Gottes zu schauen. Aus diesem Grund wird er auch Fürst des Antlitzes genannt.

Der Begriff *Metatron* ist aus den griechischen Wörtern *meta* und *tron* zusammengesetzt, was so viel wie »jenseits der Matrix« bedeutet. Daher ist er als der Diener Gottes bekannt, als der himmlische Schreiber, der die täglichen Befehle des Quells an die Erzengel Gabriel und Samael und die übrigen Erzengel auf eine Weise überbringt, in der sie an die Engelhierarchie weitergegeben werden können. Sein lateinischer Name lautet *Matator*, was so viel wie »Führer« oder »Abmesser« bedeutet, weil er die heilige Geometrie des göttlichen Quells offenbart hat. Er ist einer der Engel, die das Volk Israel nach seinem Auszug aus Ägypten aus der Wildnis führten.

ERZENGEL METATRONS ORB

Sein Orb ist von einem satten Goldton, der von einer solchen Lebenskraft und Vitalität zeugt, dass er als strahlendes Orange erscheint. Er ist absolut fantastisch. Jedes Mal, wenn ich einen seiner Orbs sehe, bin ich überwältigt. Als Patti McCulloughs Mutter starb, erschienen die Engel über ihrer Hängematte, in der sie so gerne gelegen hatte. Der Orb auf Foto Nummer 30 ist nur einer von vielen. Das Foto zeigt Erzengel Metatron. Man kann die verschiedenen Schichten seines Wesens, die von Orangefarben bis Gold reichen, und den schneeweißen Engel der Liebe in der Mitte gut erkennen.

Foto Nummer 30: Erzengel Metatron
und ein Engel der Liebe,
fotografiert von Patti McCullough.

Wenn Sie sich den Orb auf Foto Nummer 30 anschauen, empfangen Sie eine Einladung, sich auf den Weg des Aufstiegs zu begeben.

DIE ERZENGEL METATRON UND SANDALPHON

Die Erzengel Metatron und Sandalphon sind Zwillingsflammen. Sie sind das Alpha und das Omega und arbeiten mit dem ersten und dem zwölften Chakra, also mit dem höchsten und dem niedrigsten.

WELCHE VERBINDUNG BESTEHT ZWISCHEN ERZENGEL METATRON UND DEM PROPHETEN HENOCH?

Henoch war ein frommer Lehrer, Schreiber, ein Medium und Führer seines Volkes. Er war ein weiser, hoch entwickelter Mensch, der von Erzengel Metatron überstrahlt wurde. Von Metatron empfing Henoch die 22 Buchstaben des hebräischen Alphabets und das ursprüngliche Tarot.

Einmal nahmen ihn zwei Engel mit, damit er sich die siebte und viele andere Dimensionen anschauen konnte. Ihm wurden von Gott Anweisungen gegeben, woraufhin er 366 Bücher schrieb. Dann offenbarte Gott ihm gewisse göttliche Geheimnisse, darunter auch das der Schöpfung und wie lange die

Erde bestehen würde und was danach geschehen wird. Nach diesem Erlebnis lebte er noch 30 Tage, während derer er viele Menschen in allem unterwies, was er wusste. Dann stieg er auf und wurde unter der Aufsicht von Erzengel Metatron und Serafina zum Meister der Akascha-Chronik der jüdischen Rasse.

Erzengel Metatron überstrahlte Henoch in einem solchen Maße, dass viele Menschen ihn leuchten sahen und glaubten, dass er zu einem Erzengel geworden wäre. Weil Metatron Zugang zu Henoch durch dessen Herz-Zentrum fand, glaubten viele Menschen, dass er selbst der Erzengel gewesen wäre.

ERZENGEL METATRON UND THOT HERMES

Thot, der große Priester-Avatar aus Atlantis, war als der ägyptische Schreiber bekannt, da er unter der Aufsicht von Erzengel Metatron die Akascha-Chronik für die ägyptische Rasse und alle arabischen Länder geführt hat und noch heute tut.

Henoch und Thot arbeiten zusammen, um Frieden zwischen Arabern und Juden zu vermitteln.

ERZENGEL METATRON UND SERAPIS BEY

Serapis Bey, der von der Venus stammt, ist der Meister des vierten Strahls der Harmonie und des Gleichgewichts. Wie Thot so war auch er in Atlantis ein Priester-Avatar und der Hüter der weißen Flamme. Heute wird er oft als »der Ägypter« bezeichnet, weil er beim Untergang von Atlantis mit Erzengel Metatron und dessen Engeln zusammenarbeitete, um den Bau der Pyramiden zu bewerkstelligen, in denen seine Lehren auf der vierdimensionalen Ebene verwahrt werden. Sobald genügend Menschen ihre Schwingungsfrequenz ausreichend angehoben haben, werden wir Zugang zu ihnen haben. Dies wird der Erde dann die Möglichkeit des Friedens eröffnen.

ERZENGEL METATRONS UNIVERSELLER WÜRFEL

Dieser Würfel stellt den geometrischen Plan sowohl für Ihren Aufstieg als auch für den der Erde dar. Ich habe schon häufig Bilder von Metatrons Würfel gesehen und mich schon beim bloßen Anblick oder der bloßen Erwähnung von Geometrie stets abgewandt, was ziemlich überraschend ist, da ich unter Pythagoras studiert habe. Dennoch ist es so. Heute aber, nachdem uns Kumeka die Energie dieses Würfels erklärt hat, finde ich ihn faszinierend. Das unten stehende Diagramm ist eine vereinfachte Darstellung der Verbindungen zwischen den Chakras, den Erzengeln und Planeten, die zum Zweck des Aufstiegs der Erde in einer bestimmten Konstellation stehen. Bild Nummer 31 zeigt das Diagramm in den Farben, die uns von der geistigen Hierarchie übermittelt wurden.

Das Zentrum von allem ist das Herz, das auf der kosmischen Ebene der Liebe schneeweiß ist. Dies ist der Schlüssel und der Verankerungspunkt aller Energien. Wenn Sie sich vorstellen, den Herzkreis anzuheben, sodass er eine Spitze wird, entsteht auf diese Weise eine sechsseitige Pyramide, in die das Licht des göttlichen Quells einströmt. Von dort fließt die Energie in die Chakras und dann in die äußeren Kreise, die aus den universellen Engeln Serafina und Roquiel sowie den vier Planeten bestehen.

Diese werden in Erzengel Metatrons Energiefarbe Orange dargestellt. Sie sind auf der irdischen Ebene durch die grünen Verbindungslinien verbunden. Das innere Rechteck verbindet die Chakras, während die goldgelben Linien einen sechszackigen Stern bilden, der das Gleichgewicht zwischen Himmel und Erde herstellt. Die Energie aus den äußeren Kreisen verschmilzt im Herzen.

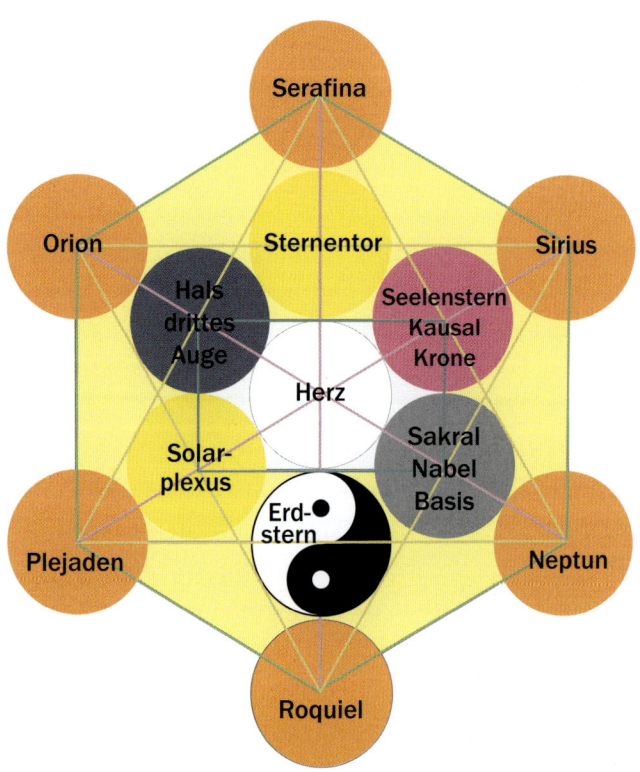

Abbildung 31: Metatrons Würfel, dargestellt von Diana Cooper.

Wenn Sie sich den farbigen universellen Metatron-Würfel anschauen, empfangen Sie Schlüssel, die Sie für den Aufstieg benötigen.

Hier ist der Farbschlüssel:

Serafina, Roquiel, Sirius, Orion, Plejaden, Neptun	Orange
Sternentor-Chakra	Funkelndes Gold
Erdstern-Chakra	Schwarz und Weiß, Yin-Yang-Symbol
Hals-Chakra und drittes Auge	Königsblau
Solarplexus-Chakra	Gold
Sakral-, Nabel- und Basis-Chakra	Platin
Seelenstern-, Kausal- und Kronen-Chakra	Magenta
Herz-Chakra	Weiß
Die Linien des sechszackigen Sterns	Goldgelb
Das innere Rechteck von der Mitte der vier Chakras, unterhalb des Sternentores und über dem Erdstern	Weiß mit einer Spur Blau
Die Verbindungslinien zwischen den sechs äußeren Kreisen	Grün
Die Verbindungslinien zwischen der Mitte Serafinas und der Mitte Roquiels, der Mitte Neptuns und der Mitte Orions, der Mitte von Sirius und der Mitte der Plejaden durch das Herz	Violett
Hintergrund	Fahles Goldgelb

ERZENGEL METATRON KONZENTRIERT SICH AUF FRIEDEN

Dieser unglaubliche goldene Orb (s. S. 140) ist Erzengel Metatron mit einem Engel der Liebe. Sie können die schneeweiße Energie sehen, die aus ihm und dem Engel der Liebe hervorstrahlt.

Viele Menschen sind wütend wegen der Kriege auf der Welt. Tatsächlich müssen wir aber alle Frieden finden, bevor wir Frieden stiften können. Die Botschaft dieses Fotos lautet: Seien Sie selbst die Botschaft des Friedens. Verändern Sie sich auf eine Weise, dass andere auf Sie hören können, denn wenn Sie Frieden in sich selbst gefunden haben, werden andere es Ihnen gleichtun.

Als Mutter Teresa einmal gefragt wurde, ob sie eine Petition gegen den Krieg unterschreiben würde, sagte sie Nein. Aber eine Petition für den Frieden wollte sie jederzeit unterschreiben, fügte sie hinzu.

Auf diesem Foto sieht man, wie Erzengel Metatron dem Herzen Friede und Weisheit bringt, während der Liebesengel Liebe überträgt, damit auch Sie Liebe und Frieden ausstrahlen und auf diese Weise eine Wellenbewegung in Gang setzen können, welche die Welt verändern wird.

Foto Nummer 32: Erzengel Metatron mit einem Engel der Liebe, fotografiert von Alec Turner.

Wenn Sie sich den Orb auf Foto Nummer 32 anschauen, empfängt Ihr Herz universellen Frieden.

SERAFINA

Serafina ist ein weiblicher Serafim, der in allen Farben vibriert. Sie arbeitet mit Erzengel Metatron am Sternentor und ist das weibliche Gegenstück zu seiner Männlichkeit. Sie berührt jene, die aufstreben, mit dem göttlich Weiblichen und dem Wissen um die Einheit. Sie hilft ihnen, Kontakt zu den Serafim aufzunehmen, die zum höchsten Rang der Engel gehören, welche die Gottheit umgeben.

Sie hilft auch bei der Vorbereitung des Sternentores, baut dann die Energie auf, die ihm vom göttlichen Quell zuströmt, und stimmt sie ganz auf die individuellen Bedürfnisse ab. Sie hält sogar Ihre Hand, wenn Sie die Leiter zum Höchsten erklimmen. Jene, die dies tun und sich direkt mit dem Quell verbinden, halten diese Energie auf Erden aufrecht. Sie fungieren als hochfrequente Antennen, die sich auf dieses Programm einstimmen und es übertragen. Dies ist eine gewaltige Aufgabe.

Allerdings sind dies nicht ihre Hauptaufgaben. Sie hat eine Zwischenstation zwischen dem Sternentor und dem Quell erschaffen. Der Punkt, an dem sich die Sternensysteme begegnen, gleicht einer großen Kristallkugel. Sie erlangen Zugang dazu, wenn Sie Ihr Sternentor erweckt haben. Dieses eröffnet Ihrer Seele dann Möglichkeiten, dem Göttlichen noch mehr zu dienen. Während ein Teil von Ihnen mit dem göttlichen Quell verbunden ist, sind Sie eingeladen, die Rolle eines irdischen Botschafters zu übernehmen. Auf dieser Zwischenstation hält Serafina in der Kristallkugel ein Trainingsprogramm für jene bereit, die bereit sind, diese Mission zu übernehmen. Wenn Sie die Einladung annehmen, diesen Raum zu betreten, öffnen Sie sich einer anderen Dimension, und Serafina erleuchtet Sie.

Die Kristallkugel ist ein Portal, das zu den Orten in den Universen führt, die ein Mensch erreichen muss. So kommen zum Beispiel Kathy und ich vom selben Planeten, den wir nur durch dieses Tor erreichen können.

Kapitel 21

DIE ÄTHERISCHEN REFUGIEN DER ERZENGEL

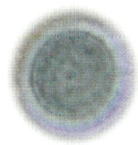

Sandalphon	Magische Kristallhöhle in Guatemala
Roquiel	Uluru, Australien
Joules	Tief im Meer in der Mitte des Bermuda-Dreiecks
Gabriel	Mount Shasta, Kalifornien
Elpis	Malaysia
Uriel und Aurora	Hohe Tatra, Polen
Chamuel und Caritas	St. Louis, Missouri. Caritas etwas weiter landeinwärts entlang des Mississippis.
Michael und Credo	Banff, Kanada
Raphael	Fatima, Portugal
Maria	Lourdes, Frankreich
Jophiel und Christine	Südlich der Großen Mauer, China
Christiel	Nicht von der Erde. Kommt durch die Plejaden und tritt in Jerusalem ein, wo sich sein Refugium befindet.
Mallory	Nicht von der Erde. Kommt durch die Plejaden und tritt in Bethlehem ein, wo sich ihr Refugium befindet.
Zadkiel und Amethyst	Kuba
Mariel und Lavendel	Himalaja
Metatron	Kommt vom Orion und tritt in Luxor ein, wo sich sein Refugium befindet.

Serafina	Tritt durch Neptun ein. Es gibt keinen bestimmten Ort, an dem man diesen Serafim kontaktieren kann.
Fhelyai	Lindisfarne, Schottland
Purlimiek	Groß-Zimbabwe, Zimbabwe
Butyalil	Tritt durch die Pyramiden ein. Sein Refugium befindet sich über der Erde an dem zentralen Punkt, an dem sich die Sterne und der Planet des Aufstiegs, Neptun, Orion, Sirius und die Plejaden, treffen.
Gersisa	In der Hohlerde direkt im Erdkern.

Es existieren sieben wichtige Refugien, die man aufsuchen sollte, wenn man aufsteigen möchte.

1. Erzengel Sandalphon in der magischen Kristallhöhle in Guatemala
   Hier wird Sandalphon die Samen Ihres Potenzials für dieses Leben nähren. Er hilft Ihnen, den Erdstern und das Sternentor zu öffnen. Er stellt den Kontakt zu Ihrer Monade oder ICH-BIN-Gegenwart her, also zu Ihrem ursprünglichen göttlichen Funken.
2. Mutter Maria in Lourdes, Frankreich
   Mutter Maria hilft Ihnen, mit dem kosmischen Herzen in Kontakt zu treten. Sie hilft Ihnen, Ihr persönliches Herz auszudehnen, damit es sich in Mitgefühl und Liebe öffnen kann. Außerdem hilft sie Ihnen, Kontakt zu den Einhörnern und Feen herzustellen.
3. Erzengel Metatron in Luxor, Ägypten
   Metatron erweitert Ihr Verständnis der alten Weisheit. Er fungiert als Katalysator, der alle Planeten in die für

den Aufstieg richtige Position bringt. Dies ist eine gewaltige Aufgabe. Daher wird er Ihnen eine Aufgabe zuteilen, wenn Sie ihn dort aufsuchen.

4. Meister Wuslu in Stonehenge, England
Er stimmt Sie auf die höchste und tiefste Weisheit aus Atlantis ein und hilft Ihnen, die zwölf Stränge der DNS wiederzuerlangen.

5. Erzengel Butyalil bei den Pyramiden in Ägypten
Butyalil stärkt Ihre kosmischen Verbindungen und stellt den Kontakt zum mächtigen Serafim Serafina her. Er verbindet Sie zudem mit dem Intergalaktischen Konzil, damit Sie persönlich Petitionen für die Verbesserung der Situation der Menschheit oder des Kosmos vorbringen oder um Hilfe bei einem Vorhaben bitten können.

6. Meister Maitreya im Konfuzius-Tempel in Zhangpu, China
Sie können Maitreya darum bitten, Sie mit dem Christus-Bewusstsein zu überstrahlen und Sie zu öffnen, damit Sie mehr von seinem Licht tragen können. Sie können ihn bitten, dieses Licht in Ihrem Solarplexus zu verankern, um Ängste zu beseitigen und sie durch Selbstbewusstsein und Frieden zu ersetzen.

7. Meister Melchisedech auf Guam und in Vietnam
Hier empfangen Sie kosmische Unterweisungen von Meister Melchisedech und erfahren, wie Sie diese verbreiten können. Er ermöglicht es Ihnen, auf eine Weise zu reden, die andere verstehen können.

Kapitel 22

ERZENGEL AZRAEL

Erzengel Azrael hat einen schlechten Ruf, weil er der Engel des Todes ist, der die Seelen erwartet, wenn sie hinübergehen. Wie jeder andere Erzengel auch kann er Millionen Aspekte seiner selbst aussenden, wenn er gebraucht wird. Er kommt voller Liebe und Mitgefühl, um diejenigen, die hinübergehen, zu trösten und zu führen. Er versucht, dafür zu sorgen, dass jede Seele von ihren Lieben empfangen wird.

Da die Menschen einen freien Willen besitzen, kann er eine Seele nicht zwingen, ins Licht zu gehen, nachdem sie den Körper verlassen hat. Manche Menschen befinden sich während des Todes in einem Schockzustand und können die Engel nicht sehen, andere haben möglicherweise Substanzen eingenommen, die verhindern, dass sie das Licht sehen. Sie alle brauchen Gebete, die ihnen helfen werden. Dennoch ist immer einer von Erzengel Azraels Engeln da, um das Licht aufrechtzuerhalten.

Wir erhielten ein außergewöhnliches Foto eines Orbs von Erzengel Azrael begleitet von vielen Erzengeln, die Hunderte Seelen trugen. Die Erzengel waren an den Ort einer Katastrophe geeilt und hatten eine ganze Gruppenseele und viele weitere Seelen, die nicht zu dieser Gruppe gehörten, nach ihrem Tod empfangen.

Eine Gruppenseele ist eine Ansammlung von Menschen derselben Seelenschwingung, die sich während ihres physischen Lebens nicht einmal unbedingt kennen müssen. Sie haben sich entschieden, gemeinsam hinüberzugehen, um während des Übergangs etwas Bestimmtes aufzulösen. Es ist die Kombination all ihrer Energien, durch die diese Auflösung geschehen kann. Gelegentlich kommt es vor, dass ihr Übergang als eine solche Tragödie empfunden wird, dass sich auf der Erde ein Wandel vollzieht. Es werden immer im Voraus Vorkehrungen getroffen, dass die Gruppenseele gemeinsam abgeholt und auf der anderen Seite empfangen wird.

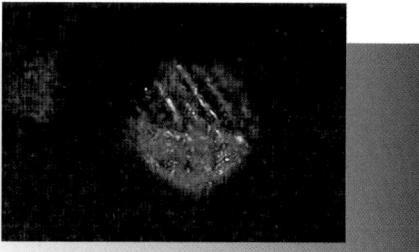

Foto Nummer 33: Die Erzengel Azrael, Raphael, Uriel, Gabriel, Michael, Zadkiel, Mariel, Metatron und Chamuel führen Hunderte Seelen ins Licht, fotografiert von Ingrid Jorgensen.

Wenn Sie sich den Orb auf Foto Nummer 33 anschauen, verspüren Sie mit Gewissheit, dass sich jemand nach Ihrem Tod um Sie kümmern wird.

Erzengel Azrael ist Yin und Yang, schwarz und weiß. Auf dem Foto Nummer 33 ist er schwarz, weil er alle Gefühle der während dieser Katastrophe Verstorbenen absorbiert hat. Erzengel Michael ist gekommen, um alle zu beschützen. Erzengel Raphael gewährt allen Heilung. Erzengel Uriel hält sie in seinem Frieden. Erzengel Gabriel bereinigt die ganze Situation. Erzengel Chamuel hüllt die Seelen in Liebe. Erzengel Zadkiel wandelt ihre Ängste um. Erzengel Mariel hilft denen, die beinahe bereit sind aufzusteigen, ihre Frequenz noch ein kleines bisschen anzuheben. Erzengel Metatron hilft denen, die aufsteigen. Es hilft diesen Seelen, gemeinsam zu sterben und gleichzeitig empfangen zu werden, weil ihnen dies ein Gefühl der Sicherheit vermittelt.

TEIL 3

DIE AUFGESTIEGENEN MEISTER

Kapitel 23

DIE AUFGESTIEGENEN MEISTER

Wer sich auf der Erde inkarniert und alle Lektionen dieser Existenzebene gelernt hat, wird zu einem aufgestiegenen Meister. Sobald er seinen individuellen spirituellen Berg bezwungen hat, kann sich seine Seele nach dem Übergang dafür entscheiden, jenen zu helfen, die noch auf dem Weg sind. Sie kann sich aber auch auf eine andere Aufgabe konzentrieren. Wenn sie sich entscheidet, denen zu helfen, die sich auf dem Weg des Aufstiegs befinden, absolviert sie zunächst auf den inneren Ebenen eine Ausbildung bei großen Meistern wie Djwal Khul oder Kuthumi, dem Weltenlehrer. Danach sind sie bereit, den Menschen zu helfen, die sich im Prozess des Aufstiegs befinden. Weil erwartet wird, dass innerhalb der nächsten 100 Jahre eine ganze Reihe von Menschen aufsteigt, gibt es gegenwärtig viele dieser neuen aufgestiegenen Meister auf der anderen Seite, die erst kürzlich ihre Ausbildung abgeschlossen haben. Sie beobachten unsere Fortschritte und warten darauf, uns ihre Hand zu reichen, um uns zu helfen.

Zudem gibt es andere große aufgestiegene Meister mit viel Erfahrung, die bereitstehen, um uns zu helfen. Manche wie Jeschua ben Joseph, der den Namen Jesus annahm und die Christus-Energie und das Christus-Bewusstsein in der damaligen Zeit für die Menschheit verkörperte, haben sich im Laufe der Jahrhunderte in mehreren Körpern inkarniert und sind jedes Mal aufgestiegen.

Alle Lektionen des Aufstiegs haben mit der Integration höherer Eigenschaften zu tun – besonders mit der Integration der Liebe.

WIE KÖNNEN DIE AUFGESTIEGENEN MEISTER UNS BEIM AUFSTIEG HELFEN?

Wenn Sie an einen aufgestiegenen Meister denken, stellen Sie automatisch eine Verbindung zu ihm her, die ihn ruft. Je mehr Sie über die Meister lesen, meditieren oder sie anrufen, desto näher werden Sie ihnen sein. Es kann sein, dass Sie sich zu einem Meister ganz besonders hingezogen fühlen oder dass Sie mit mehreren Meistern in Verbindung treten.

Wenn Sie den Kontakt hergestellt haben, kann Ihnen ein aufgestiegener Meister auf verschiedene Weise helfen.

- Er kann Ihnen auf telepathischem Weg göttliche Informationen und Licht übermitteln.
- Er kann es Ihnen ermöglichen, mehr Energie des Strahls oder der Strahlen, mit denen er arbeitet, aufzunehmen.
- Sie können Unterweisungen oder Heilung von ihm empfangen, wenn Sie während des Schlafs sein Refugium auf den inneren Ebenen aufsuchen.
- Er kann Sie auf Ihrem spirituellen Weg ermutigen und die Eigenschaften verstärken, die Sie dafür benötigen.
- Er kann als Führer fungieren.
- So wie Sie einen Erzengel haben, der Ihre Reise beaufsichtigt, so haben Sie auch einen erfahrenen Meister, der dieselbe Funktion innehat. Sie können mit Ihrem Meister kommunizieren. Wenn Sie eine starke, reife Beziehung zu ihm aufbauen, wird dies Ihrem Fortschritt extrem förderlich sein.

- Ihr Führer berät sich mit anderen hoch entwickelten Meistern, wie sie Ihren spirituellen Fortschritt am besten fördern können. Sie werden Ihnen Türen öffnen, Begegnungen und Synchronizitäten arrangieren, welche die richtigen Umstände für Sie schaffen werden.

Kapitel 24

DIE ZWÖLF STRAHLEN

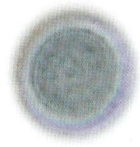

Das weiße Licht Gottes ist in verschiedene Farbstrahlen unterteilt, die auf die Erde herabscheinen. Dass alle Farben einen Einfluss auf uns haben, sieht man schon an der Art und Weise, wie wir unsere Stimmungen beschreiben. Der eine mag in einer schwarzen, also einer düsteren Stimmung sein. Ein anderer mag den Blues (blau) haben. Manch eine sieht alles durch eine rosafarbene Brille, ihre Freundin wird von einem goldenen Schein umgeben sein. Das goldene Sonnenlicht erhellt unsere Stimmung, während das silberne Mondlicht uns nachdenklicher stimmt. Wenn Sie eine belebende Farbe brauchen, die Ihnen Energie gibt, wählen Sie rote oder orangefarbene Kleidung.

Farbatmung – das heißt, eine Farbe anzuschauen und sie in die Körperzellen einzuatmen – ist als eine sehr wirksame Heilmethode anerkannt. Noch wirksamer ist es, unter Lampen mit bestimmten Farben zu sitzen. Die Farbstrahlen des göttlichen Quells beeinflussen uns auf tief gehende Weise, da jeder Strahl uns mit einer bestimmten göttlichen Energie überschüttet. Ein Regenbogen ist die sichtbare Manifestation des Lichts des göttlichen Quells.

Zur Zeit des goldenen Atlantis, als die Schwingungsfrequenz seit Entstehung der Erde am höchsten und reinsten war, gab es zwölf Strahlen, die auf die Menschheit herabschienen und sie beeinflussten.

Die fünf Hauptstrahlen hatten eine göttliche Ladung von 8500 bis 22 000 Hertz, also 8500 bis 20 000 Schwingungen pro Sekunde. Als der Niedergang von Atlantis begann, wurden diese fünf höchsten Frequenzen zurückgezogen, weil ihre gewaltige Macht missbraucht worden war. Endlich sind uns die fünf Hauptstrahlen zurückgegeben worden, allerdings nur am unteren Ende ihres Frequenzbereichs. Man hält uns heute für reif genug, sie zum Wohle der Menschheit einzusetzen. Der letzte Strahl wurde uns 2003 zurückgegeben.

Die Verfügbarkeit der zwölf Strahlen erweitert das Potenzial des Aufstiegs von Millionen Menschen, denn wenn Sie sich darauf einstimmen, sind Sie nicht länger nur eine »60-Watt-Birne« in der Welt. Sie werden zu einem Scheinwerfer, der das Leben der Massen erhellen kann.

DIE ZWÖLF STRÄNGE DER DNS UND DIE ZWÖLF CHAKRAS

Der Rückzug der fünf Hauptstrahlen während des Niedergangs von Atlantis fand gleichzeitig mit der Schließung von fünf der zwölf Chakras statt. 44 Codons innerhalb der DNS wurden ebenfalls versiegelt, sodass die zwölf Stränge der DNS auf zwei reduziert wurden.

Als Teil des Aufstiegsprozesses des Planeten wird dies rückgängig gemacht werden, bis jeder Mensch wieder über zwölf voll funktionsfähige Chakras und zwölf DNS-Stränge verfügt, da diese eng miteinander verbunden sind.

DIE MEISTER DER ZWÖLF STRAHLEN

In den folgenden Kapiteln führe ich die Meister der zwölf Strahlen auf. Sie alle sind aufgestiegene Meister, auch wenn sie sich das Recht zu ihrem Aufstieg nicht notwendigerweise auf der Erde erworben haben. Sie alle sind außergewöhnliche, weise und äußerst mächtige Wesen, die während ihrer Leben und nach dem Verlassen dieser Existenzebene viele schwere Unterfangen auf sich genommen haben. Dennoch können sie alle mit Ihnen mit empfinden und Sie als Mensch verstehen.

Kapitel 25

ERSTER STRAHL:
EL MORYA

D er erste Strahl hat eine wunderschöne rote Schwingung und gibt Ihnen Vitalität und Lebenskraft mit auf den Weg. Rot ist die Farbe des spirituellen Kriegers. Der erste Strahl wird auch Strahl der Macht, des Willens oder der Zielstrebigkeit genannt. Dabei geht es darum, statt des niederen Willens den göttlichen Willen einzusetzen. Zudem geht es darum, Ihre Integrität einzusetzen und nicht zuzulassen, dass andere Menschen Sie beeinflussen. Dies ist der Strahl des Handelns. Etwas Rot mischt sich immer mit den höheren Farben, wenn aktive Führungsqualitäten erforderlich sind.

So hat zum Beispiel Königsblau, die Farbe der machtvollen Kommunikation, Rot in sich. Das gilt auch für Purpur, die Farbe der Führerschaft. Erzengel Metatron, der für das Sternentor verantwortlich ist, verschmilzt Rot mit Gold, sodass sein Orb in einem wunderschönen, strahlenden Orange leuchtet. Wenn er handelt, sendet er seinen roten Aspekt aus (siehe Foto Nummer 30, S. 135).

Jene Menschen, die ein geringeres Verständnis haben und unter den Einfluss dieses Strahls geraten, benutzen seine Macht, um andere zu dominieren oder einzuschüchtern, sie zu kontrollieren oder zu bekämpfen. Wenn Sie ein Eingeweihter dieses Strahls werden möchten, wird von Ihnen erwartet, dass Sie sich in Selbstdisziplin üben, Ihre Macht nur für das höchste Gute einsetzen, diejenigen verteidigen, die in Not oder hilflos sind, und durch Ihr Beispiel führen. Aber vor allem müssen

Sie zu Ihrer eigenen Macht stehen. Wenn Sie ein Meister dieses Strahls geworden sind, müssen Sie handeln, um den göttlichen Plan umzusetzen.

Militärs, Sportler jeglicher Art, Kommandeure, Chefs großer Konzerne und spirituelle Führer stehen oft unter dem Einfluss dieses Strahls. Wenn er ihre Persönlichkeit beherrscht, können sie in ihrem Ehrgeiz durchaus rücksichtslos sein, aber wenn sie dies überwinden und aus ihrer Seele heraus handeln, können sie im Interesse des Gemeinwohls wahre Berge versetzen.

EL MORYA

El Morya ist der Chohan oder Meister des ersten Strahls. Er arbeitet eng mit Erzengel Michael zusammen, also jenem Erzengel, der die Menschen und Tiere der Erde beschützt.

El Morya stammt ursprünglich vom Merkur, arbeitet aber heute sehr viel mit der Erde, um ihr beim Aufstieg zu helfen. Er ist ein Mitglied der Großen Weißen Bruderschaft. Man geht davon aus, dass er bald zum Manu, zum vollkommenen Menschen, wird, der die neue Wurzelrasse der Erde begründen wird: die sechste Wurzelrasse. Seine Chakras und Energiefelder werden die Eigenschaften und Charakteristika der nächsten Stufe der menschlichen Evolution enthalten. Aus diesem Grund hat er eine zwölfsträngige DNS, dank der er fähig ist, mit der kosmischen Weisheit in Verbindung zu treten und als Beispiel für alle Menschen dazustehen.

VERGANGENE INKARNATIONEN EL MORYAS

Als atlantischer Priester verfügte er über ein fortgeschrittenes astrologisches und astronomisches Wissen, das er nach dem Untergang mit zum Euphrat nahm. Dort begründete er als Abraham die jüdische Religion.

Er war Melchior, einer der drei Weisen aus dem Morgenland, die hoch entwickelte und sehr gut ausgebildete Magier waren.

Dank ihrer fortgeschrittenen Kenntnisse der Sternenkunde war es ihnen möglich, den genauen Zeitpunkt und den Ort der Geburt Jesu herauszufinden, sodass sie dort rechtzeitig zur Geburt ankamen.

El Morya war der Erste, der herausfand, dass Wasser mehr kann als nur reinigen und läutern. Er entdeckte, dass Wasser kosmische Kräfte der Transmutation besitzt. Daraufhin entwickelte er das Konzept der Taufe. Gemeinsam mit Meister Kuthumi, der ebenfalls einer der drei Weisen war, beeinflusste er Madam Blavatsky dahingehend, dass sie die Theosophische Gesellschaft gründete. Außerdem inkarnierte er sich als Akbar der Große, König Salomo und König Artur, die alle für ihre Weisheit berühmt waren.

Foto Nummer 34: Die Erzengel Michael und Gabriel mit einem Einhorn und El Morya, fotografiert von Patti McCullough.

Wenn Sie sich den Orb auf Foto Nummer 34 anschauen, erhalten Sie eine Einladung, El Moryas Refugium zu besuchen.

Der fantastisch große Orb auf Foto 34 zeigt die Erzengel Michael und Gabriel mit einem Einhorn, die El Morya transportieren, der hochfrequente Menschen auf 2012 vorbereiten will. Wenn Sie das ätherische Refugium des Meisters besuchen, werden Sie Hilfe erhalten, damit Sie den göttlichen Willen erfüllen, statt vom Ego her zu handeln.

ABRAHAM

Nachdem wir einen außergewöhnlichen Drachen-Orb gesehen hatten, wollten wir mehr darüber wissen. Abraham kam zu uns, um unsere Fragen zu beantworten, weil er – wie wir dann erfuhren – mit Drachen arbeitet. Wir werden mehr über Drachen in unserem Buch über die Orbs der Elementarwesen schreiben. Seine Mitteilungen eröffneten mir eine völlig neue Welt, da ich nichts über Drachen gewusst und keine Ahnung hatte, was für wunderbare Wesen sie sind.

Als El Morya als Abraham inkarniert war, begründete er die jüdische Religion. Seither hat er ihre Entwicklung immer wieder beeinflusst. Er wird seine Mission erfüllen, den Juden zu helfen, sich in andere Rassen zu integrieren, da ihr Lernprozess beinahe abgeschlossen ist.

Abrahams spiritueller Lehrer war Melchisedech, und er wurde – ebenso wie Jesus – zu einem Hohepriester im Orden des Melchisedech geweiht. Melchisedech ist der Titel, den derjenige erhält, der die Einweihungen des Ordens, der die Christus-Energie und die uralte Weisheit für dieses Universum aufrechterhält, bestanden hat.

Foto Nummer 35: Die Erzengel Zadkiel, Raphael, Michael, Gabriel und Uriel mit Abraham, fotografiert von Eugene McGill.

Wenn Sie sich den Orb auf Foto Nummer 35 anschauen, wird uraltes universelles Wissen in Sie heruntergeladen.

Erzengel Michael ist mit diesem Orb verschmolzen, um Meister Abraham zu beschützen. Erzengel Zadkiel gewährleistet, dass ihre Reise sicher ist, indem er jegliche negative Energie umwandelt, durch die sie hindurchgehen müssen. Erzengel Raphael schickt denen, die diesen Orb anschauen, heilende Energie und bereitet ihr drittes Auge darauf vor, Informationen zu empfangen. Außerdem hilft er ihnen, wieder Zugang zu ihrer alten Weisheit zu erlangen. Erzengel Gabriel läutert Sie, damit Sie darauf vorbereitet sind, die uralte Weisheit des Ordens des Melchisedech zu empfangen, die Abraham auf Sie überträgt.

Kapitel 26

ZWEITER STRAHL: LANTO

Der zweite Strahl ist zugleich dunkelblau und gelb, da diese Farben verschiedene Aspekte des Strahls verkörpern, der als Strahl der Liebe, des Verstehens und der Weisheit bekannt ist. Diejenigen, die unter dem Einfluss dieses Strahls stehen, lernen, liebevoll, fürsorglich, mitfühlend und weise zu sein, und sie lehren andere, diese Eigenschaften ebenfalls zu entwickeln.

Wenn Ihre niedere Persönlichkeit unter dem Einfluss dieses Strahls steht, kann es sein, dass Sie sehr ichbezogen sind und anderen sowohl Wissen als auch Liebe vorenthalten. Aber wenn Ihre Seele auf wunderbare Weise auf Ihre höhere Schwingung eingestimmt ist, werden Sie zu einem großartigen Lehrer, Botschafter, erleuchteten spirituellen Führer, Ratgeber oder möglicherweise zu einem sehr kreativen, aber dennoch sehr strukturierten Künstler – etwa zu einem Architekten oder einem Fotografen. Sie werden hochgradig intuitiv sein, aber gleichzeitig in der Lage sein, klar und logisch zu denken.

Wenn Sie mit dem dunkelblauen Aspekt arbeiten, werden Sie nach Möglichkeiten suchen, um zu lehren, zu heilen, zu beraten und ein höheres Verständnis zu verbreiten. Wenn Sie sich unter dem Einfluss des gelben Aspekts befinden, werden Sie andere Menschen durch Ihre Weisheit, Kreativität und Freude erleuchten.

MEISTER LANTO

Lanto, der große chinesische Philosoph, ist nun Meister dieses Strahls geworden. Er lebte circa 400 v. Chr. Es heißt, er hätte mehr Christus-Licht verbreitet als jeder andere Meister auf Erden. In seiner letzten Inkarnation schien Gott so machtvoll durch sein Herz-Zentrum hindurch, dass die Menschen ein goldenes Licht sehen konnten, das aus seinem Herzen strahlte. Er ist der Hüter der goldenen Flamme und brachte die Weisheit des Ostens in den Westen.

Auf den inneren Ebenen wurde er Meister des Konzils des Royal Teton Refugiums, wo die Große Weiße Bruderschaft ihre Treffen abhält. Bevor er den zweiten Strahl übernahm, unterstützte er einen der beiden Zwillingsplaneten der Erde, Metatron, der höher entwickelt ist als unsere Erde. Meister Lanto arbeitet mit Erzengel Jophiel zusammen, um den Menschen zu helfen, ihr Kronen-Chakra durch Erleuchtung zu öffnen.

FRÜHERE INKARNATIONEN MEISTER LANTOS

Lanto war Hohepriester im Tempel der Göttlichen Mutter in Lemuria.

Er inkarnierte sich mehrmals in China, immer als weiser Philosoph, der großes Licht verbreitete. In einer seiner Inkarnationen war er der Herzog von Chou und unterwies Konfuzius, der daraufhin aufstieg.

Kapitel 27

DRITTER STRAHL: PAUL DER VENEZIANER

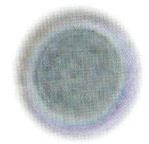

Der dritte Strahl ist von herrlicher sonnengelber Farbe und als der Strahl der Intelligenz und Kreativität bekannt. Dieser Strahl steht außerdem mit dem Rosa der Liebe in Verbindung.

Wenn Sie von Ihrer niederen Persönlichkeit aus mit dem gelben Aspekt des Strahls arbeiten, werden Sie vermutlich zu kopflastig oder zerstreut, starr in Ihren Ansichten, ungenau, stolz oder isoliert sein. Ist aber Ihre Seele von diesem wundervollen Licht erfüllt, strahlen Sie Liebe, Glück und Freude aus und drücken Ihre Kreativität auf sehr praktische Weise künstlerisch aus. Sie werden eine klare Vision haben und diese mit Entschlossenheit verfolgen, bis sie erfüllt ist.

Ihre Kraft und Ausdauer, Ihre Aufmerksamkeit für das Detail und Ihre Fähigkeit, sich wunderbare Konzepte vorzustellen, bedeuten, dass Sie den göttlichen Plan für die Erde voranbringen. Sie tun etwas, von dem die Menschheit selbst nach Ihrem Tod noch profitiert.

Der negative Einfluss des rosafarbenen Aspekts auf Ihre Persönlichkeit ist Bedürftigkeit, Eifersucht oder Liebe, die an Bedingungen geknüpft ist. Wenn die rosa Farbe aber durch Ihre Seele scheint, erstrecken sich Ihre bedingungslose Liebe und Wärme auf die ganze Welt.

Serapis Bey war der Meister dieses Strahls. Nun, da er alle Prüfungen bestanden hat, die dieser Strahl zu bieten hat, hat er sich zum Chohan des vierten Strahls weiterentwickelt.

PAUL DER VENEZIANER (PAOLO VERONESE)

Paul der Venezianer, auch als Meister Paul bekannt, ist der Meister oder Chohan dieses Strahls. Er arbeitet eng mit Meister Rákóczi zusammen, der nun Meister des elften Strahls ist, und auch mit Erzengel Zadkiel. Sie arbeiten gemeinsam daran, Ihre künstlerischen und kreativen Eigenschaften und gleichzeitig Ihre wissenschaftlichen und praktischen Kenntnisse zu entwickeln. Zudem lehrt Meister Paul Liebe in Aktion und inspiriert die Menschen, liebevoll zu handeln.

Diese wundervolle gelbe Farbe hebt die Stimmung der Menschen und befreit ihre Seele, damit sie ihre höheren Visionen ausdrücken können. Meister Paul setzt das herrliche Rosa der Liebe ein, um Musikern und anderen Künstlern bei ihren Projekten zu helfen.

Paul der Venezianer führte die hochfrequenten sanften Pastelltöne auf Erden ein. All die schimmernden Silber- und Goldtöne, die heute so populär sind, stammen von ihm. Er beeinflusst Gärtner und inspiriert sie, Blumen in neuen Farben zu züchten, und er öffnet unser Bewusstsein, damit wir ein größeres Farbspektrum wahrnehmen können.

Er hat sich immer sehr für die Sache der Freiheit engagiert. So war er beispielsweise einer von denen, die dafür sorgten, dass die Freiheitsstatue als Geschenk der Franzosen nach New York gebracht wurde.

Sie können den Kontakt zur Energie von Paul dem Venezianer und Serafiel durch den Orb auf Foto Nummer 10 (s. S. 47) herstellen.

FRÜHERE INKARNATIONEN VON PAUL DEM VENEZIANER

In Atlantis war er der Vorsitzende für Kulturangelegenheiten. Schon bevor diese Zivilisation unterging, nahm er die Flamme der Freiheit aus dem Tempel der Sonne mit nach Peru. Er tat dies, um das Land für Thot vorzubereiten, der seinen Stamm nach dem Untergang von Atlantis hierherbrachte, um die Zivilisation der Inka zu begründen. Er inkarnierte sich in Ägypten, wo er als sakraler Architekt wirkte. Während der Renaissance war er der Maler Paolo Veronese, der die göttliche Energie durch Farben ausdrückte und auch damals neue Farben und Maltechniken erschuf. Außerdem war er ein Priester im Tempel der Sonne in New York und sendet noch heute Energie durch die Freiheitsstatue, wodurch es den Menschen ermöglicht wird, die Vision der Freiheit aufrecht-zuerhalten.

Kapitel 28

VIERTER STRAHL:
SERAPIS BEY

Der vierte Strahl ist von schimmernder türkisgrüner Farbe, denn dies ist der Strahl der Harmonie und des Gleichgewichts. Wer auf der Persönlichkeitsebene unter dem Einfluss dieses Strahls steht, bemüht sich, diese Harmonie und dieses Gleichgewicht in sich selbst zu finden. Daher erlebt ein solcher Mensch oft emotionale Höhen und Tiefen, weil die widerstreitenden Aspekte seiner Persönlichkeit miteinander kämpfen. Auf der niederen Ebene können solche Menschen dazu neigen, andere zu manipulieren, faul zu sein und keine Selbstdisziplin zu haben.

Wenn Sie dieses Grün mit Ihrer Seele verschmelzen, werden Sie überall Harmonie ausstrahlen. Sie werden ein Friedensstifter, Künstler oder Musiker sein und wunderschöne Energien verbreiten. Sie werden inneren Frieden finden, Selbstdisziplin, ein gutes Urteilsvermögen und Selbstvertrauen haben, sodass auch andere Menschen Ihnen vertrauen werden.

SERAPIS BEY

Serapis Bey ist Chohan oder Meister des vierten Strahls. Er stammt ursprünglich von der Venus, dem Planeten des Herzens. Er spielt eine außergewöhnliche und ganz besondere Rolle, da er der einzige Meister ist, der den Serafim bei ihrer Entwicklung hilft.

Die amethystfarbenen und violetten Strahlen sind die Strahlen des Wassermann-Zeitalters. Serapis Bey arbeitet mit diesen beiden und mit dem grünen Strahl des Gleichgewichts und der Natur, um eine neue Art des Denkens und Lernens für das neue Zeitalter hervorzubringen. Er hilft auch, Heilmethoden zu entwickeln, die für Menschen geeignet sind, die aufgrund ihrer höheren Frequenz sensibler werden. Dazu gehören Klangwellen, Laserstrahlen, Farb- und nicht invasive Techniken.

Er wird oft der Ägypter genannt, weil seine Gegenwart in Ägypten so stark gespürt werden kann. Nach dem Untergang von Atlantis arbeitete er mit den Engeln daran, die Errichtung der Pyramiden voranzutreiben, in denen seine Lehren auf der vierdimensionalen Ebene verborgen sind. Wir werden Zugang zu diesen Lehren finden, wenn die Menschen ihr Bewusstsein ausreichend angehoben haben. Dann wird es möglicherweise zu einer kooperativen Weltregierung kommen, die im Interesse des höchsten Wohls aller Menschen arbeitet. Er ist der Hüter der weißen Flamme, der Flamme des Aufstiegs. Sie können diese Flamme anrufen und in ihr Energiefeld eintreten, um sich zu läutern und Ihr Lichtniveau anzuheben.

Serapis Bey verfügt über eine Aufstiegskammer im Äther über Luxor, die Sie während des Schlafes aufsuchen können, wenn Sie sich darauf vorbereiten und darum bitten, dort hinzudürfen.

FRÜHERE INKARNATIONEN VON SERAPIS BEY
Serapis Bey war ein großer Priester-Avatar im Tempel des Aufstiegs in Atlantis. Außerdem war er Salomo, Zarathustra und Echnaton IV., also jener Pharao, der die Große Weiße Bruderschaft während seiner Herrschaft schützte und reorganisierte und das Wissen um den einen Gott zurückbrachte. Außerdem war er der Pharao Amenophis.

Kapitel 29

FÜNFTER STRAHL: HILARION

Dies ist der orangefarbene Strahl von Wissenschaft, Technologie, Weisheit, Wahrheit und Wissen, worin sowohl die okkulten als auch die praktischen Wissenschaften eingeschlossen sind. Wenn Ihre Persönlichkeit von diesem Strahl durchdrungen ist, sind Sie möglicherweise spitzfindig, kleinlich, engstirnig und pedantisch. Wenn Ihre Seele aber mit diesem Strahl arbeitet, stehen Sie für Gerechtigkeit und Fairness, für Ehre und Wahrhaftigkeit ein. Sie werden in der Tiefe nach Antworten suchen und diese auf eine Weise hervorbringen, die der ganzen Menschheit hilft.

MEISTER HILARION

Hilarion bleibt zurzeit noch Chohan des fünften orangefarbenen Strahls, obwohl er auch mit der Verstandesfarbe Gelb arbeitet, um das Verständnis der praktischen wie der esoterischen Wissenschaften und Technologien für das neue Zeitalter zu stimulieren. Er lenkt seine Energie auf jene Menschen, die bereit sind, offenere Kanäle und Hellseher zu werden. Hilarion sucht Wissenschaftler, Heiler und Techniker auf, um den Samen neuer Ideen in ihr Bewusstsein zu pflanzen. So arbeitete er zum Beispiel mit den Engeln und Technikern zusammen, um Digitalkameras zu entwickeln, die auf derselben Frequenz wie die Orbs schwingen.

Wir erhielten ein fantastisches Orb-Foto von Hilarion, der von einem Erzengel gebracht wurde, um einer Spinne beim

Weben ihres Netzes zuzuschauen. Unglücklicherweise war das Foto nicht scharf genug, um es in dieses Buch aufzunehmen. Hilarion war gekommen, um von der Spinne mehr über sakrale Geometrie zu lernen. Das Netz ist ein einfaches Konzept, das aber sehr kompliziert gewirkt ist. Kumeka teilte uns mit, dass die Menschen vor allem die Probleme sehen würden, wenn man versucht, etwas Derartiges gegen die Schwerkraft zu konstruieren. Sie würden sich auf die Schwierigkeiten konzentrieren. Die Spinne hingegen hält einfach die Vision des Endergebnisses aufrecht und so wird es vollbracht. Dies soll uns daran erinnern, dass wir uns das Endergebnis in vollem Glauben vorstellen sollen. Dann werden Wunder geschehen.

FRÜHERE INKARNATIONEN HILARIONS
Hilarion wirkte im Tempel der Wahrheit in Atlantis. In Griechenland begründete er das Orakel von Delphi. Er war der Apostel Paulus und außerdem der heilige Hilarion von Gaza, ein Einsiedler und Heiler, der Wunder wirkte.

Er arbeitet eng mit Meister Marko zusammen, dem Repräsentanten der höchsten Galaktischen Föderation unseres Sonnensystems, dessen Hauptstadt sich auf dem Saturn befindet. Er ist zudem der Unterhändler der Erde im Konzil des Saturns, um uns zu helfen, uns unserer spirituellen Reise gewahr zu bleiben.

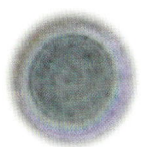

Kapitel 30

SECHSTER STRAHL: MARIA MAGDALENA

Dies ist der indigofarbene Strahl des Idealismus und der Hingabe, der während des Fische-Zeitalters 2000 Jahre lang bestimmend war. Dies war eine Zeit, in der die Menschen Gurus oder Heiligen folgten. Seit Anbruch des Wassermann-Zeitalters hat sich der Schwerpunkt dieses Strahls verändert. Wenn Ihre niedere Persönlichkeit von diesem Strahl dominiert wird, werden Sie vermutlich bigott, engstirnig, überidealistisch oder in religiösen Dingen sehr dogmatisch sein.

Ist aber Ihre Seele in diesen Strahl getaucht, haben Sie sich inkarniert, um dogmatisches Denken in religiösen Dingen in unabhängiges Denken gepaart mit bedingungsloser Liebe zu verwandeln, damit die Menschen Gott ihre Herzen und ihren Geist öffnen können. Sie werden sich nach Kräften bemühen, verschiedene Sekten und Religionen zu vereinen.

MARIA MAGDALENA

Maria Magdalena ist Meisterin des sechsten Strahls geworden, um den Einfluss des göttlich Weiblichen in religiösen Dingen zu verstärken. Zudem führt sie neue Heilmethoden ein. Wie Jesus stammt auch sie von der Venus.

FRÜHERE INKARNATIONEN MARIA MAGDALENAS

Während ihrer Inkarnation mit Jesus war sie dessen spirituelle Partnerin und selbst eine Meisterin. Die beiden gingen gemeinsam den Chakra-Weg, den Weg der heiligen Kathedralen, die ursprünglich von den Tempelrittern gebaut worden waren. Ihr Refugium befindet sich im Äther über der Rosslyn-Kapelle in Schottland, die das Kronen-Chakra dieses heiligen Weges repräsentiert.

In Lemuria war sie eine Heilerin, eine Hohepriesterin in einem Heiltempel der Maya und außerdem eine aztekische Heilerin.

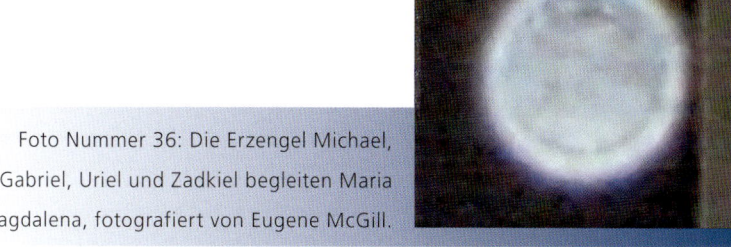

Foto Nummer 36: Die Erzengel Michael, Gabriel, Uriel und Zadkiel begleiten Maria Magdalena, fotografiert von Eugene McGill.

Wenn Sie sich den Orb auf Foto Nummer 36 anschauen, wird die Fähigkeit auf Sie übertragen, Ihre rechte Gehirn-hälfte zu öffnen, um Weisheit, bedingungslose Liebe und Frieden zu verstehen und auszudrücken und diese Eigen-schaften in der Welt zu verbreiten.

Auf Foto Nummer 36 beschützt Erzengel Michael Maria Magdalena. Erzengel Zadkiel bereitet ihrer Ankunft den Weg, indem er die Energie umwandelt, durch die der Orb reisen muss. Erzengel Gabriel läutert die Menschen, die bereit sind, ihre Botschaft zu empfangen, damit sie darauf vorbereitet sind, diese auch anzunehmen. Erzengel Uriel strahlt göttlich männliche Energie in die Welt aus, während Maria Magdalena das göttlich Weibliche bringt, bei dem es um Heilung durch Liebe und Mitgefühl geht. Sie bietet uns Schlüssel an, mit denen wir die rechte Gehirnhälfte öffnen können, um Zugang zur uralten Weisheit von Atlantis zu erlangen, die sie bewahrt. Diese Weisheit führt heute im neuen Zeitalter zur Einführung nicht invasiver Heilmethoden. Sie nimmt den Menschen ihre Scheuklappen und hilft ihnen, von engstirnigen alten Verhaltensweisen Abstand zu nehmen. Sie hilft uns, liebevoll miteinander zu kommunizieren und selbstständig mit dem göttlichen Quell in Verbindung zu treten.

Kapitel 31

SIEBTER STRAHL: MEISTERIN NADA

Der siebte Strahl ist der violette Strahl der Rituale, Zeremonien und Magie, der heute, wo das Wassermann-Zeitalter vollständig gegenwärtig ist, stärker durchkommt. Violett ist die Farbe der Transmutation und in vielen Menschen und in der Welt insgesamt wird gegenwärtig vieles aufgelöst und geläutert. Wenn Ihre Persönlichkeit von diesem Strahl dominiert wird, werden Sie abergläubisch, bigott, leicht beeinflussbar oder engstirnig sein. Wenn aber Ihre Seele mit diesem Licht arbeitet, werden Sie Zeremonien und Rituale lieben, die Menschen zusammenbringen und das Energieniveau anheben. Sie werden sehr diszipliniert sein und in geordneten Bahnen denken. Sie werden vermutlich ein Heiler oder Führer des neuen Zeitalters sein, Sie werden kreativ sein und daran arbeiten, die Einheit unter den Menschen herzustellen und ein höheres Bewusstsein zu erlangen.

MEISTERIN NADA

Meisterin Nada, die Zwillingsflamme von Jesus, herrscht über den siebten Strahl, den einflussreichsten Strahl des Wassermann-Zeitalters. Sie ist Mitglied des Karmischen Direktoriums, hat schon immer die Unterdrückten verteidigt und ist seit je für Gerechtigkeit eingetreten. Sie bringt uralte Heilmethoden zurück und hilft uns bei der Entwicklung unserer Intuition, der Telepathie und der Weisheit.

FRÜHERE INKARNATIONEN DER MEISTERIN NADA

In Atlantis war sie eine Priesterin im Tempel der Liebe. Sie war Elisabeth, die Mutter Johannes des Täufers. Zur Zeit des Propheten Mohammed förderte sie die islamische Kunst.

Kapitel 32

ACHTER STRAHL: MEISTER KUMEKA

DIE HÖHEREN STRAHLEN

Diese neuen Strahlen sind Seelenstrahlen, die nicht an die Persönlichkeit gebunden sind. Wenn Sie durch einen dieser Strahlen beeinflusst werden, reagieren Sie auf das höchste Potenzial der Farbe, mit der Sie bestrahlt werden.

Der achte Strahl ist der topasblaue Strahl der tiefen Umwandlung, Läuterung, Erleuchtung und Kommunikation. Wenn Sie mit diesem Strahl arbeiten, haben Sie den Wunsch, Ihre Vergangenheit loszulassen und sie zu heilen. Zudem verspüren Sie den Wunsch, auch anderen Menschen dabei zu helfen, loszulassen und ihre Vergangenheit zu heilen. Sie befinden sich auf der Suche nach Erleuchtung.

Dieser Strahl wird es Menschen ermöglichen, ihre Probleme in den Griff zu bekommen, damit sie sich auf das Göttliche zubewegen können. Zudem reinigt er Orte und bereitet sie auf die bevorstehenden Veränderungen vor.

MEISTER KUMEKA

Kumeka ist der Herr des Lichts und der Meister des achten Strahls. Er stammt aus einem anderen Universum. Er ist mein Führer und arbeitete seit vielen Jahren mit mir und durch mich, noch bevor ich mich bewusst auf den spirituellen Weg gemacht hatte und mir der geistigen Welt bewusst geworden war.

Kumeka spielt eine entscheidende Rolle dabei, der Welt Erleuchtung zu bringen und sie zum Aufstieg zu führen. Daher ist es kein Wunder, dass er der Meister ist, der am meisten zu tun hat.

Kapitel 33

NEUNTER STRAHL: MEISTER WUSLU

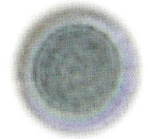

Der neunte Strahl scheint seit 2001 wieder auf unseren Planeten. Der gelbe Strahl der Harmonie dient dazu, Verstand und Geist des Menschen ins Gleichgewicht zu bringen. Dabei geht es darum, Harmonie zwischen Intellekt und Geist zu erreichen, ohne dass sich negative Ego-Einflüsse dazwischenstellen können.

MEISTER WUSLU

Wuslu ist der Meister des neunten Strahls. Er war der Größte und Reinste aller Hohepriester von Atlantis und hat genau verstanden, was damals schiefgelaufen war. Er hat es sich zur Aufgabe gemacht, der Welt das Gleichgewicht zu bringen, um auf diese Weise sicherzustellen, dass wir nicht noch einmal die gleichen Fehler begehen.

FRÜHERE INKARNATION MEISTER WUSLUS

Er war einer der Weisen von Mu, der Zivilisation, die Lemuria vorausging.

Foto Nummer 37: Die Erzengel Gabriel und Uriel mit Wywyvsil, einer der Mächte, und Meister Wuslu, fotografiert von Eugene McGill.

Wenn Sie sich den Orb auf Foto Nummer 37 anschauen, werden Sie ein Gefühl für die unermessliche Weite des Universums bekommen und können der Menschheit beim Aufstieg helfen.

Erzengel Gabriel bringt Meister Wuslu, um zu gewährleisten, dass Ihre Absichten lauter und Sie sich über sie im Klaren sind, wenn Sie sich den Orb auf Foto Nummer 37 anschauen. Erzengel Uriel gibt Ihnen die Kraft, das zu tun, was auf dem Weg des Aufstiegs nötig ist.

Wywyvsil ist einer der Mächte, einer der Engel höheren Ranges in der Hierarchie der Engel und einer der Herren des Karmas. Er ist mit diesem Orb gekommen, um Meister Wuslu zu beschützen und sich über die Veränderungen zu informieren, welche die Menschheit bereits durchlaufen hat. Diese Informationen nimmt er dann mit, um sie in seinen Schulen auf den inneren Ebenen weiterzugeben, in denen er einige der neuen aufgestiegenen Meister unterrichtet.

Einer von diesen ist Kathy Crosswells Bruder George, der aufstieg, als er 2007 hinüberging. Im Orb auf Foto Nummer 44 (s. S. 207) ist er zu sehen. Mit diesem Orb lädt Wywyvsil Sie ein, während des Schlafes seine Schulen auf den inneren Ebenen zu besuchen, um dort höhere kosmische Lehren zu empfangen. Außerdem wird Ihnen das Betrachten dieses Orbs helfen, die Bestimmung Ihrer Seele herauszufinden – nicht nur für dieses Leben, sondern ganz allgemein in diesem Universum.

Meister Wuslu hilft Ihnen beim Prozess des Aufstiegs. Er war der größte Hohepriester von Atlantis und hatte die höchste Frequenz aller Priester, die sich jemals in dieser Rolle inkarnierten, erreicht. Er war so weit entwickelt, dass er seine männlichen und weiblichen Aspekte vollkommen integriert hatte und daher androgyn war. Er stammt aus einem anderen Universum. Wenn er auf die Erde kommt, senkt er seine Schwingungsfrequenz, indem er durch Neptun eintritt. Er ist zurückgekehrt, um als Chohan oder Meister des neunten Strahls wieder mit der Erde zu arbeiten und der Menschheit das Gleichgewicht zu bringen. Er ist sehr eng mit dem Aufstieg unseres Planeten verbunden.

Kapitel 34

ZEHNTER STRAHL: MEISTER GAUTAMA

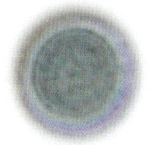

Der zehnte Strahl kehrte Ende 2001 auf den Planeten zurück. Er ist citringelb und trägt die Buddha-Energie in sich. Wenn Sie von diesem Strahl beeinflusst werden, sind Sie fähig, den wahren Sinn Ihres Lebens zu finden und diesen auf bodenständige, praktische Art und Weise umzusetzen.

MEISTER GAUTAMA

Meister Gautama ist der Meister dieses Strahls. Er war einmal Prinz Siddharta Gautama, der Sohn eines indischen Kaisers, und inkarnierte sich damals ohne Karma. Er gab seinen Reichtum auf, verließ seine Frau und sein Kind und wurde ein Asket. Nach Jahren der Meditation erlangte er die Erleuchtung und wurde verklärt. Bei Vollmond im Jahre 544 vor Christus – heute als Wesak bekannt – wurde er zum Buddha. In einem großen Akt der Entsagung senkte er daraufhin seine Schwingungsfrequenz, damit er wieder vollständig in einen physischen Körper zurückkehren konnte, um der Menschheit auch weiterhin zu dienen. Er war der erste Mensch dieses Planeten, der das Amt eines Buddha, die Verkörperung der Weisheit, innehatte.

FRÜHERE LEBEN MEISTER GAUTAMAS

Er inkarnierte sich in Lemuria, war Hermes im alten Ägypten, Orpheus in Griechenland und Thot in Atlantis.

Kapitel 35

ELFTER STRAHL: RÁKÓCZI

Der elfte Strahl ist der Strahl der Klarheit, des Mystizismus und der Heilung. Er kehrte Ende 2001 auf den Planeten zurück. Seine Farbe ist ein strahlendes, leuchtendes, dunkles Smaragdgrün.

RÁKÓCZI

Rákóczi, eine Inkarnation Saint Germains, ist der Meister dieses Strahls. Er arbeitet daran, Frieden zu stiften und den Führern der Welt Verständnis und Erleuchtung zu bringen, um die internationalen Beziehungen zu verbessern. Dasselbe tut er auf religiösem Gebiet, um engstirnige Überzeugungen in den verschiedenen Religionen zu beseitigen. Zu seinen Aufgaben gehört weiterhin, den menschlichen Körper dabei zu unterstützen, die notwendigen Anpassungen vorzunehmen, damit er besser mit der zunehmenden Umweltverschmutzung umgehen und die uns jetzt zur Verfügung stehenden höheren Energien annehmen kann.

FRÜHERE LEBEN MEISTER RÁKÓCZIS

Rákóczi war in einer seiner Inkarnationen Saint Germain, der einstmals der Herr der Zivilisation war. Zu seinen anderen Inkarnationen gehören der Prophet Samuel, der chinesische Philosoph Laozi, Joseph von Nazareth, Sankt Alban, der griechische Philosoph Proklos, der Magier Merlin, Christoph Kolumbus und Francis Bacon. Als Christian Rosenkreutz grün-

dete er den Orden des Rosenkreuzes, aus dem später die Rosenkreuzer hervorgingen.

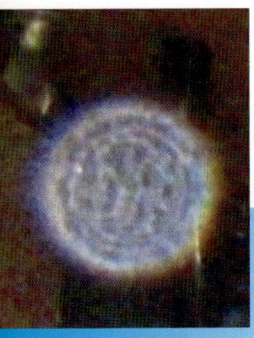

Foto Nummer 38: Die Erzengel Michael, Uriel, Gabriel
und Raphael mit einem Einhorn und Meister Rákóczi,
fotografiert von Eugene McGill.

**Wenn Sie sich den Orb auf Foto Nummer 38 anschauen,
wächst in Ihnen der Mut, in die Welt hinauszugehen und
etwas zu bewirken.**

Der Orb auf Foto Nummer 38 enthält die Erzengel Michael,
Uriel, Gabriel und Raphael sowie Einhorn-Energie und Meister Rákóczi. Erzengel Michael beschützt Meister Rákóczi.
Erzengel Uriel schenkt den Menschen, die mit diesem Orb
arbeiten, Selbstvertrauen und ein positives Selbstwertgefühl,
damit sie den Mut aufbringen, etwas für die Verwirklichung
ihrer Vision zu tun.

Erzengel Gabriel schenkt Ihnen Klarheit, damit Sie die Heil-
energie empfangen können, die Erzengel Raphael aussendet.
Das Einhorn bringt Erleuchtung, während Meister Rákóczi
Sie dabei unterstützt, Ihre Vision für die Welt zu aktivieren.

Kapitel 36

ZWÖLFTER STRAHL: GUANYIN

D er zwölfte Strahl strahlt seit 2003 auf den Planeten ein. Dies ist der Strahl der bedingungslosen Liebe, dessen Farbe ein strahlendes kirschrotes Rosa ist.

GUANYIN

Guanyin ist die Meisterin dieses Strahls, der die weibliche Energie in sich trägt. Sie ist eine Herrin des Karmas. Ihre Aufgabe besteht darin, die göttlich weibliche Weisheit, Heilung und Mitgefühl in Frauen wie Männern hervorzubringen. Um dies zu bewerkstelligen, unterstützt sie Frauen darin, sich ihrer Macht bewusst zu werden.

FRÜHERE LEBEN GUANYINS

Sie hielt die Energie des Tempels der Liebe in Lemuria aufrecht, inkarnierte sich aber damals nicht, da die Menschen nicht vollständig physisch waren. Sie hatte viele Leben in China, wo sie als Göttin betrachtet wurde.

Foto Nummer 39: Die Erzengel Michael, Raphael und Zadkiel mit Guanyin, fotografiert von Eugene McGill.

Wenn Sie sich den Orb auf Foto Nummer 39 anschauen, wird Ihnen Hilfe gewährt, Ihre männliche Energie auf positive Weise einzusetzen, damit Sie auf dem Weg des Aufstiegs vorankommen.

Der Orb auf Foto Nummer 39 enthält die Erzengel Michael, Raphael und Zadkiel, welche die göttlich weiblichen und göttlich männlichen Aspekte von Guanyin bringen. Das göttlich Männliche hat sich niemals inkarniert, überstrahlt sie aber und hält ihr Licht auf Erden aufrecht. Er beschützt alle, die mit ihr arbeiten und ihre Energie haben, damit sie nicht von den negativen Aspekten der männlichen Energie anderer Menschen beeinflusst werden.

Viele Menschen besitzen zu viel männliche Energie. Dies hält sie auf dem Weg des Aufstiegs zurück. Dieser Orb hilft, diese Menschen zu beruhigen und zu heilen.

Auf Foto Nummer 39 beschützt Erzengel Michael Guanyin. Erzengel Zadkiel wandelt jede negative Energie um, die sie während der Suche nach ihrem Ziel durchqueren müssen. Erzengel Raphael und Guanyin strahlen Heilung aus.

MÄNNLICHE ENERGIE

In früherer Zeit, als die Männer auf die Jagd gehen und ihre Frauen und Familien beschützen mussten, waren sie stark, hatten einen ausgeprägten Beschützerinstinkt und konzentrierten sich darauf, das Wild, das sie jagten, unter allen Umständen zur Strecke zu bringen. Für diesen Kampf ums Überleben brauchten sie Testosteron. Die männliche Energie steht mit der logischen, geordneten linken Gehirnhälfte in Verbindung, was zu kurzfristiger Zielorientierung führt, Unterschiede betont und Entscheidungen fällt, die vom Verstand und nicht vom Herzen getroffen werden. Das bedeutet, dass die Dinge zwar durchdacht, aber nicht wirklich gefühlt werden, was zu mangelnder Harmonie und Vertrauen führt – und sogar zu Aggressivität, im Extremfall sogar zu herzloser Grausamkeit.

Das Fische-Zeitalter wurde von der männlichen Energie dominiert, sodass Struktur und Ordnung, Regeln und Vorschriften durchgesetzt wurden, ohne durch den gesunden Menschenverstand gemildert zu werden. Daher war religiöser Dogmatismus unvermeidlich. Dies beginnt sich nun zu verändern, weil wir in das Wassermann-Zeitalter eintreten. Aber das Männliche überwiegt immer noch, und in den Gesellschaften, denen es an Herz fehlt, verspüren die Menschen kein Gefühl der Sicherheit und Geborgenheit. Das bewirkt, dass sie als Ersatz dafür nach materiellen Besitztümern streben. Selbstredend nimmt die Ökonomie in diesen Kulturen einen hohen Stellenwert ein.

Kulturen und Individuen, die von der linken Gehirnhälfte dominiert werden, machen große Fortschritte auf technologischem und wissenschaftlichem Gebiet, was aber üblicherweise zulasten der Natur und der Fürsorglichkeit gegenüber den Mitmenschen geht. In einer vollständig nach männlichen Prinzipien organisierten Gesellschaft fühlen sich Individuen wie Gruppen häufig leer, verloren, verängstigt, fragmentiert oder sie rebellieren – sofern sie es wagen.

In Kulturen, die sich auf die Entwicklung der rechten Gehirnhälfte konzentrieren, werden Fürsorglichkeit, Empathie, Vertrauen, mitfühlendes Verhalten und die Betonung von Gemeinsamkeit gefördert und geschätzt. Dies führt zwar zu Entspannung, Frieden und Zufriedenheit, es mangelt den Menschen dieser Kulturen aber häufig an Entschlussfreudigkeit oder Geschäftssinn.

WEIBLICHE ENERGIE

Weibliche Energie ist offenherzig, fürsorglich, allumfassend, gemeinschaftlich orientiert, friedlich und glücklich. Die rechte

Gehirnhälfte ist originell, kreativ, imaginativ, künstlerisch und musisch. Sie sieht Dinge aus einer höheren Perspektive, quasi der Vogelperspektive, schätzt gute Kommunikationsfähigkeiten und strebt Lösungen an, von denen alle profitieren werden. Menschen und Kulturen, die sich an weiblichen Prinzipien orientieren, fördern die Künste und unterstützen das Spirituelle und Mystische. Mit der rechten Gehirnhälfte können Sie Kontakt zur geistigen Welt und zum Weg des Aufstiegs aufnehmen.

Unausgeglichene weibliche Energie ist nicht geerdet, daher wird in einer solchen Gesellschaft die Wirtschaft stagnieren, und es wird an der wissenschaftlichen und technologischen Entwicklung hapern.

MÄNNLICHE UND WEIBLICHE ENERGIEN IM GLEICHGEWICHT

Dies ist das Ideal der vollkommenen altmodischen Ehe. Die Frau ist weise und fürsorglich, sie hält die Kommunikation in der Familie aufrecht, sorgt für originelle Schöpfungen und hält die Verbindung zur geistigen Welt. Der Mann unterstützt ihre originellen Ideen, denkt diese aufgrund logischer Überlegungen durch und setzt seine Energie ein, um sie zu verwirklichen. Er folgt ihrer spirituellen Führung und beschützt sie auf jede erdenkliche Weise. Sie mäßigt sein Temperament und seine Neigung, alles kontrollieren zu wollen, mit ihrer Weisheit.

Ein Individuum, das seine männlichen und weiblichen Energien ins Gleichgewicht gebracht hat, ist bereit für den Weg des Aufstiegs.

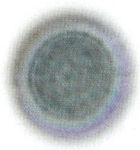

Kapitel 37

BABAJI

Foto Nummer 40 wurde nach einem von Jenny geleiteten Dru-Yoga-Kurs aufgenommen. Der Orb zeigt Erzengel Christiel, der Babaji bringt, den großen Yogi, der als der unsterbliche Avatar bekannt ist, weil dieser die Meditation am Ende des Kurses beobachten wollte. Uns wurde gesagt, dass er gekommen war, um Jennys Meditationsunterricht zu beobachten, weil er ihr während der bald darauf folgenden dreiwöchigen stillen Klausur helfen wollte. Drei Wochen später kam Babaji in Begleitung ihres Schutzengels und eines Engels der Liebe nach ihrer Rückkehr ebenfalls zurück, um ihren Fortschritt zu begutachten. Wenn wir doch nur immer wüssten, wie sehr unsere spirituelle Arbeit überwacht wird!

Jenny erzählte mir von einem Erlebnis, das einige Jahre zurückliegt, als sie und eine Freundin von einer Pilgerfahrt aus dem Himalaja zurückgekehrt waren, auf der sie die Quelle des Ganges und andere heilige Orte besucht hatten. Bei Rudraprayag, am heiligen Zusammenfluss der Flüsse Alaknanda und Mandakini, aus denen schließlich der Ganges wird, näherte sich ihnen ein alter Mann, der sie zu den Flüssen hinunterführte. Dort angekommen stellten sie sich in die wirbelnde, eiskalte Strömung, stimmten einen längeren Sprechgesang an und wurden schließlich von ihm gesegnet.

Als sie die Böschung wieder hinaufkletterten, sahen sie einen jungen Mann in einem Lendenschurz, der ihnen bedeutete, ihm in eine Höhle zu folgen. Er war sehr schön und erinnerte sie an Fotos, die sie von Babaji gesehen hatten. Sie sahen, dass er ein kleines Bild von Babaji auf einem Felsvorsprung im hinteren Teil der Höhle hatte. Er erklärte ihnen, dass er ein Anhänger Babajis sei. Er lud sie ein, mit ihm zu essen (obwohl es in der Höhle überhaupt keine Nahrung zu geben schien), aber unglücklicherweise mussten sie, nachdem sie eine Weile bei ihm gesessen hatten, aufbrechen, um den Bus noch rechtzeitig zu erwischen.

Ich fragte mich, ob das wohl Babaji gewesen sein könnte. Daraufhin befragten wir Kumeka, der uns erklärte, dass sich Babaji wie die Erzengel in viele Aspekte teilen konnte. Er sagte weiter, dass der junge Mann ein Anhänger Babajis gewesen sei und dass der große Avatar ihn damals überstrahlt hatte. Die Begegnung mit Jenny und ihrer Freundin war von der geistigen Welt arrangiert worden, und die Reinigung im Fluss war ein wichtiger Teil der Vorbereitung darauf.

BABAJI

Es ist schon viel über diesen außergewöhnlichen Yogi geschrieben worden, der ein Mahavatar ist. Das Wort *Mahavatar* bedeutet »großer Avatar«, während das Wort *Babaji* so viel wie »verehrter Vater« bedeutet. Er trägt die Energie des göttlichen Quells in einem physischen Körper. Er lebt seit Tausenden von Jahren auf der Erde und erscheint den Menschen immer dann, wenn die Welt sein Licht dringend braucht. Aber immer beobachtet er den Fortschritt der Menschheit.

Babaji ist als der unsterbliche Avatar bekannt, weil er sich dafür entschieden hatte, auf Erden zu bleiben, um der Menschheit zu dienen. Er zeigt sich als ewig jugendlicher Mann. Er besitzt yogische Kräfte oder Siddhis, die er zur Heilung oder Bereicherung der Menschheit einsetzt. Man hat ihn verschiedentlich gesehen, wie er auf dem Wasser sitzt, wie er sich materialisiert und entmaterialisiert und wie er Kranke heilt.

Es sind zwischen 1861 und 1935 viele Begegnungen mit Babaji bezeugt, als er jene Menschen einweihte, die für den Kriya Yoga bereit waren. Kriya Yoga ist ein System des Yoga, das die alten Widerstände gegen Gott aufbricht und den Aufstieg beschleunigt. Babaji befand sich in ständiger Kommunikation mit Christus, um die Welt zu inspirieren und den Weg der Selbstbefreiung durch Yoga sowohl im Westen als auch im Osten zu propagieren. Er lehrt uns die erlösende Gnade von Wahrheit, Einfachheit und Liebe und propagiert das Singen des »Om Namah Shivaya« als Weg zu Gott.

Babaji erschien 1970 in der historischen heiligen Höhle am Fuße des Kumaon Mount Adi Kailash. Er hat sich auch in Nepal und an anderen Orten gezeigt. In seinem Buch *Autobiographie eines Yogi* beschreibt Paramahansa Yogananda seine Begegnung mit ihm.

Foto Nummer 40: Erzengel Christiel mit Babaji, fotografiert von Diana Cooper.

Wenn Sie sich den Orb auf Foto Nummer 40 anschauen, empfangen Sie die Gewissheit, dass Sie auf Ihrer Reise ständig behütet und begutachtet werden.

Während Ihres ganzen Lebens erhält der Erzengel, der Ihr Leben beaufsichtigt, ständig Rückmeldungen von Ihren Führern, Engeln und Erzengeln. Dieser Orb soll Sie daran erinnern, dass man Sie niemals vergisst und dass Sie neue spirituelle Lehren immer dann empfangen werden, wenn Sie dafür bereit sind.

Kapitel 38

TERESA VON ÁVILA, KLARA VON ASSISI

Die heilige Teresa hatte schon viele Leben auf Erden. Es gibt viele Seelen, die von ihr beeinflusst werden, während sie noch in einem Körper sind. Sie leitet eine Gruppe von Lichtarbeitern auf den inneren Ebenen an und lehrt ein Verständnis des Einsseins mit dem Quell innerhalb der Religionen, statt der alten Dogmen und Strukturen.

FRÜHERE LEBEN VON TERESA VON ÁVILA

In jeder ihrer elf Inkarnationen war sie eine Nonne und viele ihrer religiösen Erfahrungen machte sie in Italien. Diese bereiteten sie auf ihre Rolle als Mitglied der höheren Hierarchie vor, welches das Bewusstsein der Welt über die alten religiösen Strukturen hinaus zur bedingungslosen Liebe führen soll.

KLARA VON ASSISI

Klara stammt von der Venus, dem Planeten des Herzens. In ihrem bekanntesten Leben wurde sie vom heiligen Franz von Assisi dahingehend beeinflusst, ihre weltlichen Reichtümer aufzugeben und den Orden der Klarissen zu gründen, einen Nonnenorden, dessen Mitglieder in Armut leben und ihr Leben dem Dienst an Gott weihen.

Weniger bekannt ist ihr Leben als Frau des Pontius Pilatus, in dem sie viele Menschen beeinflusste, denn ihre Seelenenergie hat immer mit Dienen zu tun. Auch damals war sie eine sehr entschlossene, starke Persönlichkeit, die von Güte, Großherzigkeit und Sanftmut geprägt war. Sie sah immer das Göttliche im anderen und versuchte ihren Mann zu beeinflussen und seine Methoden zu mildern. Obwohl sie nicht erfolgreich war, tat sie doch ihr Bestes, wohl wissend, dass sie für die Entscheidungen und Handlungen ihres Mannes nicht verantwortlich war.

Als aufgestiegene Meisterin der höheren Hierarchie hält sie das Christus-Licht in den Menschen aufrecht und hilft ihnen, das Göttliche in sich selbst und anderen zu sehen. Sie wirkt auf Individuen ein, mit Güte zu handeln, ohne sich für die Handlungen anderer Menschen verantwortlich zu fühlen. Daher hilft sie Menschen, jene Beziehungen zu durchtrennen, die nicht mehr dem höchsten Wohl dienen. Dies betrifft besonders tote oder durch Missbrauch geprägte Beziehungen zwischen Ehe- oder Geschäftspartnern und Familienmitgliedern.

Foto Nummer 41: Die Erzengel Chamuel, Metatron und Zadkiel mit der heiligen Klara, fotografiert von Eugene McGill.

Wenn Sie sich den Orb auf Foto Nummer 41 anschauen, empfangen Sie bedingungslose Liebe und erkennen in Demut Ihre Rolle im göttlichen Plan.

Erzengel Chamuel strahlt Liebe aus, um Ihr Herz-Chakra zu öffnen, während Erzengel Zadkiel die heilige Klara beschützt, indem er die negativen Energien umwandelt, durch die der Orb reisen muss. Erzengel Metatron bereitet Ihr Sternentor darauf vor, bedingungslose Liebe zu empfangen und sich Ihrer Rolle beim Aufstieg des Planeten in Demut bewusst zu werden.

Kapitel 39

JESUS, KUTHUMI, SAINT GERMAIN, DJWAL KHUL

JESUS

Vor 2000 Jahren erkannte die geistige Hierarchie, dass etwas getan werden musste, um die Energie auf der Erde anzuheben. Sie beschloss, dass den Menschen das Christus-Licht – eine kosmische Macht reiner bedingungsloser Liebe – gebracht werden sollte. Es sollte von einem einzigen Menschen getragen werden. Es musste ein Mann sein, weil Frauen zur damaligen Zeit als minderwertig galten und wie Besitz behandelt wurden. Nur ein Mann würde respektiert werden.

Offensichtlich musste die Seele des Mannes, der die Christus-Energie in sich tragen sollte, besonders rein und hoch entwickelt sein. Zudem musste er einer besonders keuschen, heiligen Mutter und einem weisen, treu sorgenden Vater geboren werden. Auch die Großeltern und die gesamte Familie spielten eine wichtige Rolle.

Die Bruderschaft der Essener hatte einen großen geheimen Tempel im ägyptischen Heliopolis, in dem die höchsten Zeremonien abgehalten wurden. Er war als der Tempel des Helios oder Tempel der Sonne bekannt. Joachim war der Hohepriester dieses Tempels und Anna seine Frau. Die beiden vertraten die Lehren der Großen Weißen Bruderschaft. Als ihnen Maria geboren wurde, willigten sie ein, dass das Baby eine Taube des Tempels werden sollte, eine vestalische Jungfrau, die von den Priestern erzogen und einer rigorosen spirituellen Ausbildung unterzogen werden sollte. Ich habe mehr über Mutter Maria in Kapitel 16 und in meinem Buch *The Web of Light* geschrieben.

Joseph war ein Zimmermann, eigentlich ein Baumeister, und ein devoter Essener und Mitglied der Großen Weißen Bruderschaft.

Jesus stammt von der Venus und wurde im Frühling, als die Lämmer auf den Feldern waren, in einer Grotte oder einem Hospiz der Essener geboren. Seiner Geburt ging eine göttliche Empfängnis voraus, wie sie bei vielen Avatars üblich war – so auch bei Krishna und Buddha in Indien, Laozi in China, Horus und Ra in Ägypten, Zarathustra in Persien, Quetzalcoatl in Mexiko, Plato und Pythagoras in Griechenland. Bei seiner Geburt waren drei weise Männer zugegen: Balthasar (Meister Kuthumi), Melchior (El Morya) und Kaspar (Djwal Khul).

Erst im fünften Jahrhundert, nach Jahren heftiger Auseinandersetzungen, erklärten die heiligen Väter den 25. Dezember zu seinem Geburtstag, weil dies ein Datum von mystischer Bedeutung ist. Ein kosmischer Wandel vollzieht sich um die Mitternachtsstunde des 24. Dezember. Neue göttliche Energie strömt auf die Erde ein. Aus diesem Grund wurden an diesem Tag bereits in Indien, China, Ägypten, Mexiko und anderen Ländern religiöse Feierlichkeiten abgehalten. Aufgrund dieser Energie haben viele der großen Meister beschlossen, ihren Geburtstag an diesem Tag zu feiern.

Das Baby erhielt den Namen Jeschua ben Joseph und wurde als Joseph in der Schule am Berg Karmel aufgenommen, die eine der großen Mysterienschulen der Großen Weißen Bruderschaft war.

»Joseph« lernte Aramäisch, Hebräisch und Griechisch, Astrologie, Astronomie sowie die Naturgesetze des Universums und studierte die großen Religionen. Er wurde auch in den heiligen Mysterien unterwiesen, übte sich in Gedankenkontrolle und unterzog sich extrem komplexen Einweihungsriten.

Damit er zu einem reinen Instrument des kosmischen Christus werden würde, wurde seine Erziehung sorgfältig geplant. Mit 14 verließ er den Berg Karmel und reiste mit den weisen Männern ins indische Jagganatha, das heute Puri heißt, um dort den Buddhismus in seiner reinsten Form zu studieren.

In Benares studierte er Ethik, Naturgesetze und Sprachen und wurde zudem in den hinduistischen Prinzipien der Heilung unterwiesen. Dann kehrte er nach Jagganatha zurück, wo er Dokumente studierte, die ihm von Mengzi, dem buddhistischen Heiligen, aus Tibet geschickt wurden. Anschließend reiste er nach Persien, an den Euphrat, besuchte Babylon, studierte unter Apollonius von Tyana in Griechenland und reiste schließlich nach Alexandria weiter. Im Sonnentempel in Heliopolis bereitete er sich auf seine Einweihung in die höchsten Grade der Großen Weißen Bruderschaft vor. Er wurde zu einem Hohepriester im Orden des Melchisedech ernannt.

Ihm wurde während einer großen geheimen Zeremonie in der großen Pyramide der Name Jesus der Christus gegeben. Anschließend wurde er von Meister Maitreya, dem Vorsteher der geistigen Hierarchie, überstrahlt. Seine Bestimmung lag darin, Träger des Christus-Bewusstseins zu sein und die Herzen der Massen anzurühren. Es war nicht vorgesehen, dass er gekreuzigt werden sollte.

WARUM WURDE JESUS GEKREUZIGT?

Die große Pyramide ist sowohl eine riesige, auf das Weltall ausgerichtete Antenne als auch ein kosmischer Computer. Außerdem ist sie ein Portal zu Orion, Sirius, den Plejaden und Neptun, die den Aufstieg der Erde unterstützen. Sie halten unsere Energie, schicken Heilung und Licht und unterstützen uns darin, auf dem Weg zu bleiben. Bis vor Kurzem wurde Neptun als der verborgene Planet bezeichnet, weil seine Aufgabe nicht bekannt war. Diese Sternsysteme waren eng damit verbunden, die Erde stabil zu halten, während die Christus-Energie in diese Existenzebene eintrat.

Es gab eine Meisterin, die damit beauftragt worden war, diese Energie zusammenzuhalten, damit Jesus seine Bestimmung erfüllen konnte. Unglücklicherweise unterschätzte sie die Macht der Wut derjenigen, deren Lebensstil infrage gestellt wurde. Gewaltige Wellen dunkler Energie wurden freigesetzt, die sie nicht zurückdrängen konnte. Da diese Energie drohte, den ganzen Plan zum Scheitern und den Planeten zur Explosion zu bringen, trennte sie Neptun von den anderen Planeten ab, um Schlimmeres zu verhindern und es der dunklen Energie auf diese Weise zu ermöglichen, in das Universum hinauszuschießen (siehe Abbildung Nummer 31, den Metatron-Würfel, auf Seite 138).

Als Folge davon sank die Erde über einen Zeitraum von 2000 Jahren auf ein niedrigeres Bewusstseinsniveau herab. Das ändert sich jetzt, die Frequenz wird wieder angehoben. Wenn wir Neptun wieder mit der Pyramide verbinden, kann der Planet aufsteigen.

WAS KÖNNEN WIR TUN, UM NEPTUN WIEDER EINZU-BINDEN?

Das bloße Betrachten der heiligen Geometrie des planetarischen Metatron-Würfels (Abbildung Nummer 31), den wir auf Seite 138 präsentieren, kann dazu beitragen, die Verbindung zu Neptun wiederherzustellen und alles wieder in die korrekte Ausrichtung zu bringen. Ihre Visualisierung der Ganzheit des göttlichen Plans, wie er durch den planetarischen Würfel repräsentiert wird, macht aus Ihnen einen göttlichen Schöpfer. Sie können auch für die Wiederherstellung der energetischen Linien und für die Seele der Meisterin beten, welche die Energie zu Zeiten Christi nicht aufrechterhalten konnte. Heute hat sie sich wieder verkörpert, und ihre Seele fühlt sich schuldig, obwohl sie keine Schuld trägt.

FRÜHERE INKARNATIONEN JESU
Er war Jeschua, Joseph in Ägypten, Adam, Elija und stieg mehrere Male von der Erde auf.

TRUG KRISHNA DAS CHRISTUS-LICHT IN SICH?
Ja, er trug es in sich.

MEISTER KUTHUMI

Meister Kuthumi war der Chohan des zweiten Strahls – des Strahls der Lehre –, wurde aber zum Weltenlehrer befördert. Er ist der Hierophant der Bruderschaft der goldenen Robe – also jener großen Wesen, die das Leiden der Welt auf sich nehmen. Wenn Sie sehr sensibel sind und den emotionalen oder physischen Schmerz anderer Menschen aufnehmen, gehören Sie möglicherweise dieser Bruderschaft an.

Im Äther über Kaschmir hat Meister Kuthumi einen riesigen Aschram für seine Schüler, in dem er ihnen und dem Planeten hilft, sich auf dem Weg des Aufstiegs weiterzuentwickeln. Außerdem hat er eine Lichtkammer im Äther über Machu Picchu, um unser Verständnis zu fördern. Sein wichtigstes Refugium befindet sich allerdings im Äther über dem Tadsch Mahal im indischen Agra.

Wie Jesus der Christus war auch Meister Maitreya, der Vorsteher der geistigen Hierarchie, Kuthumis Lehrer. Gemeinsam mit El Morya und Djwal Khul schenkte er der Welt die Theosophie.

FRÜHERE INKARNATIONEN MEISTER KUTHUMIS

Er war Pythagoras, Balthasar, einer der drei Weisen aus dem Morgenland, der Apostel Johannes, Schah Jahan, der das Tadsch Mahal erbauen ließ, und der heilige Franz von Assisi.

Foto Nummer 42: Erzengelin Credo,
Meister Kuthumi und Meister Imor,
fotografiert von Mandy Whalley.

Wenn Sie sich den Orb auf Foto Nummer 42 anschauen, verspüren Sie völliges Vertrauen in die Verbindung zum Göttlichen.

Die drei aufwärtsrasenden Orbs auf Foto Nummer 42 sind die Erzengelin Credo (links), die Zwillingsflamme Gabriels. Sie hilft den Menschen, den Glauben aufrechtzuerhalten, dass sie auf dem richtigen Weg sind. In der Mitte befindet sich Meister Kuthumi, der Weltenlehrer, der die Menschen für die spiri tuellen Lehren des Universums öffnet. Der gelbe Orb auf der rechten Seite ist Meister Imor, der mit Erzengel Jophiel daran arbeitet, die Energie des Quells zu den Menschen zu bringen.

Außerdem hilft er den Menschen, Zugang zu ihrer höheren Weisheit zu erlangen.

Das Betrachten dieser großen Wesen hilft Ihnen, sich auf höhere Frequenzen einzustimmen.

SAINT GERMAIN

Saint Germain war früher einmal Meister des siebten – violetten – Strahls. Während er dessen Chohan war, gab er der Menschheit 1987 die violette Flamme der Umwandlung zurück. Damit begann als Vorbereitung auf 2012 eine 25-jährige Phase der Läuterung. Er war der Herr der Zivilisation, wurde nun aber innerhalb der geistigen Hierarchie der Erde befördert. Nun ist er einer derjenigen, die den Aufstieg der Erde beaufsichtigen. Er arbeitet eng mit den Herren des Karmas zusammen und bringt den Menschen auf Erden ein Gefühl für die spirituellen Werte. Seine Aufgabe besteht darin, das Gleichgewicht wiederherzustellen. Daher nennt man ihn auch den Hüter der goldenen Waagschalen.

FRÜHERE INKARNATIONEN SAINT GERMAINS

Der Prophet Samuel, Joseph von Nazareth, Rákóczi, Sankt Alban, der griechische Philosoph Proklos, Merlin der Magier, Christoph Kolumbus, Francis Bacon. Als Christian Rosenkreutz gründete er den Orden des Rosenkreuzes, aus dem später die Rosenkreuzer hervorgingen.

DJWAL KHUL

Djwal Khul hat immer schon mit Meister Kuthumi zusammengearbeitet und unterweist heute viele von dessen Schülern sowie die Schüler anderer Meister. Wie Meister Kuthumi gehört auch er der Bruderschaft der goldenen Robe an. Er wird häufig als »der Tibeter« bezeichnet, weil er gemeinsam mit Vywamus die Tibet-Gesellschaft gründete und mit Alice Bailey zusammenarbeitete, um esoterisches Wissen zu verbreiten. Dies war damals ein sensationeller Durchbruch, mit dem die Schwingungsfrequenz derjenigen angehoben werden sollte, die dazu bereit waren. Vywamus stammt von der Venus und ist das höhere Selbst Sanat Kumaras, welcher der planetarische Logos ist, der größte aller Avatare. Er ist inzwischen zur Venus zurückgekehrt, um dort eine neue Aufgabe anzunehmen, obwohl er immer noch mit seinen Schülern auf der Erde in Verbindung steht.

FRÜHERE INKARNATIONEN DJWAL KHULS
Er war einer der drei Weisen aus dem Morgenland sowie Johann Sebastian Bach.

Kapitel 40

MEISTER MAITREYA UND MEISTER MELCHISEDECH

MEISTER MAITREYA

Maitreya ist der große Meister, der Jesus von Geburt an und bis ans Kreuz überstrahlte. Er bezieht Liebe direkt vom göttlichen Quell und transformiert diese durch das kosmische Herz, das ein Reservoir reiner weißer universeller Energie ist, die über die Menschheit ausgegossen wird. Er arbeitet mit allen Erzengeln zusammen, besonders aber mit dem für das Herz-Chakra zuständigen Erzengel Chamuel, um das Licht des Herzens erstrahlen zu lassen.

Maitreya erweckt jene, die sich verpflichtet haben, in diesem Leben den Weg des Aufstiegs zu gehen, sowie diejenigen, die jetzt dazu bereit sind, obwohl es ursprünglich nicht zu ihrem Lebensplan gehörte. Diese haben schwer daran gearbeitet, ihr Karma aufzulösen. Wenn Sie bereit sind, beginnt Ihr Licht zu strahlen, sodass er Sie suchen und finden kann. Dann hält er Sie in seinem Licht. Stellen Sie sich vor, dass er einen Strahl Sonnenlicht auf Sie herabscheinen lässt. Allerdings wird er nur die Frequenzen senden, mit denen Sie auch umgehen können.

Meister Maitreya hilft Ihnen, mit Ihren höheren Führern in Kontakt zu treten. Danach hält er seinen Verbindung zu Ihnen durch diese aufrecht.

MEISTER MELCHISEDECH

Meister Melchisedech, auch als der ewige Herr des Lichtes bekannt, ist der Führer der gewaltigen universellen Bruderschaft, welche als die Priesterschaft des Melchisedech bezeichnet wird. Er empfangt die Lehren Gottes auf ganz direkte Weise. Er ist kein Individuum, sondern eine Gruppenenergie, ähnlich einem Mahatma, dem viele Wesen ihr Licht geben, damit er seine Aufgabe erfüllen kann.

Nur wenige Verkörperte und jene, die spirituelle Erleuchtung innerhalb des Ordens erfahren haben, wie Abraham, Moses, Elija, David und Jesus, werden zu Hohepriestern ernannt.

Ein Melchisedech wird immer dann geschickt, wenn es einen Notfall oder eine Krise gibt oder wenn sein Licht in diesem Universum dringend gebraucht wird. Jesus war ein Beispiel dafür. Er kam auf die Erde, um den Plan der Liebe des Schöpfers auf diesem Planeten zu unterstützen.

Kapitel 41

KOMMANDANT ASCHTAR UND THOT

Wir erhielten das Foto eines Orbs, das in Machu Picchu aufgenommen worden war, in dem Kommandant Aschtar und Thot zu sehen sind, die uns ihre Energie bringen. Wir hätten gern die Erlaubnis erhalten, es zu veröffentlichen, da der Orb die Einladung enthielt, in die Galaxien dieses Universums hinauszugehen, und da die Engel uns baten, darüber und über den Grund zu schreiben, warum sie es zugelassen hatten, in Machu Picchu fotografiert zu werden.

MACHU PICCHU

Machu Picchu in Peru ist eines der vier interdimensionalen Portale auf dem Planeten. Das erste Buch meiner Romantrilogie *The Silent Stones*[3] spielt zum Teil in Machu Picchu. In diesem Buch habe ich eine Menge faszinierender esoterischer Informationen über diesen außergewöhnlichen Ort zusammengetragen.

Das Portal in Machu Picchu muss von spirituellen Menschen gebraucht und rein gehalten werden, damit sich sein Energieniveau anheben kann, da Kommandant Aschtars Raumschiffe dort hindurchfliegen. Sie müssten nicht durch diesen Ort einfliegen, aber wenn sie es tun, können Menschen sie mit bloßem

---

[3] Deutsch: *Das Schweigen der Steine*. Ansata Verlag, München 2003

Auge sehen und sie fotografieren. Die Raumschiffe transportieren Passagiere, die wir Außerirdische oder Aliens nennen würden. Diese sind aber wirklich freundliche, hoch entwickelte Wesen von anderen Planeten, die Kontakt mit den Menschen aufnehmen möchten. Wir sagen hier nicht, dass uns alle Außerirdischen freundlich gesonnen sind, aber diejenigen, die in Kommandant Aschtars Raumschiffen transportiert werden, sind es. Sie sind für die meisten Menschen unsichtbar, aber es wird ein unbewusster Kontakt hergestellt, um uns daran zu erinnern, dass sich dort draußen ganze Welten befinden.

KOMMANDANT ASCHTAR

Kommandant Aschtar gehört zur Hierarchie der Großen Zentralsonne. Er ist Kommandant der intergalaktischen Flotte, die aus einer gewaltigen Raumschiffflotte besteht, die in der Nähe der Erde stationiert ist und in diesem Universum patrouilliert. Er ist ein sehr hochfrequenter Meister, der für das höhere Wohl unseres Planeten arbeitet und dessen besondere Aufgabe darin besteht, das spirituelle Potenzial der Menschen zu erwecken. Außerdem beschützt er uns und den Planeten. Viel Licht wird aus seinen Raumschiffen zu den Menschen ausgestrahlt, und er lädt diejenigen, die Machu Picchu besuchen, ein, in seinen Raumschiffen durch das Universum zu reisen.

Wenn Sie Machu Picchu besuchen, werden Sie daran erinnert, dass Sie aufsteigen können. Kommandant Aschtar arbeitet mit den Einhörnern, und wenn er kommt, begleiten sie ihn, um uns Erleuchtung zu bringen und unseren Aufstieg zu beschleunigen. Sie lassen ihr Licht auf diese Stadt des Aufstiegs scheinen.

Thot war auf dem Höhepunkt des goldenen Zeitalters von Atlantis einer von ursprünglich zwölf Hohepriestern und -priesterinnen. Er kehrte auf die Inseln zurück, als das atlantische Experiment abgebrochen wurde, und führte seinen Stamm an einen speziell vorbereiteten Ort. Auf Seite 162 beschreibe ich, wie Paul der Venezianer die Flamme der Freiheit aus dem Tempel der Sonne in Atlantis entfernte, um das Land auf den Stamm Thots vorzubereiten. Daraufhin begründete Thot die Zivilisation der Inka. Es waren die Weisen der Inka, die das heilige Portal in dem in den Bergen versteckten Machu Picchu erbauten. Man erreichte es nur nach einem anstrengenden Anstieg, währenddessen man eine Reihe von Läuterungsritualen ausführen musste.

Als Hohepriester von Atlantis hatte Thot Kontakt zum intergalaktischen Konzil, von dem er die geistigen Gesetze für die Erde empfing. Aufgrund seiner gewaltigen Macht konnte er die Metalle des Planeten gebrauchen, um die Leylinien zu etablieren, die benutzt wurden, damit die damaligen Menschen fliegen konnten. Thot bewacht das Portal in Machu Picchu.

Er organisiert auch die Kornkreise auf der Erde und jenseits von ihr. Er erlaubt es den Engeln der Kommunikation und ihren Helfern, die Kornkreise zu erschaffen und sie dort zu platzieren, wo ihre Botschaften am dringendsten gebraucht werden. Viele von ihnen befinden sich in der Nähe von Avebury im Südwesten von Großbritannien, weil dieses Gebiet auf die noch kommende spirituelle Arbeit vorbereitet wird. Sie werden auch in China platziert, um die Menschen dort zu überzeugen, ihre rechte Gehirnhälfte zu öffnen, während sie das rational gesehen Unerklärliche erforschen.

Kaum hatten wir realisiert, dass die Einladung von Machu Picchu nicht veröffentlicht werden konnte, fotografierte Kathy ihren Sohn Harry. Vor ihm erschien ein Orb, in dem Engel mit einem Meister zu sehen waren. Ich musste lachen, weil ich sofort wusste, dass dies Kommandant Aschtar war. Kathy sagte mir, dass ihr Sohn ein leidenschaftliches Interesse an allem hatte, was mit dem Weltall und interstellaren Themen zu tun hat.

Foto Nummer 43: Engel der Erzengel Gabriel und Michael mit Kommandant Aschtar, fotografiert von Kathy Crosswell.

Wenn Sie sich den Orb auf Foto Nummer 43 anschauen, erhalten Sie eine Einladung, mit Kommandant Aschtar intergalaktisch zu reisen.

Kapitel 42

NEUE AUFGESTIEGENE MEISTER

GEORGE

2007 verstarb Kathys Bruder George im Alter von nur 55 Jahren. Er war ein ganz besonderer Mann. Als er hinüberging, stieg er auf. Er war auch schon in früheren Leben aufgestiegen. Kathy erzählte mir, dass er in verschiedenen Leben Pilot gewesen sei und immer bei einem Flugzeugabsturz ums Leben gekommen war. In einer weit zurückliegenden Vergangenheit war er der Pilot eines Raumschiffs und in jüngerer Vergangenheit steuerte er ein Kampflugzeug während des Zweiten Weltkriegs, flog viele erfolgreiche Missionen, bis sein Flugzeug bei einer Landung verunglückte. Es ist offensichtlich, dass er sich sehr schnell reinkarniert hatte, um die gegenwärtigen Bedingungen auf der Erde mitzuerleben, denn in seinem letzten Leben faszinierte ihn alles, was mit Wissenschaft und Technologie zu tun hatte. Auf der anderen Seite lehrt er nun die Geister von Kindern, die hinübergegangen sind, aber auch jene, die noch leben, aber im Schlaf ihren Körper verlassen, die höheren wissenschaftlichen Prinzipien. Er arbeitet mit Pythagoras zusammen, mit dem er heilige Geometrie lehrt, sowie mit Metatron und Hilarion. Er hilft auch, die Orbs bekannter zu machen. Kathy sagt, er liebt diese Arbeit geradezu.

Foto Nummer 44a:
Erzengel Christiel und
Meister George, fotografiert
von Diana Cooper.

Wenn Sie sich den Orb auf den Fotos Nummer 44a und 44b anschauen, empfangen Sie eine Verbindung zu den wissenschaftlichen Meistern, die sich in Übereinstimmung mit dem göttlichen Plan befinden.

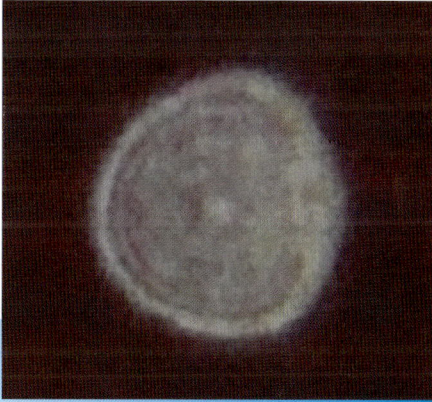

Foto Nummer 44b:
Vergrößerung von Foto 44a.

Ich nahm Foto Nummer 44 in Kathys Haus auf, nachdem wir gemeinsam daran gearbeitet hatten, Informationen für dieses Buch zu empfangen. Ich machte einfach ein paar Aufnahmen ihrer Haustiere, um zu sehen, ob irgendwelche Orbs da wären, und war völlig begeistert, als ich sah, dass gleich mehrere anwesend waren. Ihr Rottweiler Jake, der auf dem Rücken lag, drehte plötzlich seinen Kopf, als ich ein Foto machte. Wie Sie selbst sehen können, schaut er ganz glücklich den Orb an, der in den Raum gekommen war. Es ist Erzengel Christiel, der Kathys Bruder, den Meister George, mit sich führt.

EUGENE MCGILLS MUTTER

Als Eugene uns die wunderschönen Orb-Fotos schickte, die in diesem Buch veröffentlicht wurden, teilte er uns mit, dass er sie während des Hinübergehens seiner Mutter aufgenommen hatte. Er fügte hinzu, dass eine ganze Menge Seelen außerhalb des Hauses anwesend war, als seine Mutter zur Wintersonnenwende am 21. Dezember 2007 beerdigt wurde.

Erzengel Michael erzählte uns, dass die Erzengel die großen aufgestiegenen Meister gebracht hatten, um sie abzuholen, als sie dabei war aufzusteigen. Was für ein herrlicher Empfang im Himmel!

Eugenes Mutter unterweist nun Kinder, die hinübergegangen sind, in Spiritualität. Sie gibt ihnen kosmische Informationen, damit sie einen erweiterten Horizont bekommen. Außerdem unterrichtet sie die Geister gewisser Kinder während des Schlafes.

Ich unterhielt mich mit Eugene am Telefon über seine Mutter. Er sprach mit großer Liebe von ihr. Er beschrieb sie als einen Glücksstern, als eine wirklich gute Frau. Sie war die typische hingebungsvolle Mutter von sechs Kindern und die Großmutter von sechs heiß geliebten Enkelkindern. Eugene beschrieb sie als warmherzige, fürsorgliche Person, die immer Zeit für alle hatte und immer sehr positiv war. Sie liebte Landschaftsmalerei und Gartenarbeit, war aber immer sehr bescheiden, wenn es um ihre Talente ging.

Er sagte, während der Beerdigung herrschte im Haus eine Atmosphäre überwältigender Liebe. Jemand kam zu ihm und sagte: »Es tut mir leid wegen Ihres Verlustes, aber ich habe gehört, sie war ein so wunderbarer Mensch.« Er fügte hinzu, dass sie so jung aussah und dass dies allen aufgefallen war. Ich bin mir sicher, dass dies das Licht gewesen sein muss, das durch sie hindurchgestrahlt hat.

Ich liebe diese Beschreibung einer Frau, die ein ganz gewöhnliches familienorientiertes Leben mit einer solchen Liebe, Integrität und Fürsorglichkeit geführt hat, dass sie aufstieg.

DER AUFSTIEG VON AGATHAS VATER

Agatha hielt die Hand ihres Vaters, als dieser starb. Als er seinen Körper verließ, verspürte sie einen ganz wundervollen Frieden und eine große Freude, wie sie sie weder vorher noch nachher jemals wieder gespürt hat. Später erfuhr sie, dass sie ein »Consolatum« erhalten hatte, als er aufgestiegen war. Wir erfuhren, dass ein Consolatum, also eine Trost spendende Gabe, ein Geschenk der Engel war, weil sie ihm dabei geholfen hatte, aufzusteigen. Wenn Sie jemandem helfen, aufzusteigen, empfangen Sie diese Energie ebenfalls.

Kapitel 43

DIE MEISTER DES ORION

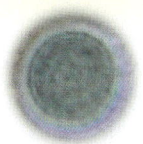

O rion ist einer der vier Sterne, die eng mit der Heilung und dem Aufstieg der Erde verbunden sind. Er ist als der Stern der Weisheit und Erleuchtung bekannt, weil Wesen, die von dort stammen, ein weitaus höheres Maß an kosmischem Wissen besitzen als wir. Die anderen drei Sterne und Planeten sind die Plejaden, Sirius und Neptun.

Als ich eines Tages in der Hintertür meines Hauses stand und Fotos von meinem Garten machte, hatte ich ein außergewöhnliches Erlebnis. Als ich auf den Bildschirm der Kamera schaute, erschien der auf Foto Nummer 45 zu sehende Orb dort so groß, dass ich instinktiv zurückwich. Später erfuhren wir, dass dieser Orb ein Einhorn war, das zwei Meister vom Orion transportierte, die in mein Bewusstsein eintreten wollten, um es zu erweitern. Unglücklicherweise sorgte meine plötzliche Rückwärtsbewegung dafür, dass sie nicht in mein Energiefeld eintreten konnten, aber Kumeka versicherte mir, dass sie eines Tages zurückkehren würden. Ich war völlig fasziniert, deshalb stellte ich ein paar Fragen und erfuhr Folgendes.

Orion wird von den sieben Meistern des Orion beherrscht. Sie richten sieben Strahlen auf die Erde, die jeweils einen anderen Aspekt der Weisheit enthalten.

1. Die Fähigkeit, den Verstand zum Verstummen zu bringen, damit er auch aufnahmefähig ist, wenn Sie etwas hören.

2. Die Fähigkeit, die göttliche Wahrheit zu spüren.
3. Die Fähigkeit, die göttliche Wahrheit auf einer
   ganz tiefen Ebene zu verstehen.
4. Die Fähigkeit, dementsprechend zu handeln.
5. Die Fähigkeit, anderen die göttliche Wahrheit auf
   eine Weise nahezubringen, dass sie auf einer tieferen
   Ebene verstanden werden kann.
6. Die Fähigkeit, zu spüren, wer man ist.
7. Die Fähigkeit, mit Gott zu verschmelzen.

Die großen Meister des Orion brachten mir offensichtlich den sechsten und siebten Strahl.

Wenn Sie sich den Orb auf Foto Nummer 45 anschauen, werden Sie mehr darüber wissen wollen, wodurch sich Kontaktmöglichkeiten zu Menschen ergeben, die Ihnen dabei helfen können.

Foto Nummer 45: Ein Einhorn bringt zwei Meister vom Orion, fotografiert von Diana Cooper.

Wenn Sie sich den Orb auf Foto Nummer 45 anschauen, wird Ihr Geist erweitert werden, um höhere Wahrheiten aufzunehmen.

Kapitel 44

DIE ÄTHERISCHEN REFUGIEN DER MEISTER

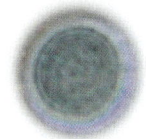

So wie Sie bestimmte Orte haben, an denen Sie sich besonders wohlfühlen, so haben sich die Meister im Äther bestimmter Orte Refugien erschaffen, in denen sie sich besonders zu Hause fühlen. Sie können diese Orte während der Meditation oder im Schlaf aufsuchen und die Energie des Meisters aufnehmen, seine Lehren oder heilende Energie empfangen. In manchen Fällen befindet sich das Refugium über dem Gebiet, manchmal ist es aber auch mittendrin. Die Klarheit Ihrer Besuchsabsicht ist einer der entscheidenden Faktoren, der Sie dorthin bringen wird. Der andere ist Ihre Fähigkeit, sich auf die Schwingung des betreffenden Refugiums einzustimmen.

Für manche Menschen ist es sehr hilfreich, sich an den Ort der physischen Entsprechung des Refugiums zu begeben, weil sie dort das Licht der Meister leichter aufnehmen können.

DIE RÄNGE DER AUFGESTIEGENEN MEISTER

Die meisten, aber nicht alle aufgestiegenen Meister können unabhängig von ihrem Geschlecht mit dem Titel Meister angesprochen werden. Alles hängt von ihrem Lichtniveau ab. Jene, die weiter entwickelt sind, werden zu Herren des Lichts und werden dann Herr oder Herrin genannt. Jene Meister, die Heilige sind, habe ich als solche bezeichnet, zum Beispiel die heilige Klara, obwohl sie auch eine Herrin des Lichts ist. Melchisedech zum Beispiel ist ebenfalls ein Herr des Lichts, allerdings strömen viele Energien in ihn ein. Wenn er zu einer Gruppenenergie wird, ist seine Schwingungsfrequenz höher als die eines Herrn.

DIE REFUGIEN DER AUFGESTIEGENEN MEISTER

Herr El Morya und Meister Abraham	Die beiden haben Refugien im indischen Kalkutta und in Kaschmir.
Herr Lanto	Tief in den Wäldern Zentralchinas. Manchmal kann man ihn auch im Royal Teton Refugium in den Teton-Bergen in Wyoming erreichen.
Herr Paul der Venezianer	Château de Liberté, das Schloss der Freiheit in Südfrankreich.
Herr Serapis Bey	Über Luxor in Ägypten.
Herr Hilarion	Hilarion stammt vom Saturn und transformiert seine Energie durch den Tempel der Wahrheit über der griechischen Insel Kreta, wo er sein ätherisches Refugium etabliert hat.
Herrin Maria Magdalena	Über der Kapelle von Rosslyn in Schottland.
Herrin Nada	Über Saudi-Arabien oder Tibet.
Herr Kumeka	Über Caracas, Venezuela. Er tritt auch durch die Kirche von Knowle im englischen Dorset auf die Erde ein.
Herr Wuslu	Stonehenge, England.
Herr Gautama	An der Quelle des Yangzi in China.

Herr Rákóczi	Im Kreml, Moskau, Russland (siehe den Orb auf Foto Nummer 38, Seite 180).
Herrin Guanyin	Entlang der Seidenstraße in China.
Der Herr Babaji	Im Himalaja.
Heilige Klara	Rom, Italien.
Heilige Katharina	Siena, Italien.
Heilige Teresa	Avila, Italien.
Herr Djwal Khul	Mumbai, Indien.
Herr Saint Germain	Köln, Deutschland.
Herr Kuthumi	Agra, Indien.
Herr Jesus	Am Ölberg, Jerusalem, Israel. (Jesus arbeitet heute spezifisch durch eine Person, einen New-Age-Lehrer.)
Herr Maitreya	Sein Hauptrefugium befindet sich über dem Konfuzius-Tempel Zhangpu, China. Er hat aber noch ein Refugium im indischen Varanasi (dem früheren Benares).
Herr Melchisedech	Guam oder Vietnam.

Es gibt sieben wichtige Refugien, die Sie aufsuchen müssen, wenn Sie aufsteigen wollen.

1. Erzengel Sandalphon in der magischen Kristallhöhle in Guatemala.
2. Mutter Maria in Lourdes, Frankreich.
3. Erzengel Metatron in Luxor, Ägypten.
4. Meister Wuslu in Stonehenge, England.
5. Erzengel Butyalil bei den Pyramiden, Ägypten.
6. Meister Maitreya im Konfuzius-Tempel, Zhangpu, China.
7. Meister Melchisedech in Guam oder Vietnam.

TEIL 4

NATUR, TIERE, STERNE

Kapitel 45

NATUR

WIRKT SICH DIE NATUR AUF UNSEREN AUFSTIEG AUS?

Da wir Menschen stark von der Natur beeinflusst werden, ist es wichtig zu verstehen, wie wir uns auf allen Ebenen von der Natur unterstützen lassen können. Wenn man den Kontakt zu Bäumen, Gräsern, Vögeln oder Blumen verliert, kann man deren kosmische Energie nicht nutzen. Der Mensch wird Mutter Natur entfremdet und verhungert gewissermaßen. Wenn man sich aber viel in der Natur, in den Wäldern und Bergen und im Wasser aufhält, bereichert einen das Prana und die Weisheit der Natur auf physischer wie spiritueller Ebene.

WER KÜMMERT SICH UM DAS REICH DER NATUR?

Erzengel Purlimiek kümmert sich im Auftrag der Engelhierarchie um die Natur. Zudem gibt es Meister der Elementarwesen, die für verschiedene Aspekte zuständig sind.

WER IST DER MEISTER, DER FÜR STÜRME, HURRIKANS, ERDBEBEN, WALDBRÄNDE, TSUNAMIS UND ÜBERSCHWEMMUNGEN VERANTWORTLICH IST?

Hinter allen Naturereignissen steckt ein Stratege, der für Planung und Ausführung verantwortlich ist. Der große Meister Poseidon, einer der ersten Hohepriester während des goldenen Zeitalters von Atlantis, nach dem der Tempel des Poseidon benannt wurde und der in der griechischen Mythologie in den Status eines Gottes erhoben wurde, ist wie ein Politiker, der diskutiert und plant.

WIE WIRD EIN STURM HERVORGERUFEN?

Poseidon kann beschließen, dass ein Sturm erzeugt werden muss, um eine bestimmte Gegend zu reinigen. Er gibt diese Information weiter an Dom, den Elementarmeister der Luft, der den Sylphen – den Elementarwesen der Luft – Befehle erteilt. Die Elementarwesen gehorchen, aber sie geraten leicht außer Kontrolle, wenn sie zu viele Emotionen der Menschen aufnehmen. Dann kommen die Engel, um Mensch und Natur zu beschützen. Aus diesem Grund sieht man häufig Engel des Schutzes während extremer Wetterereignisse.

WIE WERDEN ERDBEBEN GEPLANT?

Die Seele der Herrin Gaia, in deren Obhut sich die Erde befindet, umhüllt den Planeten. Sie gehört zu den Thronen, einem der höchsten Ränge in der Hierarchie der Engel. Wenn ein Erdbeben notwendig ist, um zum Beispiel festsitzende negative Energie aus einer Gegend zu entfernen oder um die Menschen, die dort leben, wachzurütteln, beraten sich Poseidon und Gaia und treffen gemeinsam eine Entscheidung. Dann geben die beiden den Elementarwesen der Erde den Befehl und die Gnome, Feen, Kobolde und Elfen führen diesen aus.

WER BESCHLIESST ÜBERSCHWEMMUNGEN UND TSUNAMIS?

Das Wasser ist ein Element, das reinigt und läutert, auch wenn Ihnen das natürlich nicht so vorkommen wird, wenn Ihr Haus einmal überschwemmt worden ist. Auf der emotionalen und parapsychischen Ebene spült Wasser das Alte fort. Wenn Poseidon also beschließt, dass er eine Flutwelle erzeugen will, gibt er dem Meister des Wasserelements Neptun den Befehl dazu. Neptun wiederum befehligt die Elementarwesen des Wassers, die Nixen, Wasserkobolde und Kyhils. Zudem organisiert er Wuryls, die Elementarwesen, die sich um die Geister kümmern. Diese Elementarwesen bewegen dann die Wassermassen.

WER STECKT HINTER WALDBRÄNDEN?

Poseidon erarbeitet die Strategie und übergibt diese Thor, dem Meister des Elements Feuer. Thor wiederum befehligt die Salamander. Wenn die Menschen, die in Ländern leben, in denen es häufig zu Waldbränden kommt, lernen würden, mit den Salamandern Kontakt aufzunehmen, würden Feuer nur zum Zwecke der Läuterung und Erneuerung entstehen. Die ungeheure Zerstörung, die manchmal stattfindet, wenn die Elementarwesen außer Kontrolle geraten, würden dann der Vergangenheit angehören.

KÖNNEN MENSCHEN DIE STÄRKE EINES STURMS BEEINFLUSSEN?

Ja, denn Gedanken und Gefühle haben eine ungeheure Wirkung. Die Elementarwesen erhalten den Befehl, eine bestimmte Gegend zu reinigen, und werden diesen Befehl mit aller Kraft, aber auch voller Respekt ausführen. Da sie allerdings für die Gedanken und Gefühle der Menschen sehr empfänglich sind, können die menschlichen Ängste sie durchaus zur Raserei treiben. Dann entsteht natürlich großer Schaden.

Vor Kurzem wurde ein starker Sturm für den Teil des Landes vorhergesagt, in dem ich lebe. Also segnete ich die Bäume und Blumen in meinem Garten, bedankte mich bei ihnen und sandte ihnen meine Liebe. Ich machte mir Sorgen um das große Trampolin, das ich auf dem Rasen für meine Enkelkinder aufgestellt hatte, aber als ich während einer Regenpause Fotos davon machte, sah ich, dass sich viele Orbs mit Engeln des Schutzes darum platziert hatten. Vor den Hecken befanden sich ebenfalls Engel des Schutzes. Ich bat die Elementarwesen, in der Umgebung meines Hauses besonders sanft zu sein.

Dann ging ich zu Bett und schlief tief und fest. Am Morgen entdeckte ich, dass in der nächsten Straße Bäume umgestürzt und auch einige Häuser ziemlich beschädigt waren, aber mein Garten war vollkommen unberührt.

Als Kathy und ich Erzengel Michael zu den Stürmen befragten, fiel mir eine Begebenheit ein, die sich ereignet hatte, als ich auf einer karibischen Insel lebte und ein Hurrikan angekündigt worden war. Es wurde totenstill, und der Himmel war schwarz. Die Tiere drängten ins Haus. Man konnte die Panik förmlich riechen. Geschäfte wurden geplündert, Polizeiautos patrouillierten durch die Straßen und über Lautsprecher wurden wir aufgefordert, Wasser zu speichern. Die Kinder und ich zogen uns in ein Schlafzimmer zurück und spielten Gesellschaftsspiele. Dann schliefen wir alle in einem großen Bett. Am nächsten Morgen erfuhren wir, dass der Hurrikan die Insel verschont hatte. Erzengel Michael sagte uns, dass unsere Ruhe und die einer ausreichenden Zahl anderer Menschen ausgereicht hatte, die Insel vor dem Sturm zu schützen. Und dies obwohl ich damals spirituell gesehen noch völlig unbewusst war.

Kapitel 46

BÄUME
UND BLUMEN

Viele Menschen betrachten Bäume als ihre Freunde, unter denen sie Schutz suchen oder Trost finden können. Sie realisieren vermutlich nicht, dass die Bäume die Hüter uralter Weisheit sind. Sie sind fühlende Wesen, die alles über ihre Umgebung wissen und diese Informationen speichern. Da sie mit allen anderen Bäumen auf der Welt kommunizieren, existiert ein riesiges Baum-Netzwerk, in dem Wissen gespeichert und ausgetauscht wird.

Wenn Sie sich gegen einen Baumstamm lehnen oder eine Zeit lang mit offenem Herzen unter einem Baum sitzen, stimmen Sie sich automatisch auf seine Energie ein. Dann kann es vorkommen, dass er mit Ihnen kommuniziert. Bäume übertragen auch Heilung und Frieden auf Sie.

DER BAUM UND DIE HIRSCHE

Hilary und Pauline gingen regelmäßig auf den Klippen am Meer spazieren und freundeten sich mit einem großen, sehr alten Baum an. Sie pflegten sich unter ihn zu setzen und genossen den Schatten, den er ihnen bot. Sie entdeckten, dass ihnen stets unerwartete Gedanken in den Sinn kamen, wenn sie sehr still waren. Sie fragten sich, ob der Baum ihnen wirklich diese Dinge zuflüsterte. Da sie aber im wissenschaftlichen Geist erzogen worden waren, hatten sie starke Zweifel und dachten, dass diese Informationen aus ihrem eigenen Unterbewusstsein stammen müssten.

Eines Tages baten sie den Baum, ihnen einen Beweis dafür zu liefern, dass er tatsächlich mit ihnen gesprochen hatte. Hilary ist sehr hellsichtig und sah augenblicklich das Bild eines Feldes mit einem Wald im Hintergrund. Hirsche liefen am Waldesrand entlang. Der Baum sagte, dass die Szene in Tschechien spielte und dass die Hirsche in Gefahr waren.

Keine von beiden wusste irgendetwas über Hirsche und schon gar nicht irgendetwas über Hirsche in Tschechien, deshalb fragten sie sich natürlich, was für eine Art Beweis das wohl sein sollte. Als sie sich am nächsten Tag eine Sendung über Natur im Fernsehen ansahen, wurde auch ein Beitrag gezeigt, der von Hirschen in Tschechien handelte. Darin sah man ein Feld mit einem Wald dahinter, vor dem Hirsche hin und her liefen. Der Sprecher erzählte, dass die Tiere unter Fußfäule litten, weil das Wetter so feucht gewesen war.

Sie hätten keinen überzeugenderen Beweis von dem Baum bekommen können! Sie waren in das subtile Kommunikationsnetzwerk des Planeten eingebunden worden, um den Tieren heilende Energie zu schicken.

DIE PFLANZEN UND DER MONDZYKLUS

Bäume reagieren wie alles Lebende auf die Zyklen der Natur. Ein älterer Freund von mir lebte als Kind in Trinidad, wo seine Eltern auf ihrer Plantage Kakao anbauten. Sie wollten Gummibäume pflanzen, die den Kakaobäumen Schatten spenden sollten. Der weise einheimische Vorarbeiter sagte: »Sie können die Gummibäume erst bei Neumond pflanzen.« Aber der Chef bestand darauf, dass sie noch am selben Tag gepflanzt würden. Alle Setzlinge gingen ein, und die Gummibäume mussten beim folgenden Neumond neu gepflanzt werden.

KÖNNEN BÄUME UNS BEIM AUFSTIEG HELFEN?

Ja, das können sie. Wenn Sie Kontakt zu einem starken, gesunden Baum aufnehmen, empfangen Sie von ihm feinstoffliche Energie, die Ihre Schwingungsfrequenz anhebt. Die Energie schenkt Ihnen Heilung, Trost oder Wissen und bindet Sie in die Einheit der Natur ein. Da bestimmte Bäume Sie beschützen können, absorbiert eine Hecke um Ihren Garten Negativität von den Nachbarn. Andere Bäume heilen, indem Sie die Schwingung Ihres Schmerzes aufnehmen und diese durch die Wurzeln in die Erde leiten, wo sie umgewandelt wird. Sie leiten auch höhere Energien in Sie hinein.

Gehen Sie bei jeder sich bietenden Gelegenheit im Wald oder im Park spazieren, denn die Bäume können Ihnen auf vielerlei Weise helfen und Sie beim Aufstieg unterstützen.

WIE KANN ICH MEINEN PFLANZEN HELFEN?

Selbstverständlich brauchen Pflanzen und Samen Wasser und physische Nahrung in der Form guter Erde. Sie brauchen genügend Sonne und ausreichend Schatten. Aber sie brauchen auch Prana, die göttliche Lebenskraft. Daher hilft es ihnen enorm, wenn Sie sie segnen und ihnen Ihre Liebe schicken. Wenn Sie ihre physischen wie spirituellen Bedürfnisse erfüllen, werden Ihre Pflanzen es Ihnen mit üppigem Wachstum, wunderschönen Blüten und nahrhaften Früchten danken.

Die Pflanzen und die Elementarwesen, die sich um sie kümmern, reagieren auf spirituelle Schwingungen. Als Kathy und ich in meinem Wintergarten waren, wo wir uns mit Erzengel Michael über Mutter Maria unterhielten, beobachtete ich, wie die Elementarwesen, die normalerweise sehr scheu sind, aus der Hecke kamen, als ob sie zuhören wollten. Ich bin mir sicher, dass sie auch die Energie des Erzengels absorbieren wollten.

IST ES SPIRITUELL GESEHEN AKZEPTABEL, PFLANZEN ZU ESSEN?

Ja, denn Pflanzen entwickeln sich auf vielerlei Weise, unter anderem dadurch, dass sie der Menschheit dienen. Wenn Sie eine Pflanze segnen, bevor Sie sie schneiden, kochen oder essen, hilft das Ihnen selbst, aber auch dem ganzen Pflanzenreich.

WAS TUN BLUMEN FÜR UNS?

Blumen schenken uns weitaus mehr, als wir uns oft bewusst sind. Feen sind süß, rein und unschuldig, aber sie haben auch große Verantwortung und große Macht. Sie nehmen die Energie von Engeln und Einhörnern auf und halten sie aufrecht, um Mensch und Natur zu helfen. Zudem übertragen Sie bestimmte Energien auch auf die Blumen.

Jede Farbe, die eine Blüte ausstrahlt, trägt Liebesenergie der Engel in sich, die von den Erzengeln heruntergeladen wurde. Die Feen übertragen diese Farbe auf die Pflanze, die sie wiederum in den Äther ausstrahlt. Sie können dieses Licht der Engel einfach dadurch aufnehmen, dass Sie die Blüte anschauen. Sie werden sie noch tiefer aufnehmen, wenn Sie sie einatmen. Wenn Sie Maler sind, wird das Malen der Blumen voller Dankbarkeit und mit der richtigen Intention die Liebesenergie der betreffenden Farbe in Sie einströmen lassen. Ein fröhlicher Gärtner erzeugt einen gegenseitigen Energieaustausch.

In den Ländern, die Jahreszeiten kennen, blühen die Blumen, wenn die Menschen ihre Essenz am meisten brauchen. Im Winter sieht man rote Beeren, die die Lebenskraft stärken. Danach bringen die Schneeglöckchen Läuterung und Hoffnung. Zu Beginn des Frühlings ist Gelb die dominante Farbe, weil Gelb die Farbe des Sonnenscheins und des Erwachens ist. Hyazinthen heben die Energie zum dritten Auge, sobald das Erwachen stattgefunden hat. Anschließend gibt es während des Sommers alle möglichen Farben, die sich zu Beginn des Herbstes in Orange- und Rottöne verwandeln, wenn das Laub seine Farbe wechselt. Natürlich fühlen Sie sich immer zu den Blütenfarben hingezogen, die Sie gerade benötigen.

Grünes Gras und grünes Laub senden Ihnen das ganze Jahr über heilende, ausgleichende Energie.

WIE KÖNNEN BLUMEN UNS BEIM AUFSTIEG HELFEN?

Es ist sehr schwierig, spirituell verbunden zu bleiben und aufzusteigen, wenn man in einem Betondschungel lebt. Viele der gegenwärtigen Probleme auf Erden werden von Menschen verursacht, die von allem Natürlichen abgeschnitten sind. Pflanzen und Blumen bieten uns nicht nur ihr reines Licht, sondern auch Heilung und die besondere Energie, die Sie jeweils brauchen, um auf dem Weg des Aufstiegs voranzuschreiten.

Blumen bei einem Begräbnis helfen nicht nur den Trauernden, sondern auch der Seele des Verstorbenen. Die Engel können die Essenz der Blumen aufnehmen und sie benutzen, um dem Geist auf der anderen Seite zu helfen. Dadurch wird dessen Reise ins Licht beschleunigt. Falls die Seele schon beinahe dazu bereit ist, kann die Energie der Blumen ihr helfen, aufzusteigen.

Kapitel 47

TIERE

Tiere können uns beim Aufstieg helfen. Sie schenken uns Liebe und Hingabe und dienen uns auf unserem spirituellen Weg. Dass ich dies für mich selbst entdeckte, verdanke ich den Tigern.

DIE KATZENFAMILIE

Alle Katzen, darunter auch die Großkatzen wie Tiger, Löwen, Leoparden und Panther, stammen vom Orion, der als Stern der Weisheit gilt. Sie tragen Eigenschaften der Erleuchtung in sich und sind medial veranlagt. Daher sehen sie Geister und Energien, können heilen und beschützen die Menschen, denen sie sich nahefühlen. Hauskatzen kümmern sich um ihre Familien und beschützen sie vor unerwünschten Geistern und Wesenheiten. Wenn Sie eine Katze sehen, die auf etwas starrt, was für Sie unsichtbar ist, beobachtet sie ziemlich sicher einen Geist. Wenn es ein Angehöriger ist, der Sie besucht, wird sie einfach nur zuschauen, aber wenn es sich um eine bösartige oder unerwünschte Wesenheit handelt, können Sie sehen, dass sich ihr die Haare sträuben. Vielleicht faucht sie die Bedrohung sogar an. Eine Katze kann Schutz herbeirufen und wird sich um Sie kümmern. Die Familienkatze versucht zudem, die Frequenz im Haus so hoch wie möglich zu halten.

Während Hauskatzen die Wohnung vor parapsychischen Eindringlingen beschützen, beschützen die Großkatzen den Planeten. Weil sie hochgradig erleuchtete Wesen sind, verankern sie zudem ihre Schwingungsfrequenz auf Erden, um ihr zu helfen, das Lichtniveau aufrechtzuerhalten. Sie inkarnieren sich hier, um irdische Erfahrungen zu machen, aber sie sind auch wilde Geschöpfe mit tierischen Instinkten. Sie sind nicht wie die meisten von uns hier, um etwas zu lernen, sondern um uns Eigenschaften wie Würde, Mut, weibliche Kraft, Unabhängigkeit und Erleuchtung zu lehren. Leider haben wir Menschen die Katzenpopulation ohne Mitleid und ohne Verständnis für die wahren Konsequenzen für den Planeten dezimiert.

DER TIGERTEMPEL

Anfang 2008 flog ich nach Thailand, um dort Urlaub zu machen. Wir hatten von einem Kloster namens Wat Pa Luangta Bua gehört, deren Mönche ein Wildreservat errichtet hatten, das verletzte Tiere aufnahm. Sie werden dort liebevoll betreut, dürfen frei im Gelände umherstreifen und werden, wenn sie so weit sind, wieder ausgewildert. Man nennt dieses Kloster den Tigertempel, weil die Mönche Tigerjunge aufnehmen und aufziehen, deren Mütter von Wilderern getötet wurden. Die jungen Tiger sind dort willkommen und werden mit solcher Hingabe gepflegt, dass sie sich dort stark vermehrt haben.

Es war abzusehen, dass der Tempel Geld brauchen würde, um die wachsende Tigerpopulation unterzubringen und zu füttern. Zudem fand der Abt, dass die Menschen diese großartigen Geschöpfe aus der Nähe kennenlernen und erfahren sollten, was Liebe bewirken kann. Nachdem er darüber meditiert hatte, beschloss er mutig, das Reservat für Besucher zu öffnen.

Als wir das Reservat besuchten, war das Erste, was wir sahen, drei nur vier Wochen alte Fellknäuel, die mit ihren Betreuern im Sand spielten. Andere Tiger lagen entspannt herum. Man warnte uns, dass wir nicht vor ihnen umhergehen sollten, dass wir sie aber von hinten berühren konnten. Außerdem gab es noch viele andere Warnhinweise.

Ich ging einen Abhang hinunter zu dem ältesten Tiger, einem riesigen Männchen. Als ich eine Hand fest auf seinen Rücken legte, konnte ich seine Kraft spüren. Später setzte ich mich auf die Erde, und er legte mir seinen riesigen, wunderschönen Kopf in den Schoß. Während wir so zusammensaßen, dankte ich ihm auf telepathischem Wege dafür, dass er sich um den Planeten kümmerte. Plötzlich hob er den Kopf und sah sich um, als suche er nach der Quelle dieser Botschaft. Dies erregte die Aufmerksamkeit des Abtes, der augenblicklich neben mir war, den Kopf des Tigers von mir herunterzog und ihn behutsam auf den Boden legte. Aber ich war begeistert!

Später sagte mir mein Führer Kumeka, dass die Engel mich dorthin geschickt hatten, um dem Tiger diese Botschaft zu überbringen. Er hatte sie tatsächlich empfangen und war dadurch ziemlich aufgemuntert worden. Die Botschaft hatte ihm Hoffnung gegeben.

Ein paar Wochen später rief mich meine Freundin Heather an, eine wunderbare ältere Dame, die seit ihrer Kindheit medial veranlagt ist. Sie erzählte mir, dass sie still dagesessen hatte, als sie plötzlich ein Fellknäuel in ihrem Schoß spürte. Als sie hinsah, erblickte sie ein ganz entzückendes Tigerjunges. Sie erfuhr, dass sein Name Kulah war und dass es von der geistigen Hierarchie als Geschenk für mich geschickt worden war, um meinen spirituellen Fortschritt zu unterstützen. Sie konnte es kaum abwarten, mir davon zu erzählen, und natürlich war ich absolut entzückt. Kulah ist seit diesem Augenblick bei mir geblieben, spielt mit mir und hilft mir.

Ein paar Tage später machte ich in meiner Hintertür stehend während eines Regenschauers Fotos und nahm viele Orbs auf. Einer enthielt den Geist eines Tigerjungen, dessen Kopf man deutlich sehen kann. Kumeka teilte mir sofort mit, dass dies mein Tigerjunges war, das gekommen war, um sich mir auch physisch zu zeigen.

Foto Nummer 46: Kulah, das Tigerjunge, fotografiert von Diana Cooper.

Wenn Sie sich den Orb auf Foto Nummer 46 anschauen, empfangen Sie das Wissen, dass Tiere, die Sie lieben, im Geist bei Ihnen sind, während Sie den Weg des Aufstiegs gehen.

KÜHE

Kühe stammen von Lakuma, einem aufgestiegenen Planeten in der Nähe von Sirius. Sie haben sich hier inkarniert, um zu lernen und um uns etwas über Bodenständigkeit und selbstloses Geben zu lehren. Ihre Großzügigkeit ist unermesslich, aber die Menschen haben ihr gutes Wesen ausgenützt.

Kühe demonstrieren weibliche Eigenschaften wie Fürsorglichkeit und Hingabe, während Bullen uns die männliche Kraft und den Schutzinstinkt zeigen.

Tiere sind sehr wissend. Eine Freundin von mir isst regelmäßig in einem kleinen Pub in der Gegend von New Forest in Hampshire zu Mittag, wo häufig Pferde, Esel und manchmal sogar Kühe frei umherlaufen. Als sie dort eines Tages wieder zu Mittag aß, sah sie zu ihrer Verblüffung eine ganze Kuhherde neben der Straße stehen. Eine Kuh kam sogar ans Fenster, an dem sie saß, und drückte ihren Kopf gegen das Glas, um sie anzuschauen. Ihre Begleiterin fragte den Wirt, was hier vor sich ginge, aber er sagte, dass er so etwas noch nie gesehen hatte. Er fügte hinzu: »Der Landwirt, dem diese Herde gehört, starb vor Kurzem, und die Beerdigung fand heute morgen statt. Der Sarg wurde gerade vorbeigefahren.« Es war offensichtlich, dass die Kühe dies wussten und dass sie sich verabschieden wollten.

ERZENGEL FHELYAI

Es gibt einen Erzengel, der speziell mit den Tieren auf der Erde arbeitet. Sein Name ist Fhelyai. Er arbeitet auch noch mit ihnen, wenn sie in die Welt des Geistes zurückgekehrt sind.

Er heilt die Tiere direkt oder durch Menschen, die Heilkräfte besitzen.

Erzengel Fhelyai hilft den Menschen, sich mit der höchsten Ebene des Tierreiches zu verbinden, wo die Tiere uns Heilung gewähren und Glück schenken. Wenn wir Tiere als dreckige, stinkende, minderwertige Kreaturen betrachten, kann uns ihre Großartigkeit nicht berühren. Wenn wir Kontakt zu ihrer Liebe, ihrem Vertrauen, ihrer Fürsorglichkeit und ihrer unglaublichen Majestät aufnehmen, aktivieren sie unser Aufstiegspotenzial.

Ein Mensch, der seinen Hund oder seine Katze wahrhaft liebt, hat die Tür zur Einheit geöffnet. Dies geschieht auch, wenn Sie ein Tier beobachten und sich auf die göttliche Herrlichkeit dessen einstimmen, was es wirklich ist. Tiere sind unsere großen Lehrer.

Foto Nummer 47:
Erzengel Christiel mit Kumeka,
Erzengel Gabriel mit einem
Engel der Liebe und Erzengel
Jophiel, fotografiert
von Eugenie Morton.

Wenn Sie sich die Orbs auf Foto Nummer 47 anschauen, werden Sie einen tiefen inneren Frieden verspüren, der es Ihnen ermöglicht, über die Herausforderungen des täglichen Lebens hinauszuwachsen.

Foto Nummer 47 wurde von Eugenie Morton im Custer State Park in South Dakota aufgenommen. Die Botschaft lautet, dass sich Tiere auf ihrem eigenen spirituellen Weg befinden und dass auch sie aufsteigen können. Oberhalb des Schädels des Kalbes befindet sich ein winziger Orb von Erzengel Jophiel. Der Erzengel hilft ihm, seine Bestimmung zu finden, die dann zu seinem Aufstiegsweg wird. Der Lebenssinn von Kühen besteht darin, Eigenschaften wie Ruhe, Geduld und göttlich weibliche Weisheit zu entwickeln. Dieses Kalb soll Führungseigenschaften entwickeln, damit es lernt, sich auf seine Instinkte zu verlassen und seine Herde auf sicheres Weideland zu führen, wo die Tiere frei von Angst leben können.

Der Orb auf der linken Seite ist ein sehr aktiver Kumeka mit Erzengel Christiel. Kumeka sorgt dafür, dass die Umgebung sicher, ruhig und störungsfrei ist, während Erzengel Jophiel mit dem Kalb arbeitet. Erzengel Christiel beschützt Kumeka und sorgt dafür, dass das Bewusstsein der Tiere ganz ruhig ist.

Der große Orb oben in der Mitte des Fotos ist Erzengel Gabriel mit einem Engel der Liebe. Erzengel Gabriel strahlt Läuterung auf die Ebene aus, auf der die Tiere grasen, während der Engel der Liebe sie mit seiner Liebe überschüttet.

Zudem sind auf diesem Foto viele Geister-Orbs zu sehen und kleine Engel der Liebe.

Foto Nummer 48: Erzengel Fhelyai
mit einem Engel der Liebe,
fotografiert von Patti McCullough.

Wenn Sie sich den Orb auf Foto Nummer 48 anschauen, empfangen Sie das Wissen, wie wichtig die Liebe der Tiere für Ihren Aufstieg ist.

Der wunderbare Orb auf Foto Nummer 48 ist ein Engel der Liebe mit Erzengel Fhelyai, der mit den Tieren auf der Erde arbeitet, dies aber auch noch tut, wenn sie in die geistige Welt zurückgekehrt sind. Wir haben diesen Orb, der zu einer ganzen Reihe wunderbarer Fotos gehört, die uns Patti McCullough geschickt hat, ausgeschnitten und vergrößert. Auf dem eigentlichen Foto erscheint Erzengel Fhelyai neben ihrem Hund, um ihm zu helfen. Er hilft auch Menschen, Kontakt zum höchsten Potenzial der Tiere aufzunehmen, dank dessen sie uns Heilung und großes Glück bringen können.

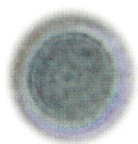

Kapitel 48

DIE STERNE UND IHR EINFLUSS AUF UNSEREN PLANETEN

Die Erde ist nur ein kleiner Planet in einer Galaxie unter Tausenden in einem Universum unter zwölf. Trotzdem ist unsere winzige Welt im großen göttlichen Plan von großer Bedeutung, da die Erde das Herz-Zentrum der Galaxis ist. Wenn wir alle unsere Herzen öffnen, unser Bewusstsein erweitern und aufsteigen, wird dies Auswirkungen haben, die weit über unseren Planeten hinausgehen. Wenn die Erde aber nicht überlebt, wird sich das auf die gesamte Galaxis und letztlich auf das gesamte Universum auswirken. Es ist an der Zeit, dass göttliche Liebe und göttliches Licht überall hin zurückkehren, und das bedeutet nicht nur Brüderlichkeit und Schwesterlichkeit auf Erden. Wir müssen unsere Verbindung zu allen fühlenden Wesen im Universum erkennen und anerkennen.

Die Wesen vom Orion, vom Sirius, von den Plejaden und vom Neptun sind besonders eng mit dem Aufstieg der Erde verbunden und helfen uns auf unermessliche Weise. Sie erreichen uns durch die Pyramiden und schicken höhere spirituelle Informationen, Weisheit und Heilung zu uns. Zudem gibt es Tausende Sterne und Planeten, die mit uns im universellen Netz des Lichtes verbunden sind und uns Energie schicken, damit wir aufsteigen können.

Als die Hohepriester und Hohepristerinnen Atlantis nach dessen Untergang verließen, nahmen sie das Wissen mit sich, wie man Pyramiden erbaut. An neuen Orten arbeiteten sie dann mit den Engeln zusammen, um Pyramiden zu errichten. Einige sind noch in physischer Form erhalten, andere haben immer noch einen energetischen Einfluss.

Diese Hohepriester und -priesterinnen waren:

- Thot führte seinen Stamm nach Südamerika, um die Kultur der Inka zu begründen, die Machu Picchu erbauten.
- Isis ging ebenfalls nach Südamerika und begründete die Azteken.
- Horus ging nach Babylon.
- Ra ging nach Ägypten, um die Linie der Pharaonen zu begründen und um die Sphinx und die Pyramiden zu errichten.
- Set begründete die Kultur der Inuit (Eskimos).
- Imhotep begründete die Kultur der amerikanischen Ureinwohner.
- Hermes ging nach Hawaii, um die Kahunas zu begründen.
- Zeus erschuf die tibetische Kultur.
- Aphrodite erschuf die Maya.
- Apollon ging nach Mesopotamien.
- Poseidon ging nach Griechenland.
- Hera erschuf die Maori-Kultur auf Neuseeland.

(Ausführlichere Informationen über diese Stämme finden sich in meinem Buch *Discover Atlantis*.[4])

---

[4] Deutsch: *Entdecke Atlantis. Das Urwissen der Menschheit verstehen und heute nutzen*. Ansata Verlag, München 2006.

ERZENGEL BUTYALIL

Wir sind nicht nur von Planet zu Planet energetisch miteinander verbunden. Seelen von all diesen Planeten haben sich hier inkarniert, um das Licht ihrer Existenzebene hier auf Erden zu verankern. Die meisten dieser Wesen schwingen auf einer höheren Frequenz als wir und bemühen sich, unser Bewusstseinsniveau anzuheben. Alles ist in ständiger Bewegung und fließt in einem großen kosmischen Meer und die mächtige Macht der Gezeiten trägt uns auf die Frequenz des göttlichen Quells zu.

Erzengel Butyalils Aufgabe ist es, all diese kosmischen Strömungen und Bewegungen im Interesse unseres Planeten im Gleichgewicht zu halten, während er sich dem Aufstieg nähert. Er arbeitet mit Erzengel Purlimiek zusammen, dem das Reich der Natur untersteht, mit Erzengelin Gersisa, der das Erdreich untersteht, und mit den vielen Erzengeln, die für andere Planeten zuständig sind und ähnliche Arbeit auf ihnen vollbringen. Als Botschafter der Erde arbeitet Erzengel Butyalil mit ihnen allen zusammen, und die Einhörner helfen ihm dabei.

Es waren die Erzengel Purlimiek und Butyalil, die vor Kurzem neue Elementarwesen einluden, auf die Erde zu kommen, um den Läuterungsprozess voranzutreiben.

Auch Erzengel Metatron arbeitet eng mit Erzengel Butyalil zusammen. Die beiden sorgen dafür, dass die richtigen Umstände herrschen, damit die Menschen ihr Sternentor-Chakra öffnen können.

Foto Nummer 49: Die Erzengel Zadkiel und Christiel bringen gemeinsam mit einem Engel der Liebe ein Anch, fotografiert von Stuart und Audrey Mackie.

Wenn Sie sich den Orb auf Foto Nummer 49 anschauen, erhalten Sie die Einladung, die große Pyramide aufzusuchen, wo Sie Informationen über Ihren Aufstiegsweg erhalten werden.

Das erstaunliche Foto Nummer 49, das ein Anch-Symbol enthält, wurde von Stuart und Audrey Mackie ein paar Sekunden nach ihrer Frage aufgenommen, ob die weißen Lichter »positive« Geister wären. Dies war die erste und einzige Aufnahme an jenem Abend, auf der etwas zu sehen war.

Der Liebesengel lädt Sie voller Liebe ein, in den Anch im Innern einzutreten, der ein Portal darstellt. Erzengel Zadkiel wandelt jegliche Form negativer Energie um, damit Sie sicher eintreten können. Erzengel Christiel, der für die Entwicklung des Kausal-Chakras zuständig ist, hilft Ihnen, Ihren Verstand ruhig und still zu halten, damit Sie eine Reise antreten können, die Ihrem höchsten Wohl dient.

Der Anch enthält die Weisheit von Ägypten, Atlantis und Lemuria, Sie können durch ihn hindurchgehen, um jene Begabungen wiederzuerlangen, die Sie in den alten Zeiten der interstellaren Kommunikation und der kosmischen Weisheit besessen haben.

Wenn Sie in den Anch eintreten, finden Sie sich in der Kammer des Lichts in der großen Pyramide wieder, wo Sie verschiedene Läuterungsprozesse durchlaufen müssen, um sicherzustellen, dass Sie wirklich bereit sind. Hier empfangen Sie auch heilende Energie von den vier Sternen und Planeten und spezifische Informationen für Ihren Aufstiegsweg. Es gibt mehrere verschiedene Wege, die von dieser Kammer ausgehen. Manche von ihnen sind interstellar und führen Sie zu den vier Sternen und Planeten, die den Aufstieg der Erde beeinflussen: zu den Plejaden, zum Orion, Sirius und Neptun. Die anderen Wege befinden sich auf der Erde. Erzengel Christiel, der den schützenden Christus-Strahl in sich trägt, wird Sie auf den für Sie richtigen Weg führen.

Foto Nummer 50: Ein Serafim mit Wesen vom Orion, fotografiert von Jennifer Coombes.

Wenn Sie sich den Orb auf Foto Nummer 50 anschauen, empfangen Sie ein Gefühl für die Gnade des Universums.

Als wir den Orb auf Foto Nummer 50 sahen, verschlug es uns den Atem, da die Außerirdischen, die den Serafim umgeben, so deutlich zu sehen sind. Als wir diesbezüglich nachfragten, wurde uns gesagt, dass vor vielen Jahren Wesen vom Orion auf die Erde kamen, um der Menschheit die Erleuchtung zu bringen. Die Menschen waren aber furchtbar erschrocken, und aufgrund ihrer bösartigen Absichten und ihrer Unwissenheit schlossen sie die Geister der Außerirdischen in das Felsgestein eines Berges ein.

Der Orb ist ein Serafim namens Serafiel, der durch Gottes Gnade gekommen ist, um dem Geist des Berges zu helfen. Mehrere dieser Mächtigsten unter den Engeln kamen zur Erde, um dieses Werk zu vollbringen. Wir haben einen ihrer Orbs vergrößert. Ihre Hauptaufgabe bestand allerdings darin, die Weisen zu befreien, die all die vielen Jahre in dem Felsen eingeschlossen waren. Es war eine unglaubliche Ehre, dieses Ereignis beobachten zu dürfen, denn es geschah sicher nicht zufällig.

MEDITATIONEN MIT DEN ORBS UND ÜBUNGEN, DIE DEN AUFSTIEG BESCHLEUNIGEN

Wir hoffen, dass Sie an diesem Teil des Buches viel Freude haben werden. Kathy empfing alle Meditationen von Wywyvsil. Sie werden Ihnen helfen, sich auf die in jedem Orb enthaltene Botschaft einzustimmen, und Sie dabei unterstützen, Fortschritte auf dem Weg des Aufstiegs zu machen. Wir konnten aber nicht alle von Wywyvsil empfangenen Meditationen in dieses Buch aufnehmen. Daher finden Sie weitere auf www.kathycrosswell.com oder auf www.healingorbs.com

Außerdem teilt uns Kathy ihre ganz persönlichen Erlebnisse mit, die sie hatte, während sie in die Orbs »eintrat«. Sie ist immer ganz aufgeregt, wenn sie von einer solchen Reise zurückkehrt. Deshalb möchte sie Ihnen ein paar Tipps geben, wie Sie das Gefühl und das Wesen der Orbs besser genießen können. Die Erfahrung ist jedes Mal anders, weil sie von so vielen verschiedenen Faktoren abhängt. Die eine Konstante ist aber immer, dass Kathy hinterher weiß, dass sie spirituell gewachsen ist und dass sie einen weiteren Schritt auf dem Weg des Aufstiegs gemacht hat.

WIE MAN IN DIE ORBS EINTRITT

Jeder Orb ist anders, und daher wird jeder Ihnen eine einzigartige Erfahrung ermöglichen. Es ist zudem wichtig, dass Sie sich immer darüber im Klaren sind, dass Sie ein

Individuum sind und jede Begegnung genau auf Sie zugeschnitten ist. Wenn Sie mehrmals in einen Orb eintreten, wird die Erfahrung jedes Mal anders sein, weil Sie sich weiterentwickelt haben und der Orb auch andere Menschen unterstützen mag.

Es gibt so viele Möglichkeiten, zu den Wesen in den Orbs Kontakt aufzunehmen. Bedenken Sie, dass Orbs »Fenster« zu den Wesen der höheren Welten sind und diese immer offen stehen, damit Sie sich ihnen stets zuwenden können.

Es ist wichtig, dass Sie sich in einen guten Geisteszustand versetzen, bevor Sie die Verbindung zu den Orbs herstellen, um so sicherzustellen, dass Sie das Größtmöglichste aus der Begegnung herausholen. Um dies zu tun, können Sie die folgenden Schritte befolgen und daraus eine disziplinierte Routine machen.

1. Reinigen Sie die Umgebung, bevor Sie anfangen. Stellen Sie sich ein blaues Licht vor, ziehen Sie es herunter und leiten Sie es durch den ganzen Raum oder die ganze Wohnung. Sie sollten in der Lage sein, die höhere Schwingung zu spüren. Oft fühlt sie sich wie elektrischer Strom oder ein Kribbeln an. Wenn die Schwingung den Raum vollständig erfüllt und den Boden erreicht hat, leiten Sie die Energie wieder empor und hinaus ins Universum, wo sie umgewandelt werden kann. Die Energie wird sich leichter, frischer und ruhiger anfühlen.

2. Läutern Sie sich selbst, indem Sie weißes Licht durch Ihre Füße in den Körper ziehen, es durch den ganzen Körper aufwärts leiten und es anschließend wieder durch den ganzen Körper hinabsinken lassen. Achten Sie darauf, dass Sie Ihre Energie wieder dem Universum zuführen, damit sie umgewandelt werden kann.

3. Bitten Sie Erzengel Michael, Ihre Umgebung zu beschützen. Stellen Sie sich vor, dass Sie sich in einer sehr starken blauen Blase befinden.
4. Zünden Sie eine Kerze an und weihen Sie sie dem Wohle aller Wesen.
5. Suchen Sie sich einen Platz, an dem Sie bequem sitzen können.
6. Atmen Sie die wundervolle Energie der Erde und des Universums ein und halten Sie diese in Ihrem Solarplexus.
7. Leiten Sie die gehaltene Energie aus Ihrem Solarplexus nach oben und unten durch Ihre Chakras und nach außen in Ihre Aura.
8. »Treten« Sie in die Orbs ein. Die folgenden Vorschläge funktionieren möglicherweise bei Ihnen:
   a. Stellen Sie sich den Orb vor Ihrem geistigen Auge vor und dehnen Sie dann Ihre Aura aus, bis sie das Orb-Foto umschließt.
   b. Bitten Sie die Wesen in den Orbs, ihre Energie auf Sie auszudehnen und Sie darin einzuhüllen.
   c. Sitzen Sie mit offenen Augen da, schauen Sie sich den Orb an und stellen Sie sich vor, im Innern des Orbs zu sein. Das sollte nicht anstrengend sein. Mit etwas Übung werden Sie herausfinden, wie Sie dies am besten anstellen.
9. Vielleicht wissen Sie eine Zeit lang nicht, ob Sie wirklich in dem Orb sind. Es braucht ein bisschen Übung, die Feinheiten zu spüren. Ich weiß, dass ich mich glücklich schätzen kann, hellfühlend zu sein, weil es so leichter wird. Bitte geben Sie nicht gleich auf, wenn Sie nicht sofort etwas bemerken. Ich habe in meinen Seminaren viele verschiedene Möglichkeiten ausprobiert, wie man in die Orbs eintreten kann. Dabei habe

ich noch nie jemanden getroffen, der nicht dazu in der Lage gewesen wäre.

10. Der wichtigste Tipp, den ich Ihnen geben kann, ist Freude und Spaß an der Erfahrung zu haben. Spüren Sie die Emotionen, erinnern Sie sich an die visuellen Eindrücke und Botschaften, die Sie empfangen. Jede Begegnung ist ganz speziell für Sie gedacht.

11. Wenn die Visionen verschwimmen oder wenn Sie emotional die Verbindung verlieren, ist es an der Zeit, Ihre Atmung wieder zu normalisieren.

12. Bedanken Sie sich bei den Wesen, denen Sie begegnet sind und die Ihnen geholfen haben.

13. Stehen Sie auf, schütteln Sie sich aus und geben Sie Ihre Energie an das Universum.

14. Danken Sie Erzengel Michael für seinen Schutz.

15. Schreiben Sie Ihre Begegnung auf. Sie wird zu einem späteren Zeitpunkt noch wichtig für Sie werden.

Der wichtigste Tipp, den ich Ihnen geben kann, ist dieser: Setzen Sie sich selbst nicht unter Druck. Wenn Sie nicht sofort Erfolg haben, machen Sie sich keine Sorgen. Denken Sie daran, dass Sie geführt werden. Wenn die Zeit dafür reif ist, werden Sie leicht durch das Fenster hindurchgehen können. Bleiben Sie deshalb ganz locker.

FOTO NUMMER 1 IN KAPITEL 1: SIE ERHALTEN EINE EINLADUNG IN DEN SIEBTEN HIMMEL.

Eine Übung, um Licht und Liebe in die Dinge zu bringen, die Sie tun

Diese Übung müssen die meisten von uns ausführen. Sie kann Ihre Beziehungen verbessern und Ihr Leben verändern.

1. Setzen Sie sich hin und schauen Sie sich Foto Nummer 1 einen Augenblick lang an.

2. Zünden Sie eine Kerze an und weihen Sie sie der Aufgabe, Licht und Liebe in die Welt zu bringen.
3. Denken Sie an etwas, was Sie wirklich sehr gerne tun. (Das kann alles Mögliche sein.)
4. Konzentrieren Sie sich ganz auf diese Aktivität, aber sorgen Sie dafür, dass Sie sie mit Licht und Liebe erfüllen.
5. Halten Sie die Konzentration so lange wie möglich aufrecht.
6. Seien Sie gewiss, dass Sie Erfolg hatten.
7. Entspannen Sie sich und danken Sie Maria Magdalena, El Morya und Serapis Bey für ihre Unterstützung.

FOTO NUMMER 2 IN KAPITEL 3: SIE ERHALTEN DIE UNTERSTÜTZUNG DER ENGEL, UM IHRE LIEBEN LOSZULASSEN.

Ü Eine Übung, um Sie darin zu unterstützen, Ihre Lieben loszulassen

1. Schauen Sie sich Foto Nummer 2 mit dem Einhorn und dem Engel der Liebe an.
2. Konzentrieren Sie sich auf einen lieben Menschen, den Sie nicht loslassen können. Sprechen Sie seinen Namen wenn möglich laut aus, sonst denken Sie ihn sehr bewusst.
3. Bitten Sie das Einhorn, Ihnen die Angst zu nehmen, die dazu geführt hat, dass Sie sich auf diese Weise verhalten.
4. Formulieren Sie deutlich: »Ich übergebe dir die Angst, die ich empfinde und mit der ich meinen Lieben festhalten will.«

5. Atmen Sie die Liebe des Engels der Liebe in das Herz-Chakra und in den Solarplexus eine goldene Lichtkugel hinein, um Ihre Angst umzuwandeln.

6. Tun Sie dies so oft, wie es nötig ist, um die, die Sie lieben, von Ihrer Angst zu befreien.

FOTO NUMMER 3 IN KAPITEL 3: SIE ERHALTEN DIE ERLAUBNIS, IMMER SIE SELBST ZU SEIN, GANZ GLEICH, WO SIE AUCH SEIN MÖGEN, DAMIT SIE DEN WEG DES AUFSTIEGS AUF AUTHENTISCHE WEISE GEHEN KÖNNEN.

Kathy möchte Ihnen an dieser Stelle mitteilen, wie es ist, sich mit Erzengel Raphaels Energie zu vereinen. Dies hat sie geschrieben, während es geschah:

»Während ich so dasitze, spüre ich, dass sich mein Herz-Chakra schneller dreht als gewöhnlich. Ich weiß, dass sich mein Hals-Chakra verändert, wie es dies immer tut, wenn ich etwas empfange. Meine Atmung wird sehr oberflächlich. Ich spüre, dass ein Orb mein Herz- und mein Kronen-Chakra einhüllt. Ich weiß, ich sehe einen sehr grünen Orb. Er hat eine bestimmte Textur und in seiner Mitte befindet sich ein Punkt. Es scheint nur ein Punkt zu sein, aber ich weiß, dass dieser Punkt es in sich hat.

Aus der Mitte strömen viele Kreise hervor. Der jeweils Folgende hat etwas weniger Energie als sein Vorgänger. Sie sind durchsichtig und gleichzeitig grün. Man kann hindurchsehen und doch wieder nicht. Der äußere Ring, der den Orb umgibt, ist fest und schützt ihn. Er hat eine niedrigere Frequenz. Um ihn herum ist eine Aura, die unendlich ist. Dies ist es, was ich im Moment fühle. Die Energie wirkt beruhigend und heilend, und sie lässt mich ganz still werden. Sie entspannt mich und versetzt mich in einen Zustand, in dem ich mich gut mit ihm verbinde und intuitiv seine Botschaften aufnehmen kann. Ich weiß, ich schaue ihn an. Er wartet darauf, dass ich seine Botschaft bereitwillig empfange. Ich weiß, ich bin sehr neugierig. Ich habe jetzt das Gefühl, dass ich mehr wissen möchte. Er reagiert darauf, indem er wieder aktiv wird. Ich bin nun ganz und gar von diesem Orb eingehüllt und befinde mich vollständig in seiner Energie.

Ich kann jetzt nicht mehr nach draußen sehen, obwohl ich es eigentlich erwartet hatte. Die Energie ist sehr hoch, ich vibriere mit ihr und bin ein Teil von ihr. Sie hat Tiefe, ist unendlich und fest mit dem Quell des Universums verbunden. Ich bin vollkommen entspannt und erfahre einen tiefen inneren Frieden. Ich habe den Drang, ihn zu bitten, mir die Kopfschmerzen zu nehmen.

Augenblicklich muss ich gähnen und verschlucke mich. Als ich mich davon erholt habe, sind die Kopfschmerzen weg. Ich habe das Gefühl, die Aufgabe dieses Orbs ist es, Reichtum und Überfluss in das Universum zu bringen. Er bringt allen diese Energie, ohne irgendetwas zu erwarten. Ich könnte stundenlang mit diesem Orb reisen. Er schwingt auf derselben Wellenlänge wie ich. Er bezieht seine Energie aus der reinsten Quelle und kann sich je nach Bedarf in eine unendliche Zahl von Orbs aufteilen. Er kann alles einschließen: Planeten, Menschen und die Natur – wo immer, wann immer und aus welchem Grund auch immer dies nötig sein sollte.

Er dehnt seine Aura aus, um sicherzustellen, dass die kosmische Inspiration vernommen und verstanden wird und dass – wo immer nötig – Heilung gespürt werden kann. Wenn dieser Orb gerufen wird, wird er zu Ihnen kommen und durch Meditation werden Überfluss, Heilung und Klarheit erlangt.

Erzengel Raphael definiert Überfluss als schiere Glückseligkeit, vollkommene Erfüllung und Frieden, als eine Stille der Seele. Er sagt mir, dass er mein Reichtumsbewusstsein anheben wird, wenn ich mit dieser Energie arbeite, damit ich bei so vielen Menschen wie möglich Erleuchtung und spirituelles Wachstum fördern kann.«

Eine Übung, um jederzeit authentisch zu sein

1. Schauen Sie sich Foto Nummer 3 der Erzengel Uriel und Raphael an.
2. Zünden Sie eine Kerze an und weihen Sie sie der Liebe.
3. Stehen Sie auf und verkünden Sie stolz: »Ich erlaube mir, ich selbst zu sein.«
4. Hüpfen Sie umher und rufen Sie laut: »Ich bin froh, ich selbst zu sein.«
5. Sagen Sie laut: »Im Namen Gottes rufe ich einen Engel der Liebe herbei.«
6. Vertrauen Sie darauf, dass dies geschehen ist.
7. Hüpfen Sie wieder umher und gestatten Sie dem Licht, in Sie einzutreten.
8. Seien Sie gewiss, dass andere Ihr Leuchten sehen werden und Teil davon sein wollen.

FOTO NUMMER 4 IN KAPITEL 3: DIE ERLEUCHTUNG, DIE SIE AUF DEN WEG DES AUFSTIEGS FÜHREN WIRD, WIRD AKTIVIERT.

Eine Übung, um Ihr inneres Kind zum Vorschein kommen zu lassen

1. Setzen Sie sich hin und schauen Sie sich Foto Nummer 4 an.
2. Denken Sie an die Zeit zurück, als Sie ein Kind waren, das sich des Lebens freute, oder beobachten Sie ein spielendes Kind. Spüren Sie, wie viel Spaß es hat.

3. Sagen Sie laut: »Ich rufe Erzengel Michael an und bitte ihn, mir den Mut zu geben, mein inneres Kind zum Vorschein kommen zu lassen.«

4. Spüren Sie mit absoluter Gewissheit, dass dies jetzt geschehen ist.

5. Ziehen Sie die auftretenden Gefühle in Ihr Herz-Chakra und halten Sie sie dort.

6. Teilen Sie diese reine Energie mit so vielen Menschen wie möglich.

FOTO NUMMER 5 IN KAPITEL 3: IHR BEWUSSTSEIN WIRD GELÄUTERT, DAMIT SIE AUS IHREN BEGRENZUNGEN AUSBRECHEN UND SICH AUF DEN WEG DES AUFSTIEGES MACHEN KÖNNEN.

Kathy möchte Ihnen an dieser Stelle mitteilen, wie es ist, sich mit Erzengel Uriels Energie zu vereinen. Dies hat sie geschrieben, während es geschah:

»Uriel hält unsere Vision aufrecht, damit der Kontakt hergestellt werden kann. Seine Energie ist völlig anders als die der anderen Orbs. Sie ist irgendwie plastisch und fließend. Ich fühle mich, als ob ich auf einem Wackelpudding landen wollte, der hin und her schwankt. Dies kommt daher, dass er Energie absorbiert und sich ständig verändert, damit dies geschehen kann. Im Innern des Orbs kann ich spüren, dass es überall Chancen des Wachstums gibt, und ich sehe Dinge, die wie Leylinien aussehen, und sich in die Ferne erstrecken. Jede dieser Linien bringt ihre Essenz zu uns und nimmt unsere Unreinheiten auf, damit sie umgewandelt werden können. Die Oberfläche ist sehr komplex. Die Textur gleicht einem Schwamm mit Millionen kleiner Taschen, in denen Negativität gehalten wird. In seiner hellsten Form ist Erzengel Uriel goldgelb, strahlend und klar, aber wenn sein Orb voll ist und bereit, sich umzuwandeln, erscheint er trüb und braungrau. Als ich mit dem Orb verschmolz, wurde mir nicht gestattet, in eine dieser Taschen einzudringen, damit ich keine Negativität aufnähme.

Die Linien fühlen sich wie Kohlenstoff an, sie wandeln keine Elektrizität um und die magnetische Anziehungskraft der Erde wirkt sich auf diese Orbs nicht aus. Wenn die Linien negative Energie umwandeln, werden sie aktiv und ändern ihre Textur von kohlenstoffartig zu reinem Kristall, wodurch die Schwingung und das Bewusstsein in ihnen angehoben werden. Auf dem Höhepunkt der Umwandlung »explodieren« die Orbs und setzen goldenes Licht bis in weite Entfernungen frei. So schnell wie die Explosionen stattfinden, so schnell sind die Orbs wieder in der Lage, ihre Aufgabe erneut zu erfüllen.«

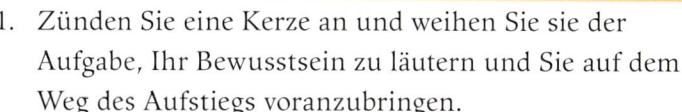

Eine Übung, um Ihr Bewusstsein zu läutern

1. Zünden Sie eine Kerze an und weihen Sie sie der Aufgabe, Ihr Bewusstsein zu läutern und Sie auf dem Weg des Aufstiegs voranzubringen.

2. Setzen Sie sich still hin und schließen Sie die Augen.

3. Ziehen Sie die Energie von der Erde hoch und aus dem Universum hinunter, und sorgen Sie dafür, dass sie im Solarplexus gehalten wird.

4. Bitten Sie Erzengel Uriel, alle negativen Energien zu entfernen.

5. Bitten Sie Erzengel Raphael, die schädlichen Auswirkungen dieser Energien zu heilen.

6. Bitten Sie Erzengel Zadkiel, Ihnen dabei zu helfen, in Zukunft auf positive Weise auf neue Situationen zuzugehen.

7. Bringen Sie diese Energie dem Universum dar, damit sie zum Wohle aller Wesen umgewandelt werden möge.
8. Bleiben Sie noch einen Moment lang still sitzen.
9. Bedanken Sie sich bei den Erzengeln Uriel, Raphael und Zadkiel für ihre Unterstützung.
10. Löschen Sie die Kerze.

FOTO NUMMER 6 IN KAPITEL 4: SIE EMPFANGEN EIN GEFÜHL DAFÜR, DASS ALLES IN ORDNUNG IST.

Ü Eine Übung, um zu spüren, dass alles in Ordnung ist

1. Schauen Sie sich Foto Nummer 6 einen Augenblick lang an.
2. Zünden Sie eine Kerze an und weihen Sie sie der Aufgabe, ein Gefühl des Vertrauens in das zu bekommen, was Sie sind.
3. Sitzen Sie still da und konzentrieren Sie sich auf das Herz-Chakra. Atmen Sie Liebe ein und Frieden aus.
4. Stellen Sie sich vor, dass Sie eine riesige rosafarbene Aura haben.
5. Denken Sie an eine Situation, wegen der Sie sich Sorgen machen.
6. Sie können sich sicher sein, dass Einsamer Wolf Sie mit Selbstvertrauen umhüllt. Erkennen Sie, wie gut sich dies anfühlt.
7. Sie können sich sicher sein, dass alles letzten Endes immer zum Wohle aller Wesen geschieht, ganz gleich, wie das Ergebnis auch aussehen mag.
8. Bedanken Sie sich bei Einsamer Wolf.

Meditation: Für den Planeten und für Sie

M

Stellen Sie sich vor, dass Sie ein Kind sind, das aus dem Fenster schaut. Es regnet stark, und Sie drücken Ihre Nase gegen das Glas und spüren seine Kälte. Draußen ist es kalt, trüb und sehr nass und stürmisch, deshalb zittern Sie ein bisschen. Es ist so faszinierend, die Wassertropfen zu beobachten, wie sie auf dem Fenster landen und so schnell sie können nach unten laufen. Ein Tropfen erregt Ihre Aufmerksamkeit. Er ist wunderschön, denn er ist voller Farben: Lila, Blau, Silber und Rosa. Sie schließen die Augen, um das Bild des Regentropfens noch in Ihrem geistigen Auge festzuhalten, und für diesen einen Moment vergessen Sie den Regen völlig. Als Sie die Augen wieder öffnen, sind Sie völlig von einem lilafarbenen Nebel umgeben, und der Regen ist verschwunden. Sie stehen auf Gras. Während Ihre Augen sich an die lilafarbenen Farbtöne anpassen, beginnen Sie zu erkennen, dass Sie mitten in Stonehenge stehen.

Hier regnet es nicht. Sie setzen sich im Schneidersitz hin, um die Atmosphäre in sich aufzunehmen. Mit dieser Entscheidung dehnt sich der lilafarbene Nebel aus und hüllt auch die Steine ein. Plötzlich werden Sie sich der Gegenwart eines Mannes bewusst, der umhergeht und eine Schale mit duftenden Kräutern schwenkt. Er ist sehr, sehr alt. Er ist einer der uralten Weisen und gekommen, um Sie einzuladen, gemeinsam mit ihm in einen höheren Bewusstseinzustand einzutreten. Sie fühlen sich demütig, sind aber freudig erregt, dass Sie mit ihm gehen dürfen. Er geht auf Sie zu und stellt die Schale vor Ihre Füße und nimmt Ihre Hände in seine. Er schaut Ihnen in die Augen. Sofort spüren Sie, wie sich Ihre Aura ausdehnt.

Sie spüren, dass Ihre Chakras kribbeln, und Sie spüren große Aktivität in Ihrem Kronen-Chakra. Sie erheben sich aus Ihrem Körper, und sofort dehnt sich Ihre Energie noch weiter aus. Sie sind in der Lage, von den Steinen Informationen über die Geschichte von Stonehenge zu empfangen. Als sich die Energie des alten Mannes mit Ihrer vermischt, spüren Sie einen erneuten Bewusstseinswandel und fühlen, wie sich der Planet damals fühlte. Während der Alte seine Energie noch weiter ausdehnt, werden Sie sich bewusst, was Sie für den Planeten und für sich selbst tun *müssen*, damit Sie aufsteigen können. Es gibt keinen Zweifel. Sie verspüren den Drang und die Dringlichkeit, in Ihren Körper zurückzukehren, um diese Aufgabe zu erfüllen. Der Alte hält Ihre Energie noch einen Augenblick länger, damit der lilafarbene Nebel Sie wieder ganz einhüllen kann, wodurch Ihre Energie in die physische Dimension zurückkehren kann. Nachdem das geschehen ist, spüren Sie, dass Sie wieder bequem zu Hause sitzen – voller Entschlossenheit, auf Ihrem Weg des Aufstiegs weiterzugehen.

Ü Eine Visualisierungsübung, die Ihnen hilft, zu erkennen, dass Sie geführt werden

Wenn Sie ein geistiges Wesen bitten, etwas für Sie zu tun, können Sie ihm dabei helfen, indem Sie sich vorstellen, dass es bereits vollbracht ist.

1. Schauen Sie sich Foto Nummer 7 an.
2. Zünden Sie eine Kerze an.
3. Stellen Sie sich vor, dass Sie glücklich, gesund und in Sicherheit sind.
4. Teilen Sie Ihre Bitte der Hierarchie der Engel mit und stellen Sie sich dies bildhaft vor.

5. Bitten Sie Ihren Schutzengel, Sie in seine Flügel zu hüllen, und stellen Sie sich dies bildhaft vor.

6. Bitten Sie Erzengel Michael, mit Schild und Schwert an Ihrer Seite zu stehen und Sie zu beschützen. Stellen Sie sich dies so deutlich wie möglich vor.

7. Bitten Sie Erzengel Gabriel, Ihnen Klarheit zu schenken.

8. Seien Sie gewiss, dass Erzengel Zadkiel Ihre Energie umwandeln und Ihnen Vitalität und Lebenskraft schenken wird.

9. Bedanken Sie sich bei den Erzengeln Michael, Gabriel und Zadkiel für ihre Unterstützung.

FOTO NUMMER 8 IN KAPITEL 5: SIE EMPFANGEN HEILENDE ENERGIE UND VERSPÜREN DEN WUNSCH, DER WELT EINHEIT ZU BRINGEN.

Eine Visualisierungsübung, um der Welt Einheit zu bringen

1. Suchen Sie sich einen stillen Platz, an dem Sie ungestört sein können.

2. Schauen Sie sich Foto Nummer 8 an, schließen Sie dann die Augen und entspannen Sie sich, indem Sie sich beim Einatmen auf Liebe und beim Ausatmen auf Frieden konzentrieren.

3. Denken Sie an eine Region irgendwo auf der Erde, die von Heilung und Frieden profitieren könnte.

4. Visualisieren Sie einen Einhorn-Orb auf Ihrem Kronen-Chakra, der Sie Ihrem höheren Selbst öffnet.

5. Stellen Sie sich vor, dass das Einhorn und zwei Engel der Liebe in diese Region reisen.

6. Visualisieren Sie, dass sie der betreffenden Region Heilung bringen. Entspannen Sie sich in das gute Gefühl hinein, das mit dieser Vorstellung einhergeht.

7. Seien Sie gewiss, dass durch diese Heilung tatsächlich Frieden in die Region gebracht wurde.

8. Danken Sie der geistigen Hierarchie für die Hilfe, die sie der Welt gewährt.

FOTO NUMMER 9 IN KAPITEL 5: ERFAHREN SIE, WIE VIEL HILFE DER MENSCHHEIT ZUR VERFÜGUNG STEHT.

Ü Eine Übung, um eine höhere Stufe der Erleuchtung zu erlangen

1. Schauen Sie sich Foto Nummer 9 an.

2. Sprechen Sie laut die folgende Anrufung an Erzengel Gabriel nach: »Ich weihe mein Leben der Erleuchtung und rufe den mächtigen Erzengel Gabriel an, damit er es mir ermögliche, alle und alles mit den Augen des Geistes zu sehen.«

3. Schließen Sie die Augen und spüren Sie, wie Erzengel Gabriel Ihr drittes Auge berührt.

4. Bitten Sie Erzengel Gabriel, Ihnen zu zeigen, wie viel Hilfe der Menschheit zur Verfügung steht.

5. Entspannen Sie sich ganz tief, und lassen Sie zu, dass eine Bewusstseinserweiterung stattfindet, um in Ihrem Bewusstsein das Wissen zu verankern, wie Sie der Menschheit helfen können.

6. Öffnen Sie die Augen und bedanken Sie sich bei Erzengel Gabriel.

7. Ändern Sie ganz bewusst Ihre Einstellung gegenüber allen und allem.

FOTO NUMMER 10 IN KAPITEL 5: SIE ERHALTEN DIE ERLAUBNIS, IN EIN GRÖSSERES LEBEN EINZUTRETEN UND IHREN GEISTIGEN HORIZONT ZU ERWEITERN.

Meditation: Erweitern Sie Ihren geistigen Horizont, weil Sie das Leben lieben

M

Stellen Sie sich vor, Sie wären ein Höhlenbewohner aus der Vergangenheit. Sie sind sehr geschickt im Überlebenskampf und gebrauchen die gesamte örtliche Vegetation sowohl als Nahrung als auch, um sich daraus ein Obdach zu bauen. Sie sind sehr fit und gesund. Sie entfernen sich nicht weit von Ihrer Höhle, weil sich alles, was Sie für Ihr Wohlergehen benötigen, in unmittelbarer Nähe befindet.

Als Sie eines Tages aufwachen, sehen Sie, dass es draußen gebrannt hat. Alles ist niedergebrannt und all Ihre Nahrung ist vernichtet. Sie sind ziemlich bestürzt, geraten aber nicht in Panik, sondern begeben sich auf eine Erkundungstour.

Eigentlich fühlen Sie sich angesichts dieser Veränderungen ziemlich gut. Sie marschieren unter der Sonne dahin, da Sie sich so besser fühlen, bis Sie einen wunderschönen uralten Baum mit weit verzweigten Ästen finden, unter dem Sie sich ausruhen können. Der Boden ist mit Moos bedeckt und angenehm weich. Es ist herrlich, einfach so dazusitzen und sich einen Moment lang zu entspannen.

Während Sie so dasitzen, huscht ein kleines Nagetier durch das Unterholz, und Sie springen auf, um es zu verfolgen. Während der Verfolgung verlieren Sie völlig den Überblick, wo Sie sind. Plötzlich stehen Sie auf einer Lichtung mit einem spektakulären Wasserfall. So etwas haben Sie noch nie gesehen. Als Sie näher kommen, spritzen Ihnen Wassertropfen ins Gesicht. Sie sind völlig fasziniert. Als Sie sich noch dichter an den Wasserfall heranwagen, entdecken Sie, dass sich dahinter eine Höhle verbirgt, in die Sie einsteigen können, indem Sie über ein paar Felsen klettern.

Als Sie in der Höhle angekommen sind, staunen Sie, wie groß sie ist und dass sie von leuchtenden Kristallen in den Felswänden erhellt wird. Der Widerschein des Lichtes im Vorhang des Wassers erhellt die ganze Höhle. Spontan beschließen Sie, hierzubleiben und nicht mehr zu der Höhle zurückzukehren, in der Sie Ihr ganzes bisheriges Leben verbracht haben. Sie sind voller Abenteuerlust. Sie setzen sich hinter den Wasserfall und lächeln. Sie schließen die Augen und atmen die reine Luft ein. Als Sie die Augen wieder öffnen, wird Ihnen klar, dass Sie niemals damit aufhören werden, Ihren Horizont zu erweitern, weil Sie das Leben so sehr lieben.

Ü   Eine Übung, um Ihren geistigen Horizont zu erweitern

1. Schauen Sie sich Foto Nummer 10 an.
2. Stellen Sie sich vor, Sie säßen unter dem Baum und würden in der Energie von Serafiel und Paul dem Venezianer baden.
3. Bitten Sie die beiden, diese Energie auf Sie zu übertragen und Sie vollständig darin einzuhüllen.
4. Spüren Sie, wie die Energie in jede Ihrer Körperzellen eindringt und sie läutert. Achten Sie auf etwaige Veränderungen, die sich dadurch ergeben mögen.
5. Stellen Sie sich vor, dass sich Ihr Geist für neue Möglichkeiten und Chancen öffnet.
6. Bitten Sie die Engel, diese zu Ihnen zu bringen – wohl wissend, dass sich diese nur erfüllen werden, wenn Sie anerkannt haben, dass sie für Sie die richtigen sind und dem Wohle aller dienen.
7. Danken Sie Serafiel und Paul dem Venezianer, dass sie sich für Sie eingesetzt haben.
8. Atmen Sie weiterhin das höhere Bewusstsein ein und bleiben Sie empfänglich für neue Möglichkeiten und Chancen.

FOTO NUMMER 11 IN KAPITEL 6: SIE WERDEN DARAN ERINNERT, DASS ES VIELE SEELEN GIBT, DIE VERLOREN ODER UNERLÖST SIND, UND DIE SICH VON IHREM LICHT ANGEZOGEN FÜHLEN. DENKEN SIE AN SIE UND SCHÜTZEN SIE SICH.

Kathy möchte Ihnen an dieser Stelle mitteilen, wie es ist, sich mit Erzengel Gabriels Energie zu vereinen. Dies hat sie geschrieben, während es geschah:

»Während ich in diesem Orb sitze, kann ich spüren, wie sich mein drittes Auge und mein Kronen-Chakra augenblicklich ausdehnen. Ich spüre, dass ich Rundumsicht habe. Ich weiß, dass ich im Orb bin und in alle Richtungen gleichzeitig sehen kann. Tatsächlich sehe ich das, was hinter mir ist, klarer als das, was vor mir ist. Jetzt umgibt mich ein helles Licht, und ich spüre, dass ich mich in Erzengel Gabriels Energie befinde. Ich weiß, dass jetzt die richtige Zeit ist, um Fragen zu stellen, die mir auf dem Herzen liegen, denn ich befinde mich in einem energetischen Zustand, in dem ich Klarheit empfangen kann.

Das Licht wird schwächer, und ich kann sehen, dass Erzengel Gabriels Oberfläche aus einem sehr feinen Netz gewoben ist, das extrem stark und doch flexibel und weich ist. Es umgibt den Orb, aber im Innern ist es irgendwie flüssig und duftet angenehm. Obwohl ich die geeigneten Worte nicht finden kann, um diesen Duft zu beschreiben, gefällt er mir, aber ich weiß nicht, was für ein Duft es ist. Sobald ich mich in der Flüssigkeit befinde, spüre ich, dass sie mich absichtsvoll davonträgt. Nach einer Weile fühlen sich meine Zellen an, als bestünden sie auch aus dieser Flüssigkeit. Ich weiß, dass sie geheilt werden. Dadurch werde ich in der Lage sein, die Dinge klarer zu erkennen. Ich spüre, dass der Orb weiß, dass ich interessiert und neugierig bin. Er ist froh darüber, dass ich ihn erforschen will. Obwohl er klein aussieht, ist er es nicht. Er dehnt sich ziemlich weit aus, und es scheint mir, als könne er eine unbegrenzte Anzahl Menschen aufnehmen, die Klarheit brauchen. Während ich in dieser Flüssigkeit, in seiner Energie »gehalten« werde, geschieht etwas Erstaunliches. Ich bewege mich nicht mehr, die Bewegung der Flüssigkeit, in der ich gehalten werde, hat aufgehört, aber alles um mich herum bewegt sich nun mit großer Geschwindigkeit.

Ich fühle mich, als ob ich mich in einem ruhigen Teich neben einem schnell dahinströmenden Fluss befinden würde. Wieder sehe ich das helle Licht in der Entfernung, auf das die Flüssigkeit zuströmt. Sofort spüre ich andere »Wesen« im Orb. Man erlaubt mir zu sehen, dass diese Seelen gerettet wurden und nun in einem Zwischenzustand gehalten werden. Man bietet ihnen die Klarheit an, an der ich vorher bereits teilhaben durfte.

Ich bin mir gewahr, dass Erzengel Raphael durch Erzengel Gabriel arbeitet, um diese Seelen zu heilen. Dies ist ein sehr intensiver und Ehrfurcht erregender Moment für diese Seelen. Ich bin verblüfft, dass die Energie im Orb so lebhaft und so fließend ist. Es ist schwierig zusammenzufassen, was ich tatsächlich sehe, da der Orb einen Augenblick lang völlig ruhig ist und sich schon im nächsten wieder ausdehnt, um Seelen aufzunehmen. Es ist wahrhaft außergewöhnlich!

Ü **Eine Übung, um verlorenen Seelen Liebe zu bringen**

1. Zünden Sie eine Kerze an und weihen Sie sie allen verlorenen Seelen.

2. Setzen Sie sich still hin und bitten Sie Erzengel Michael um seinen Schutz.

3. Regulieren Sie Ihre Atmung, und ziehen Sie die Energie von Mutter Erde und dem Universum in Ihr Herz-Chakra.

4. Gestatten Sie dieser Energie, Ihre Seele vollkommen zu erfüllen.

5. Dehnen Sie Ihre Aura so weit wie möglich aus und nehmen Sie Kontakt zu den verlorenen Seelen auf.
6. Schließen Sie die Augen und spüren Sie sie.
7. Schenken Sie diesen Seelen, die zum Licht geführt werden müssen, Ihr Licht und Ihre Liebe.
8. Bitten Sie Erzengel Michael, diese Seelen zu beschützen.
9. Bitten Sie Erzengel Gabriel, den Seelen dabei zu helfen zu erkennen, dass sie ins Licht gehen können.
10. Seien Sie gewiss, dass dies geschehen ist, und dass sie weiterhin Licht und Liebe empfangen.
11. Reinigen Sie Ihre Aura, indem Sie eine weiße Lichtkugel durch die Füße, die Beine, den Rumpf, die Arme und den Kopf heraufziehen und wieder nach unten leiten.
12. Schicken Sie diese Energie ins Universum hinaus, damit sie dort umgewandelt wird.

FOTO NUMMER 12 IN KAPITEL 7: SPÜREN SIE DIE GERECHTIGKEIT DES UNIVERSUMS.

Meditation: Erkennen Sie, wie wunderschön die Natur ist M

Stellen Sie sich vor, Sie befänden sich in einem Garten. Alles steht in voller Blüte und Farben und Düfte stürmen auf Ihre Sinne ein. Sie legen sich hin, um die Sonnenstrahlen zu genießen. In diesem Moment sind Sie aller Sorgen ledig. Sie sehen einer Biene bei der Arbeit zu. Sie setzen sich auf, um sie besser beobachten zu können. Die Biene hat eine wunderschöne Färbung und ist so beweglich. Sie flitzt zwischen den Blüten hin und her, und Sie staunen darüber, wie sie kurz in den herrlichen Nektar einer jeden Blüte eintaucht. Es ist inspirierend, sie mit einer solcher Präzision fliegen zu sehen und zu beobachten, wie sie dann ganz unvermittelt still sein kann, um die Köstlichkeiten der Natur einzusammeln.

Das Summen des Bienenflugs ist beruhigend. Wenn die Biene über einer Blüte schwebt, wird es sogar noch lauter. Immer wenn die Biene wieder aus einer Blüte auftaucht, hat sie mehr Pollen an den Hinterbeinen. Während Sie die Biene beobachten, spüren Sie, dass Sie von der sanften Energie Erzengel Christiels eingehüllt werden. Nun beginnt sich Ihre Sicht zu verändern, und Sie können plötzlich auf eine noch nie gekannte Weise sehen. Sie sehen nicht nur die Biene, sondern auch die Energie um die Blüte und die Biene. Die Blumen sind wunderschön und verströmen ihren Duft, um die Biene anzulocken. Sie stoßen ihre Energie aus, sodass sie hell erstrahlen. Es sieht ganz erstaunlich aus. Während die Biene den Nektar trinkt, zieht die Blume allmählich ihre Energie zurück.

Sie spüren, dass sich die Blumen wundervoll fühlen, aber auch erschöpft sind, so als ob sie gerade einen Wettlauf gemacht und gewonnen hätten. Sie schauen sich im ganzen Garten um, und Sie sehen, dass dies ständig überall passiert. Schließlich wendet sich die Biene von den Blüten ab und fliegt voll beladen mit Nektar und Pollen davon. Sie legen sich wieder hin, schauen in den Himmel und merken, dass Ihre Sicht wieder normal ist. Über sich sehen Sie Vögel in Formation fliegen, sie erblicken weiße Schäfchenwolken, und Sie wissen, dass das Universum ganz und gerecht ist. Wenn man es so sein lässt, wie es ist, ist es ein magischer Ort für uns.

Ü **Eine Visualisierungsübung, um die Gerechtigkeit des Universums zu spüren**

1. Schauen Sie sich Foto Nummer 12 an.
2. Suchen Sie sich einen Platz im Freien, wo man Sie nicht stören wird.

3. Bitten Sie Erzengel Christiel, Ihnen zu zeigen, wie die Elementarwesen einer Blume von der ersten Verwurzelung bis zur Blüte beim Wachsen helfen.

4. Erkennen Sie klar, was Ihnen gezeigt wird, und nehmen Sie diese Vision in Ihr Herz auf.

5. Spüren Sie, wie Sie allmählich mit der Blume eins werden.

6. Stellen Sie sich vor, Sie seien unsichtbar, während Sie mit der Blume eins werden.

7. Erkennen Sie, wie sehr die Blume unterstützt wird und wie fragil das Gleichgewicht der Natur ist.

8. Genießen Sie diesen Augenblick, bis er allmählich verblasst.

9. Bedanken Sie sich bei Erzengel Christiel, den Elementarwesen und der Blume, dass Sie an ihrer Welt teilhaben durften.

FOTO NUMMER 13 IN KAPITEL 7: SPÜREN SIE DIE TIEFE VERBINDUNG ZUR NATUR.

Eine Übung, um Kontakt zur Natur herzustellen

1. Schauen Sie sich Foto Nummer 13 an.

2. Setzen Sie sich still hin und bitten Sie Erzengel Mariel und Peter den Großen, Ihnen eine stärkere Verbindung zur Natur zu ermöglichen.

3. Wenn es Ihnen möglich ist, machen Sie einen Spaziergang in der Natur. Wenn nicht, schauen Sie sich ein Bild von einer schönen Landschaft an.

4. Dehnen Sie Ihre Aura aus, und spüren Sie, wie wunderbar die Natur doch ist. Wenn es Ihnen möglich ist, heben Sie ein Blatt auf und halten Sie es zärtlich in der Hand. Gestatten Sie diesen großen

Wesen, Sie in stärkeren Kontakt mit der Natur zu bringen.

5. Senden Sie ihnen Ihre Liebe, und spüren Sie, wie sie darauf reagieren.

6. Spüren Sie, dass Sie von ihnen beschützt werden und dass Sie immer sicher sind.

7. Wenn Sie aus der Natur zurückkehren, bedanken Sie sich bei ihnen.

FOTO NUMMER 14 IN KAPITEL 7: ERFAHREN SIE EINE BESCHLEUNIGUNG IHRES AUFSTIEGS.

M Meditation: Begegnen Sie den Engeln

Stellen Sie sich vor, Sie säßen in einem flotten, offenen Sportwagen. Die Straße vor Ihnen ist lang und gerade. Auf der linken Seite sehen Sie Berge, deren Gipfel noch mit Schnee bedeckt sind. Die Sonne scheint, und alles ist einfach perfekt. In der Ferne sehen Sie viele Bäume, deren Laub in den leuchtendsten Farben schillert. Sie sind angesichts all dieser Schönheit von Ehrfurcht erfüllt. Der Wind bläst Ihnen ins Gesicht, der Motor summt, und Sie fühlen sich ganz außergewöhnlich gut. Vor Ihnen beginnt die Straße nun langsam ins Gebirge anzusteigen. Die Luft wird kühler, Sie beginnen ein wenig zu frösteln. Sie halten an und ziehen sich eine Windjacke über.

Sie spazieren etwas umher und sehen vor sich eine erstaunlich schöne Landschaft mit etwas Merkwürdigem darin. Vor Ihnen befindet sich nämlich ein Fahrstuhl, der in verschiedene Farben getaucht ist. Der Anblick verblüfft Sie, denn aus welchem Blickwinkel Sie ihn auch betrachten mögen, immer sehen Sie eine andere Farbe. Es ist gewaltig. Sie steigen ein, und er beginnt sofort nach oben zu fahren. Während er nach oben fährt, spüren Sie, dass etwas Außergewöhnliches geschieht. Ihre Energie fühlt sich ganz anders an. Sie fühlen sich nicht mehr so sehr mit der materiellen Welt verbunden, sondern eher mit den höheren Dimensionen. Sie werden immer aufgeregter. Plötzlich hält der Fahrstuhl an, und Sie befinden sich in einer goldenen Kugel.

Die Kugel ist voller Engel, die alle mit Ihnen reden wollen. Sie nehmen Ihren Platz unter ihnen ein. Erzengel Raphael und Wywyvsil teilen Ihnen zuerst ihre Botschaften mit und danach die anderen Engel. Mit jeder Botschaft, die Sie erhalten, wissen Sie ohne jeden Zweifel, dass sich Ihr Bewusstsein verändert hat und dass Sie nun klarer erkennen können, wo Sie sich befinden. Es dauert eine ganze Zeit, bis Sie alle Botschaften erhalten haben. Als der letzte Engel Ihnen seine Informationen übermittelt hat, merken Sie, dass der Fahrstuhl wieder nach unten fährt und dass Ihre Energie wieder viel physischer wird.

Schließlich sind Sie zurück an dem angenehmen Ort, von dem aus Sie gestartet sind. Ihnen ist klar, dass Sie ein Stückchen auf dem Weg des Aufstiegs vorangekommen sind, und Sie sind den Engeln dankbar, dass sie Ihnen ihre Botschaften übermittelt haben.

Eine Übung, um Heilung und Hilfe bei der Klärung karmischer Themen zu erhalten

1. Schauen Sie sich Foto Nummer 14 von Wywyvsil und Erzengel Raphael an.
2. Setzen Sie sich still hin.
3. Öffnen Sie sich, um heilende Energie zu empfangen.
4. Bitten Sie Erzengel Raphael um Heilung und bitten Sie Wywyvsil, Ihnen die karmischen Themen zu zeigen, mit denen Sie sich befassen müssen.
5. Bitten Sie um Klarheit und Erkenntnis, damit Sie das betreffende Karma auflösen können.

6. Atmen Sie tief ein und gestatten Sie dem Wissen und der Weisheit, in Ihre Seele einzudringen.

7. Bleiben Sie noch einige Augenblicke lang still sitzen.

8. Sie können sich sicher sein, dass dies alles tatsächlich geschehen ist.

9. Seien Sie dankbar für diese Heilung, und seien Sie gewiss, dass dadurch Ihr Aufstieg beschleunigt wurde.

FOTOS NUMMER 15 UND 16 IN KAPITEL 9: SIE ERHALTEN EINEN SCHUB AUF IHREM AUFSTIEGSWEG.

Ü Eine Übung, um einen Schub auf Ihrem spirituellen Weg zu erhalten

1. Schauen Sie sich die Fotos Nummer 15 und 16 an.

2. Spüren Sie, dass Erzengel Michael Sie in sein blaues Licht des Schutzes hüllt.

3. Stellen Sie alle Fragen, die Ihnen in den Sinn kommen.

4. Seien Sie gewiss, dass Erzengel Raphael Ihre Seele heilen wird, damit Sie die Antworten empfangen können.

5. Erzengel Gabriel wird Ihnen die Antworten klarer machen.

6. Erzengel Gabriel wird dafür sorgen, dass die Antwort in Frieden verinnerlicht wird.

7. Erzengel Metatron ermutigt Sie, auf Ihrem spirituellen Weg weiterzugehen.

8. Schließen Sie die Augen, und stellen Sie sich vor, dass Sie den nächsten Tag mit all dieser Unterstützung bewusst erleben.

9. Seien Sie gewiss, dass Sie umso mehr Hilfe erhalten werden, je mehr Sie darum bitten, damit Sie die Antworten in der Tiefe Ihres Herzens empfangen und danach handeln können.

*Kathy möchte Ihnen an dieser Stelle mitteilen, wie es ist, sich mit
Erzengel Michaels und Erzengel Uriels Energie zu vereinen. Dies hat
sie geschrieben, während es geschah:*

»Dieser Orb ist erschienen, um die Menschen auf der
irdischen Ebene zu unterstützen. Er ist besonders für
Menschen erschienen, die spirituell bewusst sind und die
immer wieder Momente erleben, in denen sie ihre irdischen
Bindungen besonders stark spüren, sodass sie nicht wollen,
dass Menschen, die sie gut kennen, hinübergehen, obwohl sie
eigentlich darauf vorbereitet sind und auch akzeptieren, dass
dies geschehen muss. Die Erzengel Uriel und Michael lösen
die Ängste auf, die sie zurückhalten und die verhindern, dass
sie erleuchtet werden. Dadurch entstehen eine viel größere
spirituelle Erkenntnis und eine stärkere Verbundenheit.

Während ich mit diesem Orb verschmelze, kann ich spüren,
dass die Erzengel uns Mut machen, mit dem Tod unserer
Lieben fertigzuwerden, und den Glauben, durch den die
Verbindung zur geistigen Welt gestärkt wird. Die Einhorn-
Energie hält den Geist des verstorbenen Menschen. Dies
ermöglicht der Seele, Frieden zu finden. Sie ermöglicht es uns,
das nötige Vertrauen zu haben, die verstorbenen Angehörigen
in die Obhut der Erzengel Uriel und Michael zu geben. Diese
wunderschöne interdimensionale Verbindung hebt das Bewusstsein aller Beteiligten an. Diese höhere Erkenntnis wird
auch weiterhin wirksam bleiben und alle anderen berühren,
die mit denen in Berührung kommen, die direkt an diesem
Ereignis beteiligt sind.

Die Energien aller Personen haben sich nun verändert. Sie
sind viel geerdeter und erleuchteter. In der Dimension des

Erdstern-Chakras hat ein ziemlicher Wandel stattgefunden. Es ist sehr wichtig, dass alle Beteiligten weiterhin den Kontakt zu Erzengel Uriel aufrechterhalten, um die spirituelle Erkenntnis weiterzuentwickeln und sie zu vertiefen, wenn sich das Erdstern-Chakra regt.«

M Meditation: Lösen Sie die irdischen Bindungen auf

Sie sind heute traurig, weil Ihnen gerade mitgeteilt wurde, dass Ihnen gekündigt wurde. Die Firma wird reorganisiert, weil gespart werden muss. Die Firma hat in neue Technologien investiert, die langfristig gesehen zu einer Produktivitätssteigerung führen und den Gewinn steigern werden. Sie können zwar verstehen, warum die Geschäftsleitung diese Entscheidung getroffen hat, aber natürlich fühlen Sie sich ganz furchtbar. Sie machen sich große Sorgen, weil Sie eine Familie zu ernähren haben und nun nicht wissen, wie Sie dies bewerkstelligen sollen.

Sie beschließen, in der Mittagspause einen Spaziergang zu machen, um den Kopf wieder frei zu bekommen. Während Sie spazieren gehen, beten Sie und bitten um Hilfe, um die kommenden Dinge klarer sehen zu können. Sie bitten auch darum, dass alle negativen Gedanken sofort aufgelöst werden mögen, und Sie bitten um Heilung, weil Sie wissen, dass Sie und Ihre Familie diese brauchen werden. Sofort fühlen Sie sich erfrischt und irgendwie freudig erregt. Sie erhaschen kleine Ausblicke auf die Zukunft. Auf einem Schild steht: »Wandel ist die beste Form des Wachstums und der Heilung.«

Sie sehen, wie vor Ihnen ein Junge mit dem Fahrrad stürzt. Als Sie hinzueilen und ihm helfen aufzustehen, spüren Sie, dass es Ihnen bereits wieder besser geht. Sie gehen voller Selbstvertrauen zurück zur Arbeit, weil Sie nun wissen, dass der Abschied von dieser Stelle die »Fahrkarte« dafür ist, dass Sie etwas Besseres für sich und Ihre Familie finden. Sie können kaum erwarten herauszufinden, was Sie als Nächstes tun werden. Wieder schicken Sie einen Gedanken ins Universum hinaus und vertrauen vollkommen darauf, dass Sie geführt werden und die richtigen Entscheidungen treffen werden. Sie entdecken eine neue Leichtigkeit in Ihrem Schritt. Sie kehren ohne Sorgen zur Arbeit zurück, weil Sie wissen, dass letztlich alles zu Ihrem Wohl geschieht.

Eine Visualisierungsübung, um Mut, Heilung und Unterstützung zu erhalten und ein Gefühl des Friedens zu finden

Ü

Am wirksamsten ist es, wenn diese Visualisierungsübung bei Neumond ausgeführt wird.

1. Suchen Sie sich einen ruhigen Ort, an dem Sie ungestört sein können, und schauen Sie sich Foto Nummer 17 an.
2. Schließen Sie die Augen, und stellen Sie sich vor, Sie zögen einen schwer beladenen Schlitten einen steilen Berg hinauf. Auf ihm liegen all Ihre Zweifel und Ihr mangelndes Selbstvertrauen.
3. Achten Sie darauf, wie nah Sie dem Gipfel sind, aber wie weit er noch entfernt zu sein scheint. Der Gedanke an das, was Sie erreichen müssen, macht Sie fertig und verlangsamt Ihren Schritt.
4. Bitten Sie Erzengel Michael Ihnen, den Mut zu geben, voller Selbstvertrauen voranzuschreiten.
5. Bitten Sie Erzengel Uriel, alle Zweifel und den Mangel an Selbstvertrauen von Ihnen zu nehmen. Wie fühlen Sie sich nun?
6. Visualisieren Sie, dass Sie von gelber Energie umhüllt sind, welche die höchste Weisheit und Frieden enthält.
7. Visualisieren Sie, dass ein Einhorn stolz an Ihrer Seite trabt. Als Sie den Gipfel erreichen, scheint sein Licht weit über das Land hinaus.

8. Stellen Sie sich vor, dass der Schlitten nun völlig von der Last befreit ist, die Sie hinaufgezogen haben. Machen Sie sich für den Abstieg bereit.

9. Bitten Sie die Erzengel, Ihre Zweifel durch Selbstvertrauen zu ersetzen.

10. Sagen Sie ihnen, dass Sie nun bereit sind, die höchste Weisheit Ihrer Seele anzunehmen und Ihre alten Denkweisen durch diese zu ersetzen.

11. Entspannen Sie sich vollkommen, damit die Erzengel die notwendigen Veränderungen an Ihnen vornehmen können.

12. Bedanken Sie sich ganz herzlich bei ihnen.

FOTO NUMMER 18 IN KAPITEL 11:
ZELEBRIEREN SIE DAS ERWACHEN IHRES ERDSTERN-CHAKRAS. DIES IST EIN ÜBERGANGSRITUS, UM DEN NÄCHSTEN SCHRITT AUF DEM WEG DES AUFSTIEGS ZU BEWÄLTIGEN.

Kathy möchte Ihnen an dieser Stelle mitteilen, wie es ist, sich mit der Energie der Erzengel Sandalphon, Gabriel, Christiel und Mallory zu vereinen. Dies hat sie geschrieben, während es geschah:

»Während ich in den Orb schaue, stelle ich erstaunt fest, wie hell er ist, weil ich das nicht erwartet hatte. In der Mitte befindet sich eine cremefarbene Röhre. Man gestattet mir noch nicht den Zutritt. Ich weiß, dass der Orb im Augenblick auf etwas wartet, also muss auch ich warten. Er ist ganz still, so als ob er schlafen würde. Ich spüre eine sehr starke Erwartungshaltung. Während ich warte, wird meine Atmung tiefer und langsamer. Ich bin nun völlig entspannt. Während sich meine Atmung noch weiter vertieft, spüre ich, dass ich mich in einem meditativen Zustand befinde und ganz ruhig und friedlich bin. Bevor ich so recht weiß, was mit mir geschieht, hat mich der Orb plötzlich vollkommen aufgesaugt.

Ich befinde mich in einer sehr zähen Flüssigkeit. Sie ist dick und klebrig, aber irgendwie angenehm. Ich kann mich bewegen, allerdings nur sehr langsam. Dies wäre der ideale Orb, um darin die Seele baumeln zu lassen. Als ich vollkommen entspannt bin und eins mit dem Orb werde, erkenne ich, dass es um so viel mehr als nur um Entspannung geht. Ich spüre, wie mich wieder eine freudige Erregung überkommt. Die Flüssigkeit fängt langsam an, sich zu bewegen, und ich bewege mich mit ihr.

Schließlich hört die Bewegung wieder auf. In der Mitte des Orbs befindet sich eine Art Gitternetz. Ich weiß, dass ich bisher nur in einem Aspekt davon gewesen bin. Als ich in der Mitte aus der Flüssigkeit auf das Gitter hinaustrete, bin ich mir meiner Verbindung zu meinem höheren Bewusstsein und meiner Erdverbundenheit sehr stark bewusst. Ich erkenne mit vollkommener Gewissheit, dass ich einen sehr spirituellen Ort erreicht habe, an dem ich Gelegenheit haben werde, mein Energieniveau anzuheben und auf meinem spirituellen Weg voranzuschreiten. Wenn Sie über diesen Orb meditieren, wird dies ein sehr entspanntes und erleuchtendes Erlebnis sein.«

Eine Visualisierungsübung, um das Erwachen Ihres Erdstern-Chakras zu zelebrieren **Ü**

1. Schauen Sie sich Foto Nummer 18 an.
2. Zünden Sie eine Kerze an, und suchen Sie sich einen Ort, an dem Sie nicht gestört werden.
3. Setzen Sie sich bequem hin.
4. Heben Sie die Hände zum Himmel empor und rufen Sie Erzengel Sandalphon an. Sehen Sie ihn vor sich. Er überreicht Ihnen eine Kugel, in der sich die Erde in all ihrer Schönheit dreht.

5. Danken Sie ihm für sein Geschenk und teilen Sie ihm mit, dass Sie es zu schätzen wissen.

6. Stellen Sie sich nun vor, dass er die Kugel mit voller Kraft auf den Boden wirft, sodass sie zerbricht.

7. Nun sehen Sie vor sich die Erde so, wie sie von den Erzengeln gesehen wird. Sie sind in jedem kleinen Teil, aus denen die Erde besteht.

8. Sitzen Sie in ihrem wunderbaren Licht und widmen Sie Ihr Leben dem Dienst am Göttlichen. Bitten Sie demütig um Unterstützung.

9. Sie sehen vor sich eine Lichtkugel, die weder schwarz noch weiß, sondern beides zugleich ist. Sie wissen, dass dies Ihr Erdstern-Chakra ist und Sie nun untrennbar mit der Erde und dem Universum verbunden sind.

10. Vor Ihren Augen wird die Kugel wieder heil. Sie enthält nun wieder die ganze Erde. Man legt sie Ihnen behutsam um den Hals. Sie wissen nun ohne jeden Zweifel, dass Ihr Erdstern erwacht ist.

11. Schließen Sie die Augen, bedanken Sie sich und genießen Sie das Feuerwerk, das Ihnen zu Ehren gegeben wird.

FOTO NUMMER 19 IN KAPITEL 11: IN IHNEN WIRD DIE VERBINDUNG ZU HIMMEL UND ERDE AKTIVIERT, UM IHREN AUFSTIEG ZU UNTERSTÜTZEN.

M Meditation: Empfangen Sie den Lebenshauch vom göttlichen Quell

Stellen Sie sich vor, dass Sie sich in Luxor in der Wüste Ägyptens befinden. Viele Menschen gehen dort ihren Geschäften und Interessen nach. Sie interessieren sich nicht für ihr

Treiben, weil Sie sich stark zur großen Pyramide hingezogen fühlen. Langsam gehen Sie darauf zu. Sie spüren eine sanfte Brise, und der Wind bläst etwas Sand in Ihr Gesicht. Sie drehen sich um, um dem Wind weniger Angriffsfläche zu bieten. Schließlich erreichen Sie die Pyramide und spüren, wie in Ihnen die Aufregung wächst, weil Sie es kaum erwarten können, ins Innere zu gehen.

Kaum sind Sie drinnen, wissen Sie genau, wo Sie sind. Sie kennen sich in der Pyramide aus, weil Sie mit Sicherheit schon einmal hier gewesen sind. Sie gehen instinktiv zu einer bestimmten Kammer, setzen sich dort auf den Boden und warten. Sie treten in einen meditativen Zustand ein und beginnen, sanft von einer Seite zur anderen zu schaukeln. Dazu summen Sie immer wieder dieselbe Melodie. Die Atmosphäre in der Kammer wird erst schwer und dann wird sie plötzlich lebendig.

Sie sind von einem gewaltigen Licht umgeben. Sie wissen, dass hier eine äußerst machtvolle Energie von der Erde durch Ihre Wirbelsäule direkt in den Himmel hinaufschießt. Sie spüren auch, wie sie zurückkehrt, in die Erde eindringt und die Leylinien mit Licht erfüllt. Während sich dies ereignet, wissen Sie, dass die Erde den göttlichen Lebenshauch empfangen hat und Sie das Medium dafür gewesen sind. Voller Demut erkennen Sie, dass die Erde wachsen und heilen würde, wenn jeder Mensch sein höheres Bewusstsein anerkennen würde.

Ein Gebet für die Erde

1. Schauen Sie sich Foto Nummer 19 an.
2. Sprechen Sie das folgende Gebet: »Im Namen Gottes und all dessen, was Licht ist, bitte ich um Liebe, Kraft, die Ressourcen und eine tiefe Verbindung zu Himmel und Erde, damit die Erde erblühen möge. Ich rufe die Erzengel Roquiel und Sandalphon an,

mir zu helfen. Ich weihe mein Leben dem einen Ziel, unserem wunderschönen Planeten zu helfen und ihn zu ehren.«

FOTO NUMMER 20 IN KAPITEL 13: SPÜREN SIE, DASS SIE SICH IM EINKLANG MIT DEM UNIVERSUM BEFINDEN.

M Meditation: Sie empfangen ein ganz besonderes Geschenk

Stellen Sie sich vor, dass Sie sich tief in einer Höhle befinden. Es ist dort ziemlich schwül, die Höhle wird von Hunderten von Lichtstrahlen erhellt, die durch kleine Spalten in der Höhlendecke sickern. Die Höhle, in der es unzählige Stalagmiten und Stalaktiten gibt, die anscheinend Tausende von Jahren alt sind, ist wunderschön. Sie stehen von Ehrfurcht erfüllt vor diesem unglaublichen Anblick. Niemals zuvor haben Sie etwas so Schönes gesehen.

Sie gehen tiefer in die Höhle hinein, hören ein gewaltiges Rauschen und sehen etwas Spektakuläres. Am Ende der Höhle befindet sich eine Kaverne, die so hoch ist, dass Sie die Decke nicht sehen können. Aus dieser Höhe stürzt ein Wasserfall herab. Das Wasser trifft mit gewaltiger Macht auf dem Boden auf. Die Gischt spritzt so hoch empor, dass Sie sich erschrecken. Sie setzen sich auf einen Felsen, um so nahe wie möglich am Wasserfall zu sein. Sofort sind Sie völlig in einen feinen Nebel gehüllt. Die Wassertropfen schmecken so rein und sind so außergewöhnlich kalt, dass Sie anfangen zu frösteln. Während Sie weiterhin den Wasserfall anschauen, wird die Kaverne von gelbem Licht erfüllt. Das Wasser nimmt eine goldene Färbung an. Als der Nebel Sie mit goldenen Tropfen überschüttet, wissen Sie, dass Sie ein ganz besonderes Geschenk erhalten haben. Jeder funkelnde Tropfen lässt Sie erzittern, erhöht aber Ihr Energieniveau bis zum Siedepunkt. Es ist fast zu viel, aber

Sie lieben es. Sofort verstärkt sich Ihr Selbstvertrauen. Sie erkennen, dass Sie mit Positivität gesegnet sind. Mit dieser Erkenntnis wird das Licht wieder schwächer, und Ihre Energie sinkt wieder auf ein Niveau, das erträglicher ist. Sie stehen auf, entfernen sich vom Wasserfall und gehen zum Höhleneingang zurück. Sie haben sich verändert. Sie sind ruhiger, entspannter und völlig mit dem zufrieden, was Sie sind.

Eine Übung, um Positivität und Selbstvertrauen zu empfangen   Ü

1. Schauen Sie sich Foto Nummer 20 an.
2. Hören Sie sich wunderschöne Musik an, summen Sie dazu oder machen Sie selbst Musik.
3. Rufen Sie Erzengel Zadkiel an und bitten Sie ihn, Sie in positiver Energie zu halten.
4. Rufen Sie Erzengel Uriel an und bitten Sie ihn, die Energie der Musik über Sie auszugießen.
5. Rufen Sie Erzengel Raphael an und bitten Sie ihn, die heilenden Klänge in Ihren Solarplexus zu ziehen.
6. Visualisieren Sie, dass Ihr Solarplexus von goldenem Licht erfüllt ist.
7. Schauen Sie zu, wie die Erzengel dieses Licht durch all Ihre Chakras drücken, wie es nach oben steigt und dort wie eine Fontäne hervorspritzt und Sie mit Positivität und Selbstvertrauen überschüttet.
8. Spüren Sie die Bewegung der Energie tief in Ihrem Inneren.
9. Bedanken Sie sich bei den Erzengeln Zadkiel, Uriel und Raphael.

FOTO NUMMER 21 IN KAPITEL 14: EMPFANGEN SIE LIEBE UND FREUDE UND SPÜREN SIE DEN WUNSCH, DIESE MIT ANDEREN ZU TEILEN.

Ü — Eine Visualisierungsübung, um Liebe und Freude mit anderen zu teilen

1. Schauen Sie sich Foto Nummer 21 von Erzengel Chamuel an.
2. Suchen Sie sich einen ruhigen Platz, an dem Sie ungestört sitzen können.
3. Zünden Sie eine Kerze an und weihen Sie sie der Aufgabe, Liebe und Freude mit anderen zu teilen.
4. Schließen Sie die Augen und bitten Sie Erzengel Chamuel, Sie in eine schöne weiche rosafarbene Wolke zu hüllen. Die Wolke ist voller Liebe und Freude.
5. Stellen Sie sich alle und alles vor, mit denen Sie dieses Erlebnis teilen möchten.
6. Breiten Sie nun die Arme aus und lassen Sie sich von Erzengel Chamuel mit in das kosmische Herz nehmen.
7. Verhalten Sie sich sehr ruhig und hören Sie dem Schlagen des kosmischen Herzens zu.
8. Stellen Sie sich vor, dass die weiche rosafarbene Wolke immer größer wird und sich ausdehnt, um all die Liebe, die verfügbar ist, aufzunehmen.
9. Stellen Sie sich vor, die Wolke würde nun platzen und Freude und Liebe würden in Tropfenform auf all jene herniederfallen, die sie brauchen.
10. Visualisieren Sie, dass alle und alles anfängt zu lächeln, und stellen Sie sich vor, wie ihre Aura leichter und heller wird.

11. Bedanken Sie sich bei Erzengel Chamuel für seine Güte.

12. Öffnen Sie die Augen in der Gewissheit, dass Sie diese Übung jederzeit wiederholen können und dass Ihr Leben und das anderer Menschen jedes Mal von mehr Liebe und Freude erfüllt werden wird.

FOTO NUMMER 22 IN KAPITEL 15: SIE EMPFANGEN EINEN SCHUB AN MUT, KRAFT UND SCHUTZ.

Meditation: Sie fliegen sicher und beschützt

M

Stellen Sie sich vor, Sie befänden sich an Bord eines sehr kleinen Flugzeugs. Sie sind ein erfahrener Pilot, der Tausende von Flugstunden hinter sich hat. Sie wollen einen Freund besuchen, der mitten im Meer auf einer kleinen Insel lebt. Während Sie so darüber nachdenken, was Sie tun werden, wenn Sie ihm begegnen, empfangen Sie eine Meldung von der Flugüberwachung, die besagt, dass sich direkt vor Ihnen ein größerer Sturm zusammenbraut. Sie überprüfen, ob Sie noch genug Benzin haben, um umzudrehen und zurückzufliegen, aber das erweist sich leider als keine Option. Es gibt keine anderen Inseln auf Ihrer Flugroute, auf denen Sie landen und das Ende des Sturms abwarten könnten. Ihre einzige Option besteht darin, weiterzufliegen. Sie informieren die Flugüberwachung, dass Sie genau das beabsichtigen.

Nun beginnen sich die ersten Turbulenzen bemerkbar zu machen, und Sie bekommen es doch mit der Angst zu tun. Der Sturm wird schnell stärker, und Sie ahnen, dass Sie den schlimmsten Flug Ihres Lebens vor sich haben. Tatsächlich fürchten Sie um Ihr Leben. Schon bald können Sie nicht mehr sehen, wohin Sie eigentlich fliegen. Plötzlich taucht die Maschine, weil sie in ein Luftloch geraten ist, ab und schwankt wie wild hin und her. Sie können das laute Geräusch der Motoren hören, während sich das Flugzeug durch den Sturm kämpft. Instinktiv schließen Sie einen Moment lang die Augen und schicken ein Stoßgebet gen Himmel. Sie bitten um Schutz, den Mut und die Willensstärke, dies durchzustehen. Ganz plötzlich ist die Maschine in eine Art blauen Nebel gehüllt und stabilisiert sich, obwohl der Sturm mit unverminderter Kraft weitertobt.

Sie spüren irgendwie, dass Sie steigen müssen, um aus dem Zentrum des Sturms herauszukommen, und bitten um Erlaubnis, dies zu tun. Natürlich bewilligt die Flugüberwachung dieses Manöver. Noch während Sie steigen, merken Sie, dass der Sturm immer schwächer wird. Minutenlang bleibt der blaue Nebel bei Ihnen. Erst als Sie die letzten Ausläufer des Sturms erreicht haben und die Gefahr gebannt ist, verschwindet er. Sie wissen ohne den Hauch eines Zweifels, dass Ihre Gebete beantwortet worden sind, dass Sie beschützt wurden und dass Ihnen der Mut gegeben wurde, mit dieser Situation umzugehen. Sie wissen außerdem, dass Sie angeleitet wurden, die richtigen Entscheidungen zu treffen, um die Maschine sicher aus der Gefahrenzone herauszubringen. Der Himmel erstrahlt nun im schönsten Blau, und Sie können sich endlich entspannen. Während des restlichen Fluges denken Sie über Ihr Erlebnis nach. Sie danken Gott, dass Sie den Sturm sicher überstanden haben und dass Ihr Flugzeug keinen Schaden genommen hat.

Ü Eine Übung, um Schutz herbeizurufen

1. Schauen Sie sich Foto Nummer 22 von Erzengel Michael an.
2. Wenn Sie sich wegen eines bestimmten Menschen Sorgen machen, legen Sie ein Foto dieser Person auf das Orb-Foto.

3. Rufen Sie Erzengel Michael an und bitten Sie ihn, diesen Menschen zu beschützen und ihm Kraft und Mut zu schenken.
4. Sitzen Sie still und visualisieren Sie die betreffende Person, die ganz und gar von Michaels blauem Mantel umgeben ist. Sein Schwert befindet sich vor der Person, sein Schild dahinter.
5. Sagen Sie laut: »So sei es. Es ist vollbracht.«
6. Danken Sie Erzengel Michael.

FOTO NUMMER 23 IN KAPITEL 15: EMPFANGEN SIE DIE BESTÄTIGUNG, DASS ES TATSÄCHLICH ENGEL GIBT.

Ein Gebet an die Engel

G

1. Schauen Sie sich Foto Nummer 23 an.
2. Zünden Sie eine Kerze an und weihen Sie sie den Engeln.
3. Sprechen Sie folgendes Gebet: »Im Namen Gottes und all dessen, was Licht ist, bitte ich darum, dass du allen Engeln, die der Menschheit und dem Universum helfen, Licht und Liebe schenkst.«
4. Schließen Sie die Augen, und stellen Sie sich vor, dass die Himmel im Lichte Gottes erstrahlen.
5. Sie können ganz sicher sein, dass dies tatsächlich so ist.
6. Danken Sie Gott.

FOTO NUMMER 24 IN KAPITEL 17: SIE ERHALTEN
HILFE, UM IHRE INTUITION UND IHRE HÖHEREN
PARAPSYCHISCHEN UND SPIRITUELLEN BEGABUNGEN
ZU ENTFALTEN.

M Meditation: Spüren Sie die Bäume

Stellen Sie sich vor, Sie befänden sich mitten in einem tropischen Urwald. Vom letzten Regen sind die Blätter noch ganz nass, und im Augenblick riecht alles sehr intensiv. Sie haben einen sehr guten Führer, dem Sie vollkommen vertrauen – was gut ist, da der Urwald voller gefährlicher Tiere und Pflanzen ist. Mit jedem Schritt entdecken Sie etwas. Sie sehen neue Pflanzen, Tiere und Insekten, die Sie vorher noch nie gesehen haben. Ihnen brummt der Kopf. Nachdem Sie mehrere Stunden gelaufen sind, kommen Sie endlich an den Ort an, wo Sie Ihr Nachtlager aufschlagen werden. Es handelt sich um eine große Lichtung mit kleinen Hütten hoch in den Bäumen. Ihr Führer macht ein kleines Feuer, dessen würziger Duft bald die Luft erfüllt. Es riecht süßlich. Sie setzen sich um das Feuer.

Als die Nacht hereinbricht, erscheinen am Himmel unzählige Sterne. Es ist einfach wunderbar, noch nie hat der Himmel so herrlich ausgesehen. Ihr Führer fängt an, eine einfache Melodie zu singen, die sich zwar immer wiederholt, aber sehr melodisch ist. Sie stimmen ein und spüren, dass sich Ihre Energie zu verändern beginnt. Ihnen wird klar, dass Sie auf eine höhere Ebene geführt werden und Ihre Sinnesorgane nun nicht mehr im üblichen Sinne funktionieren. Alles um Sie herum scheint sich zu verändern. Was ein Baum war, ist nun eine herrliche Energieform. Das Feuer hat eine andere Beschaffenheit, und Sie können Ihren Führer nicht mehr sehen. Sie erkennen plötzlich, dass Sie sich in der Gegenwart von Engeln befinden und von ihnen auf ein höheres Energieniveau mitgenommen werden. Ihnen wird die Ehre zuteil, das Leben in einem der erstaunlichen Bäume spüren zu dürfen.

Der Baum nimmt Sie mit auf eine Reise vom Schössling bis zu dem gewaltigen Urwaldriesen, der er nun ist. Sie wissen, wie die Erde den Baum unterstützt, wie das Wetter ihn verändert hat, wie sehr sich die Tiere auf ihn verlassen, welche Pflanzen auf ihm leben und welche Naturkatastrophen sich im Laufe seines langen Lebens ereignet haben. Die Engel tauschen stundenlang Erfahrungen mit Ihnen aus. Schließlich ziehen sie sich zurück, und Ihre Energie kehrt in den Normalzustand zurück. Angesichts des Geschehenen sind Sie von Ehrfurcht erfüllt. Ihr Führer hilft Ihnen auf den Baum hinauf zu Ihrer Hütte, wo Sie sofort einschlafen. Als Sie am nächsten Morgen aufwachen, wissen Sie, dass sich in Ihnen ein größerer Bewusstseinswandel vollzogen hat.

Eine Übung, um Ihre Intuition und Ihre höheren parapsychischen Begabungen zu entwickeln

Ü

Diese Übung kann natürlich allein ausgeführt werden, es macht aber mehr Spaß, sie zu zweit oder in der Gruppe zu machen.

1. Schauen Sie sich Foto Nummer 24 der Erzengel Jophiel, Metatron, Gabriel, Michael und Meisterin Nada an.
2. Nehmen Sie ein Kartenspiel und breiten Sie die Karten verdeckt vor sich aus. Sorgen Sie dafür, dass sie gut gemischt sind.
3. Drehen Sie eine Karte um und halten Sie sie in den Händen.
4. Halten Sie die Energie der Karte im Herz-Chakra, legen Sie sie offen ab.
5. Lassen Sie eine Hand über den restlichen Karten schweben. Schicken Sie Energie aus dem Herz-Chakra

zu den Erzengeln, und bitten Sie sie, Ihnen zu helfen, sich auf eine Karte mit gleichem Wert einzustimmen.

6. Lassen Sie sich Zeit und wenn Ihr Herz spürt, dass Sie die passende Karte zu der bereits umgedrehten gefunden haben, riskieren Sie es und drehen Sie die Karte um.

7. Denken Sie nicht darüber nach, lassen Sie einfach Ihr Herz entscheiden.

8. Wenn Sie diese Übung öfters wiederholen, wird es wahrscheinlich immer leichter werden, eine passende Karte zu finden.

9. Vielleicht denken Sie nun, dass sich die Erzengel doch gewiss niemals herablassen würden, Karten zu spielen, aber das genaue Gegenteil ist der Fall.
Die Erzengel sehen dies als eine Möglichkeit an, spielerisch Kontakt zu uns aufzunehmen, damit wir lernen, unserem Herzen zu vertrauen.

10. Bedanken Sie sich bei den Erzengeln.

FOTO NUMMER 25 IN KAPITEL 18: SIE VERSPÜREN DEN WUNSCH, SICH DIE WEISHEIT AUS FRÜHEREN LEBEN WIEDER ANZUEIGNEN, DABEI BESCHÜTZT ZU WERDEN UND SIE AUF DEM WEG DES AUFSTIEGS ANZUWENDEN.

M   Meditation: Besuchen Sie ein früheres Leben

Setzen Sie sich bequem hin und denken Sie über Ihr Leben nach. Erinnern Sie sich, was letzte Woche, letztes Jahr und was in Ihrer Kindheit geschehen ist. So vieles hat sich in Ihrem Leben ereignet, aber Sie spüren, dass da noch mehr sein muss. Sie wissen irgendwie, dass Sie es nun herausfinden werden. Bei diesem Gedanken spüren Sie plötzlich, dass ein Engel Sie anschaut und Sie auffordert, mit ihm zu kommen. Sie strecken die Hand aus. Als der Engel sie ergreift, hüllt seine Energie Sie vollkommen ein.

Plötzlich werden Sie sich bewusst, dass sich Ihre Umgebung verändert hat. Sie wissen nicht, warum Sie es wissen, Sie wissen es einfach. Sie gehen in ein früheres Leben zurück. Der Engel rät Ihnen, sich Zeit zu lassen, dieses Leben als Beobachter zu erleben. Sie nehmen dieses Angebot gerne an und wissen, dass Sie beschützt und geführt werden. Der Engel hat nur eine einzige Aufgabe für Sie, während Sie dieses Leben beobachten: Sie sollen den Grund herausfinden, warum Ihnen dieses bestimmte Leben gezeigt wird. Der Grund hat nämlich mit Ihrem gegenwärtigen Leben zu tun. Sie akzeptieren dies bereitwillig. Sie bringen eine lange Zeit damit zu, sich in diesem früheren Leben zu beobachten.

Wenn Sie alles gesehen haben, was Sie sehen müssen, werden Sie sich wieder der Anwesenheit des Engels bewusst. Sie erzählen ihm, was Sie herausgefunden haben. Er bittet Sie, wieder an Ihren Ausgangspunkt zurückzukehren und sich aufmerksam anzuhören, was er Ihnen zu sagen hat. Er erklärt Ihnen die Bedeutung dieses früheren Lebens und sagt, dass Ihnen der Besuch dort geholfen hat, den Kontakt zur Weisheit aus früheren Leben wiederherzustellen. Er sagt Ihnen, wie Sie diese für den Aufstieg nutzen können. Mit dieser Information verlässt er Sie, und Sie fühlen sich irgendwie erleuchtet.

Sie können mithilfe dieser Übung Kontakt zu allen früheren Leben aufnehmen.

Eine Übung, um sich Ihrer früheren Leben bewusst zu werden und diese zu heilen

Ü

1. Schauen Sie sich Foto Nummer 25 an.
2. Denken Sie an eine Person, die Ihnen von irgendwoher vertraut zu sein scheint. Dabei ist es gleich, ob sie Ihnen sympathisch oder unsympathisch ist.

Sie können aber auch an einen Ort denken, an dem Sie das Gefühl haben, schon einmal dort gewesen zu sein.

3. Schließen Sie die Augen und entspannen Sie sich.

4. Bitten Sie die Engel, Sie in das frühere Leben zurückzuführen, in dem Sie die betreffende Person oder den betreffenden Ort gekannt haben.

5. Spüren Sie, dass Ihr Engel ganz nah bei Ihnen ist und dass er vielleicht sogar Ihre Hand hält.

6. Vor Ihnen taucht eine Brücke auf, über die Sie gehen.

7. Sie gehen in der Zeit zurück.

8. Zählen Sie langsam von zehn bis null, während Sie durch die Jahre oder Jahrhunderte zurückgehen.

9. Als Sie die Brücke verlassen, sind Sie in einem früheren Leben angekommen. Vielleicht wissen Sie, wo Sie sind. Vielleicht haben Sie eine Ahnung oder ein Gefühl der Vertrautheit.

10. Bitten Sie darum zu erfahren, was damals geschehen ist.

11. Aus Ihrer jetzigen Perspektive und mit dem nötigen Abstand lassen Sie alles, was damals geschehen ist, los, vergeben den Beteiligten und heilen die Situation.

12. Gehen Sie über die Brücke zurück an den Ort, von dem aus Sie losgegangen sind. Sie sind derselbe Mensch, aber Ihr Bewusstsein hat sich erweitert und Heilung hat stattgefunden.

FOTO NUMMER 26 IN KAPITEL 18: EMPFANGEN SIE LEBENSFREUDE VOM GÖTTLICHEN QUELL.

Ü Eine Übung, um Lebensfreude vom göttlichen Quell zu empfangen

1. Schauen Sie sich Foto Nummer 26 an.

2. Spüren Sie die Energie, und seien Sie sich gewiss, dass sich etwas Außergewöhnliches ereignen wird.

3. Gehen Sie hinaus und schauen Sie sich einen Sonnenaufgang an.
4. Während Sie ihn beobachten, rufen Sie die Erzengel Christiel, Mallory und Zadkiel an und bitten Sie sie, Ihr Herz mit göttlicher Energie zu erfüllen.
5. Heben Sie die Arme zum Himmel, um zu zeigen, wie dankbar Sie für dieses wunderbare Geschenk sind.
6. Hüpfen Sie herum, um auch noch den letzten Rest dieser Energie zu verbrauchen.
7. Seien Sie gewiss, dass Sie von Licht, Liebe, Weisheit und Frieden erfüllt sind.
8. Danken Sie den Erzengeln für diesen wunderbaren Augenblick, und versichern Sie ihnen, dass Sie diese Energie an alle weitergeben werden, denen Sie begegnen.

FOTO NUMMER 27 IN KAPITEL 19: SIE EMPFANGEN ENERGIE, DIE SIE DAZU INSPIRIERT, IM INTERESSE DES HÖCHSTEN WOHLES ALLER WESEN AKTIV ZU WERDEN.

Eine Übung, um die Zugehörigkeit zum spirituellen Weg zu spüren

Ü

1. Schauen Sie sich Foto Nummer 27 an.
2. Spüren Sie, dass Sie auf dem spirituellen Weg zur Erleuchtung willkommen sind.
3. Schließen Sie die Augen und visualisieren Sie einen Pfad, der einen Berg hinaufführt. Er ist von Bäumen in verschiedenen Farben gesäumt und wird von violettem Licht erhellt.
4. Sie sind in die Energie Erzengel Zadkiels eingehüllt.
5. Alles, was Sie sehen, ist von Liebe erfüllt. Bei jedem Schritt spüren Sie, dass Sie weiser werden.

6. Wenn Sie den Gipfel erreichen und sich umschauen, wissen Sie, dass allem ein höherer Sinn innewohnt.

7. Sie sind sich nun sicher, dass Sie auf diesen Weg gehören und dass Sie von der geistigen Hierarchie unterstützt werden.

FOTO NUMMER 28 IN KAPITEL 19: SIE SPÜREN EIN FREUDIGES ERWACHEN DES HERZENS UND DES STERNENTORES.

M   Meditation: Die Reise der Seele

Stellen Sie sich vor, Sie stünden in einem strahlenden Licht, das Sie blendet. Es ist so hell, dass Sie keine Ahnung haben, wo Sie sind, aber Sie wissen, dass Sie sich in vollkommener Sicherheit befinden. Als sich Ihre Augen an das Licht gewöhnt haben, sehen Sie, dass Sie sich auf dem Gipfel des Mount Everest befinden. Die Aussicht ist atemberaubend. Der Himmel ist blau, einzelne Wolken ziehen unter Ihnen vorbei und die Luft ist außerordentlich frisch. Der Anblick verändert sich, und plötzlich sehen Sie Bäume aus den Wolken wachsen, die rosafarbene Blüten tragen. Schon bald sehen Sie nichts als Rosa. Die Wolken steigen auf, bis sie auf derselben Höhe wie der Gipfel sind.

Sie steigen auf die erste Wolke und gehen zum nächsten Baum mit den rosafarbenen Blüten hinüber, wobei Sie knietief in die Wolkensubstanz einsinken. Sie stellen sich unter den Baum. Als er sich schüttelt, werden Sie von rosafarbenen Blüten eingehüllt. Mit jeder Blüte, die Ihre Haut berührt, spüren Sie, wie Ihre Energie zunimmt. Sie fallen auf die Knie, heben die Blüten auf und werfen sie wieder in die Luft, sodass sie noch einmal auf sie herniederregnen. Aber dieses Mal spüren Sie, wie sich Ihr Herz-Chakra zu rühren beginnt. Ihnen wird bewusst, dass das Chakra glüht. Es sucht nach Informationen, und das fühlt sich wirklich gut an. Sie stellen nicht infrage, warum es diese Informationen haben will, weil es so normal ist. Sie können sehen, wie die rosafarbene Energie im Herz-Chakra nach unten drückt und durch das Solarplexus-, Nabel-, Sakral-, Basis- und Erdstern-Chakra strömt. Gleichzeitig steigt die rosafarbene Energie auch durch das Hals-, Stirn-, Kronen-, Kausal-, Seelenstern- und Sternentor-Chakra auf.

Als diese Energie die Erde mit den Sternen verbindet, entdecken Sie, dass sich die Farbe des Herz-Chakras zu einem strahlenden, dynamischen Weiß verändert. Sie wissen mit absoluter Gewissheit, dass Sie gerade Informationen aufgenommen haben, die Ihre Seele auf ihrer Reise voranbringen wird. Als die Energie schwächer wird, sehen Sie, dass die rosafarbenen Blüten nun weiß geworden sind und Ihr Herz wieder glüht. Sie schließen die Augen und lächeln, weil Sie sich so wunderbar fühlen. Als Sie die Augen wieder öffnen, stellen Sie fest, dass Sie wieder zu Hause sind. Sie erkennen, dass Sie auf dem Weg des Aufstiegs ein gutes Stück vorangekommen sind.

Eine Visualisierungsübung, um den Kontakt zum Sternentor herzustellen   Ü

1. Schauen Sie sich Foto Nummer 28 an.
2. Zünden Sie eine Kerze an, und setzen Sie sich an einen Ort, an dem Sie nicht gestört werden.
3. Schließen Sie die Augen und entspannen Sie sich.
4. Die Hände in der Gebetshaltung aneinandergelegt, rufen Sie die Erzengel Mariel, Lavendel und Chamuel an. Stellen Sie sich vor, dass sich vor Ihnen eine Treppe befindet, die so hoch hinaufführt, dass Sie ihr Ende nicht sehen können. Die Treppe ist aus purem Gold.

5. Danken Sie den Erzengeln dafür, dass sie Ihnen den Zugang zum Sternentor ermöglichen.

6. Steigen Sie die Treppe hinauf. Mit jedem Schritt spüren Sie, dass Sie mehr und mehr glühen. Je höher Sie steigen, desto goldener wird dieses Glühen.

7. Treten Sie in Ihr Sternentor ein.

8. Verbringen Sie so viel Zeit darin, wie Sie mögen, und baden Sie in seinem wunderbaren Licht.

9. Weihen Sie Ihr Leben dem Dienst am Göttlichen und bitten Sie in aller Demut darum, dass man Ihnen hilft, alles, was Sie tun, zum höchsten Wohle aller Wesen zu tun.

10. Steigen Sie die Treppe wieder hinunter. Wenn Sie unten angekommen sind, wissen Sie, dass Sie sich auf einem neuen Weg befinden und dass Sie jederzeit zurückkehren können.

11. Bedanken Sie sich bei den Erzengeln für diese wunderbare Gelegenheit.

FOTO NUMMER 29 IN KAPITEL 19: SIE SIND EINGELADEN, MIT MUTTER MARIAS HILFE DEN WEG DES HERZENS ZU GEHEN.

Ü Eine Visualisierungsübung, um Kontakt zu Mutter Maria aufzunehmen

1. Schauen Sie sich das Foto Nummer 29 von Mutter Maria und Erzengel Zadkiel an.

2. Zünden Sie eine Kerze an und weihen Sie sie dem höchsten Wohle aller Wesen.

3. Setzen Sie sich still hin, und sorgen Sie dafür, dass man Sie nicht stört.

4. Visualisieren Sie, dass Sie in die wunderbare, lebendige Energie Mutter Marias eingehüllt sind und dass Sie von ihr darin gehalten werden.

5. Atmen Sie diese Energie ein, und spüren Sie, wie sie jeden Teil von Ihnen erfüllt.

6. Bleiben Sie in dieser Energie, bis Mutter Maria sie zurückzieht.

7. Bedanken Sie sich bei ihr für diese wunderbare Erfahrung.

FOTO NUMMER 30 IN KAPITEL 20: SIE SIND EINGELADEN, DEN WEG DES AUFSTIEGS ZU BESCHREITEN.

Meditation: Sie haben einen positiven Einfluss auf die Menschheit M

Stellen Sie sich vor, dass Sie sich kurz vor der Ankunft in China befinden. Sie sind aufgeregt, weil Sie mit anderen Menschen aus allen Teilen der Welt die Große Mauer besichtigen wollen. In Ihnen beginnt sich ein wunderbares Gefühl herauszubilden. Sie wissen, dass etwas geschehen wird, auch wenn Sie keine Ahnung haben, was das sein könnte. Schließlich landet das Flugzeug, Sie gehen problemlos durch die Zollabfertigung und werden dorthin gebracht, wo Sie die anderen Teilnehmer treffen sollen. Sie begrüßen einander mit Interesse. Ihre Gruppe ist aus der ganzen Welt angereist, um hier sein zu können. Alle scheinen ganz nett zu sein. Sie gehen in das Hotel, in das Sie für die folgende Nacht ein Zimmer gebucht haben. Sobald die Formalitäten erledigt sind, gehen Sie gemeinsam mit den anderen zur Großen Mauer.

Sie steigen auf den ersten Wachturm. Mittlerweile ist die Nacht hereingebrochen, und die Sterne über Ihnen funkeln hell. Alle bilden einen Kreis und halten sich an den Händen.

Sie alle wollen die Energie der Mauer und ihrer Erbauer spüren. Sie beginnen rhythmisch zu singen, bis sich der Gesang immer mehr auf einen Höhepunkt zu bewegt. Die Energie, die zwischen Ihnen fließt, ist gewaltig, und die Energie in der Mitte des Kreises ist noch stärker. Sie werden sich bewusst, dass Sie alle in die Energie des Erzengels Metatron eingehüllt sind. Sie wissen nicht, woher Sie es wissen, Sie wissen es einfach. Sie können die andere Seite des Kreises nicht erkennen, weil das Licht zu hell ist.

Während Sie in diesem Licht gehalten werden, empfangen Sie eine Botschaft, die besagt, dass jeder Schritt, den Sie machen, voller Frieden und Liebe zur Menschheit sein muss, da es die kleinen Dinge sind, die am wichtigsten sind. Die Energie bleibt unverändert. Sie können den Kreis nicht verlassen, selbst wenn Sie es wollten. Nach einer ganzen Weile wird die Energie dann aber doch schwächer, und alle treten langsam aus dem Kreis zurück. Jeder erzählt, was er erlebt hat, und erstaunlicherweise haben alle genau dieselbe Erfahrung gemacht. Sie kommen sich sehr klein vor, aber Sie sind fest entschlossen, dafür zu sorgen, dass jeder Ihrer Schritte eine positive Wirkung auf die ganze Menschheit hat. Sie wissen, dass Ihre Energie ein höheres Bewusstseinsniveau erreicht hatte, als Sie in Erzengel Metatrons Energiefeld waren, und dass Sie auf Ihrem Aufstiegsweg einen Bewusstseinswandel erlebt haben.

Ü **Eine Übung, um Schutz von Erzengel Michael und Rat von Erzengel Metatron zu erbitten**

1. Schauen Sie sich Foto Nummer 30 an.
2. Rufen Sie Erzengel Michael und bitten Sie ihn, Sie auf Ihrem Weg zu beschützen.
3. Rufen Sie Erzengel Metatron und bitten Sie ihn, Sie bei Ihrer spezifischen Aufgabe zum höchsten Wohle aller anzuleiten und zu führen.

4. Sie können sicher sein, dass Ihnen Ihre Bitten gewährt worden sind.

ABBILDUNG 31 IN KAPITEL 20: METATRONS WÜRFEL

Eine Übung, um mit Ihrem höheren Selbst in Kontakt zu kommen

1. Schauen Sie sich Abbildung 31 an.
2. Setzen Sie sich still hin und konzentrieren Sie Ihre Energie auf die höchste Intention.
3. Bitten Sie Erzengel Metatron, Sie durch den Würfel zu geleiten.
4. Sie können sicher sein, dass Sie geführt und beschützt werden.
5. Suchen Sie bei jedem Besuch nur einen Bereich des Würfels auf.
6. Führen Sie über Ihre Erlebnisse Tagebuch.
7. Wenn Ihnen eines Ihrer Erlebnisse nicht klar ist, schreiben Sie es auf und bemühen Sie sich um Klarheit, indem Sie Erzengel Gabriel anrufen.
8. Gehen Sie dabei langsam und behutsam vor und lernen Sie aus jedem Besuch etwas.
9. Jedes Mal wenn Sie auf diese Reise gehen, bedanken Sie sich bei Erzengel Metatron und allen anderen Wesen, denen Sie dabei begegnen.

FOTO NUMMER 32 IN KAPITEL 20: VERSPÜREN SIE IN IHREM HERZEN EIN GEFÜHL UNIVERSELLEN FRIEDENS.

Meditation: Werden Sie zum Friedensstifter M

»Mit großer Trauer übergebe ich heute meinen Sohn der Erde.« Dies sind die Worte, die Sie hören, während Sie auf einem Baum in der Nähe eines Friedhofs sitzen. Sie werden von einer Dame gesprochen, die ihren Sohn im Krieg verloren hat. Sie klettern den Baum hinunter, weil Sie das Gefühl haben, die Trauer eines anderen Menschen zu belauschen. Sie gehen weg und spüren ein tiefes Gefühl des Verlustes. Sie denken bei sich selbst: »Warum musste das geschehen? Warum gibt es immer wieder Krieg?«

In diesem Moment nehmen Sie sich vor, etwas Positives zu tun, um der Welt Frieden zu bringen. Sie haben keine Ahnung, was das sein könnte oder wie Sie es angehen sollen, Sie wissen einfach, dass Sie etwas tun werden. Sie rufen dem Universum zu: »Ich bin ein Friedensstifter!« Sie wiederholen die Worte immer wieder. Schließlich kehren Sie erschöpft zum Baum zurück und klettern wieder auf einen Ast, um sich dort auszuruhen. Auf dem Friedhof ist mittlerweile alles ganz friedlich geworden. Während Sie auf Ihrem Baum sitzen, fällt Ihnen auf, dass das Licht um Sie herum heller geworden ist. Plötzlich sind Sie von Hunderten Liebesengeln umgeben, die Sie in ihrer Liebe halten. Davon fühlen Sie sich getröstet und ermutigt. Allmählich wechselt das Licht, das Sie umgibt, von einem strahlenden Weiß zu einem leuchtenden Goldton. Sie spüren, wie Sie ganz davon verzehrt werden und wie Sie ein tiefer Friede erfüllt.

Man bittet Sie, sich den Engeln anzuschließen, damit sie Ihnen bestimmte Informationen geben können, die Sie brauchen, wenn Sie tatsächlich ein Botschafter des Friedens sein wollen. Sie wissen, dass Sie so viel Zeit damit zubringen können, die Einzelheiten der Botschaft zu verstehen, wie Sie wollen. Schließlich wird das goldene Licht ebenso schwächer wie das gleißend helle weiße Licht, sodass Sie den Baum, auf dem Sie sitzen, wieder sehen können. Sie klettern hinunter und machen sich auf den Nachhauseweg, damit Sie die empfangenen Botschaften in Ihr Tagebuch eintragen können.

In der folgenden Nacht erscheint Ihnen Erzengel Metatron im Traum und überbringt Ihnen weitere Informationen. Sie schlafen tief und fest. Als Sie am nächsten Morgen aufwachen, sind Sie bereit und entschlossen, überall Frieden zu verbreiten. Sie haben verstanden, dass eine Sache mehr Energie erhält, je mehr Sie gegen sie kämpfen. Deshalb haben Sie sich nun entschieden, Ihre Energie ganz der Sache von Liebe und Frieden zu widmen.

Eine Übung, um die Sache des Friedens zu fördern

1. Zünden Sie eine Kerze an und bitten Sie Erzengel Michael um seinen Schutz.
2. Schließen Sie die Augen.
3. Regulieren Sie Ihre Atmung.
4. Sorgen Sie dafür, dass die Energie in Ihrem Solarplexus-Chakra ausgeglichen ist.
5. Konzentrieren Sie sich auf das Herz-Chakra und spüren Sie hinein.
6. Dehnen Sie die Energie aus dem Herz-Chakra so weit wie möglich aus.
7. Sie können mit Bestimmtheit davon ausgehen, dass Erzengel Metatrons Energie von Ihrem Herz-Chakra gespürt wird.
8. Atmen Sie diese Energie in das Herz-Chakra hinein.
9. Spüren Sie, wie Sie ein tiefer Friede erfüllt.
10. Bitten Sie um Klarheit, damit Sie unterscheiden können, ob dieser Friede für Sie gedacht ist oder ob Sie ihn an andere weitergeben sollen.
11. Nehmen Sie das Geschenk des Friedens an.
12. Ziehen Sie die Energie des Herz-Chakras zurück, bis es wieder seine normale Größe erlangt hat.
13. Bedanken Sie sich bei Erzengel Metatron für das Geschenk des Friedens.

FOTO NUMMER 33 IN KAPITEL 22: SPÜREN SIE, DASS MAN SICH UM SIE KÜMMERN WIRD, WENN SIE STERBEN.

Ü Eine Übung, um mit denen im Geist Kontakt aufzunehmen

Bedenken Sie dabei bitte, dass das Leben nicht nur für Sie, sondern auch für jene im Geist unaufhörlich weitergeht. Sie sind nur einen Gedanken weit von Ihnen entfernt und die Engel bringen sie zu Ihnen. (Da diese Übung Sie möglicherweise sehr aufwühlen kann, sollten Sie sich gut überlegen, ob Sie weitermachen wollen.)

1. Schauen Sie sich Foto Nummer 33 an.
2. Schließen Sie die Augen und entspannen Sie sich.
3. Denken Sie an einen lieben Angehörigen, zu dem Sie Kontakt aufnehmen möchten.
4. Rufen Sie die Erzengel Azrael, Raphael, Uriel, Gabriel, Michael, Metatron und Chamuel an, und bitten Sie sie darum, Sie in einer Energie zu halten, die es Ihnen ermöglicht, mit diesem lieben Verstorbenen zu verschmelzen.
5. Dehnen Sie Ihre Aura aus, bis Sie die Gefühle dieses lieben Verstorbenen fühlen oder sie vor sich sehen können.
6. Bitten Sie die Erzengel, den lieben Verstorbenen in Ihr Energiefeld zu bringen, damit Ihre Energie mit seiner verschmelzen kann. (Dies mag Sie emotional sehr aufwühlen. Wenn es Ihnen zu viel wird, bitten Sie den Betreffenden, sich etwas zurückzunehmen. Ihm wird dies nichts ausmachen. Sagen Sie mit fester Stimme: »Bitte zieh dich etwas zurück. So viel Energie kann ich im Moment noch nicht ertragen.« Wenn Sie meinen, was Sie sagen, wird es geschehen. Denken Sie daran, dass Sie jederzeit die Kontrolle über die

Situation haben und dass Sie jederzeit aufstehen und die Übung beenden können.)

7. Lassen Sie sich so viel Zeit, wie nötig ist, um alles zu sagen, was Sie sagen möchten.

8. Wenn das Gespräch beendet ist, danken Sie dem Geist dafür, dass es zu Ihnen gekommen ist. Die Engel werden es wieder zu Ihnen bringen, wenn Sie dies möchten.

9. Versiegeln Sie Ihre Aura, um sicherzugehen, dass sich nicht andere Geister an Sie hängen, die Botschaften für andere Menschen überbringen wollen. Um dies zu tun, visualisieren Sie, dass Sie sich in einer Blüte befinden, die Ihre Blütenblätter schließt, oder in einer goldenen Lichtkugel, in einem fensterlosen Zimmer, in einem Kokon – eben in allem, das Ihnen ein Gefühl der Sicherheit vermittelt, weil es Sie vollkommen umschließt.

10. Reinigen Sie Ihre Aura, indem Sie sich vorstellen, unter einem strahlend blauen Wasserfall zu stehen, dessen Wassertropfen sanft auf Sie herniederfallen.

11. Bedanken Sie sich bei den Erzengeln für ihre Hilfe und schicken Sie Licht und Liebe zum Himmel hinauf.

FOTO NUMMER 34 IN KAPITEL 25: SIE ERHALTEN EINE EINLADUNG, EL MORYAS REFUGIUM ZU BESUCHEN.

Eine Übung, um El Moryas Refugium zu besuchen

1. Schauen Sie sich Foto Nummer 34 an.

2. Setzen Sie sich still hin, und bitten Sie demütig darum, El Moryas Refugium aufsuchen zu dürfen.

3. Sie können sich sicher sein, dass Sie dieses Refugium besuchen werden, wenn Sie das nächste Mal schlafen.
4. Legen Sie Papier und Stift griffbereit neben Ihr Bett, damit Sie alle Erinnerungen an diesen Besuch aufschreiben können, wenn Sie erwachen.
5. Vertrauen Sie darauf, dass es geschehen wird.

FOTO NUMMER 35 IN KAPITEL 25: SIE EMPFANGEN EINE ÜBERTRAGUNG URALTEN UNIVERSELLEN WISSENS.

M Meditation: Reisen Sie nach Atlantis

Stellen Sie sich vor, Sie würden auf Ihrem Drachen durch die Luft fliegen. Er hält Sie sanft in seiner Energie, sodass Sie sich auf seinem Rücken völlig sicher fühlen. Sie haben keine Ahnung, wohin er Sie bringen wird, aber das ist Ihnen auch völlig gleichgültig. Sie genießen es einfach, bei ihm zu sein.

Plötzlich sind Sie an einem Ort, an dem Sie noch nie waren. Er ist in jeder Beziehung anders als alles, was Sie kennen. Er ist modern, aber doch irgendwie alt – eine sehr außergewöhnliche Kombination. Sie sehen Menschen, die zwar nicht miteinander reden, aber doch irgendwie miteinander zu kommunizieren scheinen. Ihr Drache landet und senkt die Schultern, damit Sie absteigen können. Irgendwie wissen Sie, dass Sie sich in Atlantis befinden. Sie fühlen sich gerufen, einen Tempel aufzusuchen. Dort befinden Sie sich in einem Energiefeld, das es Ihnen ermöglicht, mit den Wesen im Tempel zu kommunizieren. Plötzlich verstehen Sie die Unterhaltungen und sind völlig fasziniert davon. Sie hören zu, spüren aber weder Spannungen noch Zorn, Gier oder irgendeine Form von Negativität. Es ist wahrhaft außergewöhnlich. In Sekundenbruchteilen nehmen Sie all das gewaltige Wissen auf, das Ihnen mitgeteilt wird.

Sie können spüren, wie es in Ihre Zellen eindringt, die auf dieses Wissen reagieren. Tatsächlich spüren Sie ganz deutlich, dass Sie auf irgendeine Art und Weise verändert werden. Dies ist es, wonach sich Ihr Körper und Ihre Seele so lange gesehnt haben. Sie können sich nicht bewegen, wollen es aber auch gar nicht. Sie haben keine Ahnung, wie lange Sie in diesem Energiefeld verbleiben. Schließlich zieht sich die Energie zurück. Sie können wieder Ihren Drachen sehen, der wiederum den Kopf senkt, damit Sie ihn besteigen können. Sie klettern auf seinen Rücken und sind in seinem Energiefeld völlig sicher. Er erhebt sich mit einer solchen Geschwindigkeit in die Lüfte, dass Sie gar nichts mehr erkennen können. Bevor Sie sichs versehen, sind Sie schon wieder zu Hause.

Sie wissen nun, dass Sie der Menschheit und dem Universum viel mehr zu geben haben, als Sie bisher dachten. Der Gedanke erregt Sie. Sie setzen sich hin, um über Ihre Reise nachzudenken. Eines ist Ihnen mit absoluter Sicherheit klar: Etwas ganz Außergewöhnliches hat sich ereignet.

Eine Übung, um uraltes universelles Wissen zu empfangen Ü

1. Schauen Sie sich Foto Nummer 35 an.
2. Schließen Sie die Augen und spüren Sie die Energie der Erzengel Zadkiel, Raphael, Michael, Gabriel, Uriel und des Meisters Abraham tief in sich eindringen.
3. Diese Energie wird Ihre Lebensthemen umwandeln und Sie darauf vorbereiten, das uralte Wissen zu empfangen.
4. Spüren Sie, dass Sie im Licht gehalten werden, um das uralte universelle Wissen zu empfangen.
5. Atmen Sie die Energie ein und heißen Sie die Übertragung des Wissens willkommen.
6. Danken Sie den Erzengeln dafür, dass sie Ihnen gestattet haben, dieses Wissen zu empfangen.

Kathy möchte Ihnen an dieser Stelle mitteilen, wie es ist, sich mit der Energie der Erzengel Michael, Gabriel, Uriel, Zadkiel und von Maria Magdalena zu vereinen. Dies hat sie geschrieben, während es geschah: »Als ich in diesen Orb schaue, werden mir die Sterne gezeigt. Aber ich sehe sie nicht so, wie wir sie normalerweise sehen, wenn wir in den Nachthimmel hinaufschauen, ich schaue auf das Universum hinunter. Von den mächtigen Reichen der Engel geht ein Gefühl freudiger Erregung aus. Ihre Aufmerksamkeit verlagert sich von den Sternen im Allgemeinen auf unseren Planeten Erde. In dieser konzentrierten Aufmerksamkeit befindet sich die Weisheit der alten Kulturen, die Intentionalität des Universums und bedingungslose Liebe. Gemeinsam strahlen die Erzengel und Maria Magdalena ihre Energien aus, um jenen, die sich auf der irdischen Ebene befinden, diese Geschenke zu überbringen.

Diese ausgestrahlte Intentionalität erlaubt es mir, in stärkeren Kontakt mit dem Orb zu kommen. Ich werde hineingezogen. Zuerst spüre ich Trauer. Aber ich glaube, dass das, was ich als Trauer empfinde, tatsächlich nur völlige Inaktivität ist. Der Orb ruht oder wartet. Es kommt mir so vor, als würde ich im Raum schweben. Ich bin schwerelos, und der Raum, in dem ich mich befinde, ist ungeheuer weit. Merkwürdig ist, dass ich genau weiß, wo im Orb ich mich befinde: nämlich genau im Zentrum. Ich habe aufgehört mich zu bewegen und befinde mich in einem Zustand des Abwartens. Alles ist ganz still. Ich weiß, dass die Zellen meines Körpers eine nach der anderen auseinandergenommen werden.

Jede einzelne Zelle wird auf Unreinheiten hin untersucht. Es kommt mir vor, als würde ich wieder neu zusammengesetzt, und doch befinde ich mich in einem Zustand völligen Friedens. Es ist eine sehr merkwürdige, aber faszinierende Erfahrung. Da ich jedes Zeitgefühl verloren habe, weiß ich nicht, wie viel Zeit inzwischen vergangen ist. Langsam wird mir aber bewusst, dass ich wieder zusammengesetzt werde und dass die reparierten Zellen nun voller Weisheit sind. Nun verwandelt sich der Orb vor meinen Augen. Plötzlich ist überall Licht, und im Innern ist er vielschichtig. Es sieht aus, als ob vom Zentrum Tunnel abgehen. Die Negativität aus meinen Zellen wird umgewandelt und plötzlich erfüllt goldenes Licht den ganzen Orb. Augenblicklich kehrt er in seinen Ruhezustand zurück, und ich merke, dass ich wieder schwebe. Ich weiß, dass ich nun beschützt werde. Langsam zieht er sich aus meinem Energiefeld zurück, und ich bleibe erstaunlich erfrischt und erneuert zurück.«

Eine Übung, um die rechte Gehirnhälfte zu aktivieren, damit Sie Weisheit, bedingungslose Liebe und Frieden verstehen und verkörpern können

Ü

1. Schauen Sie sich Foto Nummer 36 an.
2. Denken Sie an jemanden, der Heilung benötigt, und widmen Sie diese Übung dieser Person.
3. Halten Sie das Bild dieser Person in Ihrem Geist aufrecht und bitten Sie Maria Magdalena, die heilende Energie der alten Weisen zu bringen.
4. Sie wissen ohne jeden Zweifel, dass diese Heilung genau das ist, was sowohl Sie als auch die andere Person brauchen und dass Ihre rechte Gehirnhälfte nun aktiviert ist.
5. Danken Sie Maria Magdalena für alles, was Sie für Sie beide getan hat.

FOTO NUMMER 37 IN KAPITEL 33: SIE ERFAHREN,
WIE GROSS DAS UNIVERSUM IST UND DASS SIE DER
MENSCHHEIT BEIM AUFSTIEG HELFEN KÖNNEN.

G   Ein Gebet für die Menschheit

1. Schauen Sie sich Foto Nummer 37 an.
2. Zünden Sie eine Kerze an und weihen Sie sie dem Universum.
3. Sprechen Sie das folgende Gebet: »Im Namen Gottes und all dessen, was Licht ist, bitte ich darum, dass du der Menschheit beim Aufstieg hilfst, damit sie die wahre Größe des Universums spüren kann.«
4. Schließen Sie die Augen und visualisieren Sie, dass die Himmel im Lichte Gottes erstrahlen und dieses Licht der Menschheit geschenkt wird.
5. Sie können sicher sein, dass genau das geschehen ist.
6. Danken Sie Gott.

FOTO NUMMER 38 IN KAPITEL 35: SIE EMPFANGEN DEN
MUT, IN DIE WELT HINAUSZUGEHEN UND ETWAS ZU
BEWIRKEN.

M   Meditation: Frieden

Sie sind ganz aufgeregt, weil Sie zu einer Friedensdemonstration mitgenommen werden sollen. Obwohl Sie erst elf Jahre alt sind, hatten Sie schon immer den Wunsch, in Frieden zu leben und der Welt Frieden zu bringen. Inzwischen haben Sie entdeckt, dass es in dieser materialistisch ausgerichteten Welt ziemlich schwierig ist, Ihren Überzeugungen gemäß zu leben. Sie werden mit Ihren Eltern gehen und haben bereits Ihren Rucksack gepackt, da Sie für ein paar Tage in einem Zelt übernachten werden. Sie sind voller Vorfreude und ziemlich aufgeregt. Sie haben allerdings auch ein bisschen Angst, weil Sie wissen, dass die anderen Kinder an Ihrer Schule Sie wegen Ihrer Teilnahme wahrscheinlich hänseln werden. Das bereitet Ihnen einige Sorgen, weil Sie genau wissen, wie grausam die anderen Kinder sein können.

Sie fahren gemeinsam mit Ihrer Familie los. Ein paar Stunden später kommen Sie am Ort der Demonstration an. Mittlerweile sind dort Tausende von Menschen eingetroffen. Alle sind ganz entspannt und machen sich miteinander bekannt. Sie können Reporter sehen, die hoffen, irgendetwas berichten zu können, aber selbst sie sind ziemlich entspannt. Sie gesellen sich zu anderen Teilnehmern, die um ein großes Feuer herumsitzen. Jemand greift sich eine Gitarre und fängt an zu singen. Er hat eine wunderbare, sehr melodische Stimme. Schon bald spüren Sie, wie Ihre Energie anschwillt, weil Sie die Atmosphäre des Lagers aufnehmen. Sie schaukeln zum Rhythmus der Musik hin und her, und Ihr Herz-Chakra fühlt sich sehr zufrieden an. Alles hier ist sehr friedlich.

Am nächsten Morgen ist die Atmosphäre aber viel angespannter, als sich die Teilnehmer für den Demonstrationszug bereitmachen. Tagelang haben Sie an Ihrem Plakat gearbeitet. Die Botschaft ist klar, denn in bunten Buchstaben steht nur ein Wort darauf: Frieden. Die Organisatoren haben darum gebeten, mit der Bundeskanzlerin sprechen zu dürfen. Gerade als sie ins Kanzleramt gelassen werden sollen, erblickt Sie die Bundeskanzlerin, kommt zu Ihnen herüber und bittet Sie, doch an der Diskussion teilzunehmen. Da Ihre Eltern dies erlauben, folgen Sie ihr ins Bundeskanzleramt. Alles hier ist großartig. Die Kanzlerin fragt Sie, warum Sie an der Demonstration teilnehmen. Sie erklären ihr, dass Sie schon immer gewusst haben, dass der Frieden auf die Erde zurückkehren muss. Schließlich endet die Unterhaltung. Sie sind vollkommen begeistert, als die Bundeskanzlerin Sie bittet, doch in E-Mail-

Kontakt mit ihr zu bleiben. Sie werden mit ihr vor dem Eingang des Bundeskanzleramts fotografiert.

Am nächsten Morgen ist Ihr Bild auf den Titelseiten aller Zeitungen. Sie sind sehr stolz. Am Tag darauf werden Sie nicht wie erwartet in der Schule gehänselt, sondern stehen plötzlich im Mittelpunkt. Alle wollen mit Ihnen befreundet sein. Alle sind sehr an Ihren Ansichten interessiert. Sie sind so froh, dass Sie Ihrem Herzen gefolgt sind. Nun wissen Sie, dass Sie nicht nur jetzt, sondern auch in Zukunft etwas bewirken können.

Ü Eine Übung, um etwas zu bewirken

Für diese Übung brauchen Sie einen Stift und Papier. Denken Sie daran, dass Sie ein ganz wunderbares Wesen sind und dass mit der richtigen Absicht und der Hilfe der Engel alles möglich ist.

1. Schauen Sie sich Foto Nummer 38 an.
2. Schreiben Sie: »Ich will in die Welt hinausgehen und etwas bewirken.«
3. Bitten Sie Meister Rákóczi und die Erzengel Michael, Uriel, Gabriel und Raphael sowie die Einhörner, Ihnen dabei zu helfen.
4. Sie können nun davon ausgehen, dass Ihnen diese Hilfe gewährt wurde. Sagen Sie laut: »So sei es. Es ist vollbracht.«
5. Schauen Sie sich diese Absichtserklärung häufig an und bitten Sie die höheren Wesen auch weiterhin, Ihnen dabei zu helfen, Ihr höchstes spirituelles Potenzial zu verwirklichen.

FOTO NUMMER 39 IN KAPITEL 36: SIE ERHALTEN HILFE, UM IHRE MÄNNLICHE ENERGIE AUF POSITIVE WEISE ZU NUTZEN UND AUF IHREM AUFSTIEGSWEG VORANZUKOMMEN.

Eine Übung, um Ihre männliche Energie auf positive Weise einzusetzen

1. Schauen Sie sich Foto Nummer 39 von Meisterin Guanyin und den Erzengeln Michael, Raphael und Zadkiel an.
2. Zünden Sie eine Kerze für alle Menschen an, welche die männlichen und weiblichen Aspekte ihres Wesens noch nicht ins Gleichgewicht gebracht haben.
3. Setzen Sie sich still hin, und schreiben Sie ein Problem auf, das Sie beschäftigt.
4. Denken Sie zuerst rein verstandesgemäß darüber nach. Wie fühlen Sie sich dabei?
5. Läutern Sie sich, indem Sie eine Kugel aus reinem blauem Licht durch Ihren ganzen Körper hochziehen und dabei darauf achten, dass Ihnen dabei jegliche Negativität entzogen wird.
6. Denken Sie nun über das Problem nach, indem Sie die Energie der Frage in das Herz-Chakra ziehen. Gestatten Sie der Energie, Ihren gesamten Körper zu durchdringen. Wie fühlen Sie sich nun?
7. Denken Sie über diese beiden Herangehensweisen nach. Machen Sie sich klar, dass die besten Entscheidungen getroffen werden, wenn man auf sein Herz hört.
8. Bedanken Sie sich für diese erleuchtende Erfahrung.

FOTO NUMMER 40 IN KAPITEL 37: SEIEN SIE GEWISS, DASS ÜBER IHREN WEG STÄNDIG GEWACHT WIRD UND DASS SIE GEFÜHRT WERDEN.

Ü — **Eine Übung, um die Engel zu bitten, Ihre Entscheidungen zu unterstützen**

1. Schauen Sie sich Foto Nummer 40 an.
2. Setzen Sie sich still hin und teilen Sie den Engeln Ihre Entscheidung mit – ganz gleich, um was es sich dabei auch handeln mag.
3. Bitten Sie die Engel, Sie bei Ihrem Vorhaben zu unterstützen.
4. Sie können sich sicher sein, dass die Engel Ihnen unter allen Umständen helfen werden, das zu erreichen, was Sie sich vorgenommen haben.
5. Sie können sich auch sicher sein, dass man über Sie wacht, dass man Ihren Fortschritt begutachtet und Sie dann so führt, dass Sie die richtigen Entscheidungen treffen.
6. Gehen Sie Ihren Weg voller Selbstvertrauen weiter.

FOTO NUMMER 41 IN KAPITEL 38: SIE EMPFANGEN BEDINGUNGSLOSE LIEBE UND ERKENNEN VOLLER DEMUT IHRE ROLLE IM GÖTTLICHEN PLAN.

Ü — **Eine Übung, um voller Demut Ihre Rolle im göttlichen Plan erkennen zu können**

1. Schauen Sie sich Foto Nummer 41 an.
2. Zünden Sie eine Kerze an und weihen Sie sie der Demut.

3. Schließen Sie die Augen und bitten Sie die heilige Klara, Sie die bedingungslose Liebe und die Demut zu lehren, die Sie brauchen.

4. Teilen Sie Ihr Lächeln und Ihr Lachen mit jeder Person, der Sie heute begegnen.

5. Schreiben Sie alle Reaktionen in Ihr Tagebuch, und notieren Sie, wie Sie sich dabei gefühlt haben.

6. Lesen Sie oft in Ihrem Tagebuch und fügen Sie weitere Einträge hinzu.

7. Wiederholen Sie diese Übung, wenn Sie merken, dass Ihr Energieniveau wieder sinkt.

FOTO NUMMER 42 IN KAPITEL 39: SIE HABEN VOLLKOMMENES VERTRAUEN IN DEN KONTAKT ZUM GÖTTLICHEN.

Meditation: Seien Sie froh, Sie selbst zu sein

M

Seit Monaten bereiten Sie sich darauf vor, in Form zu kommen. Es war nicht leicht, aber es hat sich gelohnt, denn endlich haben Sie Machu Picchu erreicht. Nichts hätte Sie auf die Intensität Ihrer Gefühle in diesem Moment vorbereiten können. Sie sind zwar erschöpft, aber vollkommen überwältigt. Diese Reise bedeutet sehr viel für Sie, weil Sie damit den Traum Ihrer besten Freundin erfüllen. Sie konnte nicht selbst auf die Reise gehen, weil sie sich ein Bein gebrochen hat. Sie setzen sich hin und schauen sich den unbeschreiblichen Ausblick an, der sich Ihnen bietet. Dabei laufen Ihnen Tränen die Wangen herunter. Sie haben keine Ahnung, wie lange Sie so dagesessen haben, aber es spielt auch keine Rolle. Schließlich erheben Sie sich aber doch und gehen ein wenig herum, um die Umgebung zu erkunden und die Atmosphäre in sich aufzunehmen. Plötzlich kommen Sie an eine Stelle mit einer ganz wunderbaren Energie und bleiben dort stehen.

Aus irgendeinem Grund wissen Sie, dass Sie dort herum-
hüpfen, lachen und aus vollem Hals schreien müssen. Es bleibt
Ihnen einfach nichts anderes übrig. Plötzlich fühlen Sie sich
ziemlich merkwürdig. Als Sie an Ihrem Körper herabschauen,
realisieren Sie, dass Sie sich nicht mehr in einem physischen
Körper befinden, der in Machu Picchu auf und ab springt,
sondern dass Sie sich an einem Ort des goldenen Lichts
befinden. Hier ist alles ruhig und friedvoll – auch Sie selbst.
Sie erkennen, dass Sie sich in der Gegenwart eines mächtigen
Wesens befinden.

Meister Kuthumi, der Weltenlehrer, stellt sich Ihnen vor und
lädt Sie ein, sich zu ihm zu setzen – was Sie natürlich sofort
tun. Er sagt, dass er sich außerordentlich freut, Ihnen zu begegnen, weil Sie viel auf sich genommen haben, um das zu
vollenden, was Ihre Freundin nicht mehr zu Ende bringen
konnte. Das hat ihn sehr beeindruckt. Sie fühlen sich peinlich
berührt, weil ein so großes Wesen von Ihnen beeindruckt ist.
Er spürt es und sagt ein paar aufmunternde Worte, die Ihnen
helfen, das zu akzeptieren, was Sie in Wirklichkeit sind. Sie
bleiben und reden noch eine ganze Zeit lang mit ihm, da er
Ihnen so vieles mitzuteilen hat.

Während der ganzen Zeit werden Sie in diesem goldenen
Licht gehalten. Schließlich ist die Unterhaltung zu Ende, und
Sie kehren langsam in Ihren Körper zurück. Mittlerweile ist es
Abend geworden, und Sie müssen in Ihr Lager zurückkehren.
Sie können es kaum erwarten, am nächsten Tag wieder hier-
herzukommen, weil Sie wissen, dass Sie gerade erst begonnen
haben, den Kontakt zum Göttlichen herzustellen. Sie wollen
darauf aufbauen und den nächsten Schritt machen.

Ü Eine Übung, um sich auf höhere Schwingungen einzustimmen

1. Schauen Sie sich Foto Nummer 42 von Erzengelin
   Credo, Meister Kuthumi und Meister Imor an.

2. Weihen Sie diesem Kontakt zum Göttlichen eine Kerze.

3. Bitten Sie Erzengelin Credo, Sie in der Energie zu halten, die Sie brauchen, um die Verbindung reinzuhalten.

4. Bitten Sie Meister Kuthumi, Sie zu öffnen, damit Sie die Lehren des Universums empfangen können.

5. Bitten Sie Meister Imor, Ihnen den Zugang zu höherem Wissen zu gewähren.

6. Sie können sicher sein, dass Ihnen dies alles gewährt wurde. Sagen Sie:»So sei es. Es ist vollbracht.«

7. Bedanken Sie sich für diese Einstimmung.

FOTO NUMMER 43 IN KAPITEL 41: SIE WERDEN EINGELADEN, MIT KOMMANDANT ASCHTAR INTERGALAKTISCH ZU REISEN.

Kathy möchte Ihnen an dieser Stelle mitteilen, wie es ist, sich mit Kommandant Aschtars Energie zu vereinen. Dies hat sie geschrieben, während es geschah:

»Als ich in diesen Orb eintrete, bin ich von Stolz erfüllt. Ich bin voller Liebe. Mein Herz-Chakra hat sich so weit ausgedehnt, dass mir die Tränen über das Gesicht strömen. Und das nicht, weil ich traurig bin, sondern weil ich so unglaublich stolz bin und sich dieser Stolz irgendwie ausdrücken muss. Ich weiß, dass ich Gefühle immer sehr intensiv wahrnehme, aber jetzt ist einfach ein Übermaß an Liebe vorhanden. Ich weiß, dass zwischen den Wesen in diesem Orb und dem Kind eine sehr starke spirituelle Verbindung besteht. Mir brummt der Kopf vor lauter Energie. In mir baut sich mehr Energie auf, und ich weiß, dass irgendjemand durch mich sprechen möchte.

Man sagt mir, dass ich in die Galaxis hinausgebracht werde, wenn ich tiefer in diesen Orb eindringe. Man fragt mich, ob ich dazu bereit bin. Natürlich sage ich Ja. Kaum habe ich diese Entscheidung mitgeteilt, rase ich schon mit unglaublicher Geschwindigkeit durch etwas, was ich nur als einen kleinen flexiblen Tunnel bezeichnen kann. Alles verschwimmt vor meinen Augen. Schließlich nimmt die Geschwindigkeit ab, und ich scheine mich in einem vollkommen anderen Universum zu befinden. Ich bin mir nicht sicher, was ich vor mir sehe, da ich so etwas noch nie gesehen habe. Ich weiß, dass dies eine Umwelt ist, in der Menschen leben könnten, aber ich weiß nicht, woher ich das weiß. Ich bin mir bewusst, dass ich nicht allein bin und dass noch mindestens ein anderes Wesen bei mir ist. Ich kann mit Leichtigkeit kommunizieren, aber ich kann niemanden sehen. Aus irgendeinem Grund kommt mir das aber überhaupt nicht merkwürdig vor.

Man sagt mir, dass dieser Orb besonders für Menschen gedacht ist, die mit Wesen von anderen Planeten kommunizieren möchten und wissenschaftliche oder spirituelle Antworten suchen. Ich werde mit Informationen »gefüllt«, bevor ich zum Orb zurückgebracht werde und mein normales Energieniveau wiedererlange. Der Orb ist jetzt still und ruht.«

M Meditation: »Nicht von dieser Welt«

Während sich eines Abends die Nacht herniedersenkt, gehen Sie mit einer Gruppe von Freunden nach draußen, legen sich auf den Boden und schauen zum Nachthimmel hinauf. Die Nacht ist warm und der Himmel sternenklar. Sie reden miteinander, versuchen die verschiedenen Sternbilder zu identifizieren und lachen sich halb tot, als einer von Ihnen glaubt, ein vorbeifliegendes Flugzeug wäre ein Stern. Während der Nacht beschließen sie, am nächsten Tag gemeinsam zu den Externsteinen im Teutoburger Wald zu fahren, um dort die Nacht wieder unter freiem Himmel zu verbringen. Am nächsten Morgen wachen Sie früh auf, weil Sie es kaum erwarten können, loszufahren.

Als Sie dort ankommen, bricht schon die Dämmerung herein. Sie suchen sich einen Platz aus, der sich irgendwie gut anfühlt. Was Sie nicht wissen, ist, dass sich hier verschiedene Leylinien kreuzen. Die Gruppe besteht aus vier Personen, die sich im rechten Winkel zueinander hinlegen. Ohne es zu wissen hat sich jeder von Ihnen genau auf eine Leylinie gelegt, wobei sich die Köpfe an den Kreuzungspunkten berühren. Heute Nacht fühlen Sie sich völlig anders. Sie spüren, dass Sie von innen heraus leuchten und dass Sie vom Weltraum aus gesehen werden können. Durch dieses Wissen fühlen Sie sich sehr gestärkt. Die Sterne sehen heute Nacht größer aus und strahlen heller. Sie fragen Ihre Freunde, ob Sie das Gleiche fühlen wie Sie, und Sie bejahen die Frage. Sie fassen einander an den Händen und sofort spüren Sie, dass sich alles um Sie herum verändert. Ihre Energie hat sich verändert, Sie schauen nun nicht mehr zu den Sternen hinauf, sondern befinden sich in etwas, was nur als Raumschiff beschrieben werden kann. Sie alle setzen sich auf und schauen einander verwundert an.

Denn vor Ihnen sitzt ein Wesen, das nicht von dieser Welt ist. Es strahlt eine Energie aus, die Sie stärker einhüllt als alles, was Sie jemals gefühlt haben. Sie wissen, dass Sie irgendwie Teil dieser Energie sind, da Sie spüren können, was das Wesen denkt. Es spricht nicht direkt zu Ihnen, Sie wissen einfach, was es Ihnen mitteilen will. Das Wesen hält Sie lange genug in seinem Energiefeld, dass Sie alle Fragen stellen können, die Sie bezüglich anderer Welten und intergalaktischen Reisen haben. Diese Erfahrung ist im wahrsten Sinne des Wortes »nicht von dieser Welt«.

Ohne dass Sie eine Veränderung bemerkt hätten, werden Sie sich plötzlich bewusst, dass Sie wieder in den Nachthimmel schauen und Ihre drei Freunde neben Ihnen liegen. Sie setzen sich auf und schauen einander still an. Sie alle wissen, dass etwas ganz Tiefgehendes geschehen ist. Ohne ein Wort zu sagen, kehren Sie zu Ihren Zelten zurück. Während Sie um das Lagerfeuer sitzen, erzählen Sie einander von Ihren Erlebnissen.

Eine Übung, um höhere Kräfte zu entwickeln und intergalaktisches Wissen zu erwerben

1. Schauen Sie sich Foto Nummer 43 an.
2. Schließen Sie die Augen und lassen Sie den Orb in Ihrem dritten Auge vibrieren.
3. Sie sind nun mit Kommandant Aschtar verbunden.
4. Spüren Sie, dass Sie beschützt werden.
5. Spüren Sie, dass Ihre höheren Kräfte erweckt werden und bitten Sie Kommandant Aschtar, diese zu aktivieren, wenn Sie bereit sind.
6. Danken Sie ihm und öffnen Sie die Augen.

FOTO NUMMER 44 IN KAPITEL 42:
IN ÜBEREINSTIMMUNG MIT DEM GÖTTLICHEN PLAN WIRD EINE VERBINDUNG ZU DEN MEISTERN DER WISSENSCHAFT HERGESTELLT.

Eine Übung, um Ihren persönlichen Schutz zu verstärken und das ungeheure Wissen der Meister der Wissenschaft zu verstehen

1. Schauen Sie sich Foto Nummer 44 an.
2. Legen Sie inspirierende Musik auf.
3. Schließen Sie die Augen und visualisieren Sie den dunkelblauen Orb von Erzengel Michael, der Sie beschützt.
4. Stellen Sie sich vor, dass Erzengel Christiel ein Kristalllicht über Ihnen platziert, um Ihre Fähigkeit des Zuhörens zu verstärken.

5. Bitten Sie Meister George, Ihnen dabei zu helfen, das ungeheure Wissen anzunehmen und zu verstehen, das Ihnen von verschiedenen Meistern der Wissenschaft übermittelt wird.
6. Entspannen Sie sich und erlauben Sie diesem Wissen, in Ihre Seele einzudringen.
7. Bedanken Sie sich für diese wunderbare Gelegenheit.

FOTO NUMMER 45 IN KAPITEL 43: IHR VERSTAND ERWEITERT SICH, UM HÖHERE WAHRHEITEN VERSTEHEN ZU KÖNNEN.

Meditation: Reagieren Sie positiv auf eine weitere Chance   M

Stellen Sie sich vor, heute wäre für Sie in beruflicher Hinsicht ein ganz großer Tag. Sie haben ein Vorstellungsgespräch für eine Position, die Sie schon ewig haben wollten. Die Position bringt einen beruflichen Aufstieg mit sich. Das bedeutet, dass Sie Ihren Lebensstil vollkommen verändern können. Wenn Sie diese Stelle bekommen, müssen Sie weniger reisen, haben aber mehr Verantwortung. Das ist Ihnen ganz recht, da Sie ohnehin mehr Zeit mit Ihrer Familie verbringen möchten. Sie haben sich gut auf das Gespräch vorbereitet, können sich aber im Moment an überhaupt nichts erinnern. Als Sie sich fertig machen und aus dem Haus gehen wollen, stellen Sie fest, dass Sie praktisch nur noch ein Nervenbündel sind. Ihr Partner versucht Ihnen zu helfen, aber statt ihm zuzuhören, schnauzen Sie ihn an und werden noch nervöser. Schließlich brechen Sie zusammen und fangen an, loszuheulen. Das ist eigentlich überhaupt nicht Ihre Art, da Sie sonst immer sehr beherrscht sind.

Auf dem Tiefpunkt dieses völligen Zusammenbruchs hören Sie endlich Ihrem Partner zu, der vorschlägt, doch warm zu duschen, um den Stress wegzuwaschen. Sie finden dies eine sehr gute Idee. Während Ihr Partner Handtücher holt, bitten Sie das Universum, Ihnen zu helfen, heute Sie selbst zu sein. Sie stellen sich unter die Dusche und genießen das herabfallende Wasser. Es scheint Ihnen, als könnten Sie jeden einzelnen Tropfen spüren. Wenn einer auf Ihre Haut trifft, löst sich die Spannung an dieser Stelle sofort auf. Je mehr Anspannung von Ihnen abfällt, desto stärker wird Ihr Selbstvertrauen. Sie bleiben ein paar Minuten unter der Dusche, bis der ganze Stress von Ihnen abgefallen ist.

Schließlich verlassen Sie die Dusche und machen sich schnell wieder fertig. Fast scheint es, als würde Ihnen jemand anders sagen, was Sie zu tun haben. Sie haben Ihr Selbstvertrauen wiedergefunden und sind nun völlig entspannt. Sie umarmen Ihren Partner herzlich und danken ihm dafür, dass er Sie wieder auf den richtigen Weg gebracht hat. Beschwingt machen Sie sich auf den Weg zu Ihrem Vorstellungsgespräch. Sie wissen, dass Sie gut aussehen. Dank Ihres Selbstvertrauens fangen Sie an, von innen heraus zu strahlen. Ihr Verstand ist vollkommen still, als Sie in der Firma ankommen. Sobald Sie am Schreibtisch sitzen, können Sie sich völlig auf Ihre Arbeit konzentrieren.

Schließlich ruft man Sie zum Vorstellungsgespräch. Sie schließen die Augen, atmen ein paar Mal tief durch und lächeln. Als Sie das Zimmer betreten, hüllt Ihre Energie die Leute ein, die das Gespräch mit Ihnen führen wollen. Das Gespräch verläuft vollkommen locker, Ihre unaufdringliche Selbstsicherheit scheint die anderen anzustecken. Wenn Ihnen eine Frage gestellt wird, lassen Sie sich Zeit, sie zu verdauen. Ohne dass Sie groß darüber nachdenken müssen, ist die Antwort schon da. Es ist Ihnen gelungen, Ihren Verstand zur Ruhe zu bringen, sodass Sie den Engeln zuhören können, die Ihnen die Antworten zuflüstern, die Ihrem höchsten Wohle dienen. Sie gehen aus dem Gespräch mit dem Gefühl, dass Sie alles getan haben, was Sie tun konnten. Sie sind sehr froh darüber, wie Sie sich verhalten und wie Sie die Fragen beantwortet haben. Sie gehen an Ihren Arbeitsplatz zurück und verbringen dort einen wunderbaren Tag. Viele Kollegen machen Ihnen Komplimente, wie gut Sie heute aussehen.

In den nächsten Tagen machen Sie sich nicht wie die meisten Menschen Sorgen darüber, wie Sie wohl beim Vorstellungs-gespräch angekommen sein mögen. Als man Sie dann anruft und Ihnen die Stelle anbietet, sagen Sie hocherfreut zu. Durch dieses Erlebnis haben Sie gelernt, sich zu entspannen, Ihren Verstand zur Ruhe zu bringen und in der festen Überzeugung um geistige Führung zu bitten, dass sie auch gewährt werden wird. Man könnte sagen, dies war eine sehr erleuchtende Er-fahrung.

Eine Übung, um Ihren Verstand zu erweitern, damit er höhere Wahrheiten aufnehmen kann   Ü

1. Schauen Sie sich Foto Nummer 45 an.
2. Zünden Sie eine Kerze an und bitten Sie die Einhörner Ihnen zu helfen, Klarheit in Bezug auf Ihre Vision zu gewinnen. Bitten Sie dann die Meister vom Orion, die höheren Wahrheiten zu Ihnen zu bringen.
3. Lassen Sie sich einen Augenblick Zeit, damit sich die gewünschte Klarheit einstellen kann.
4. Danken Sie den Einhörnern und den Meistern vom Orion für die Hilfe, die sie Ihnen gewährt haben.

M Meditation: Sie schlafen tief und friedlich

Stellen Sie sich vor, Sie sind ein fünfjähriges Kind. Sie sind ein sehr spirituelles Kind, sehr empfindsam und leicht zu ängstigen. Sie können nicht verstehen, warum manche Kinder gemein zu Tieren und anderen Kindern sein können. Deshalb spielen Sie häufig auch ganz für sich allein. Natürlich machen sich Ihre Eltern Sorgen um Sie, weil sie möchten, dass Sie viele Freunde haben. Sie konnten schon immer Geister sehen, sodass Ihnen diese Gabe vollkommen natürlich vorkommt. Seit Jahren schon spielen Sie mit verschiedenen Geistern, die Ihre besten Freunde sind.

Aus irgendeinem Grund haben Sie nun aber Angst, wenn Sie schlafen gehen, weil Ihre Geisterfreunde Sie verlassen haben. Sie wollen, dass Ihre Freunde bei Ihnen sind, wenn Sie einschlafen, aber nachts sind sie nicht mehr da. Als Folge leiden Sie nun unter Albträumen. Ihre Mutter, die sich der spirituellen Geschäftigkeit um Sie herum nur zu bewusst ist, bittet Ihren Führer, Sie während des Schlafes beschützen zu lassen. Zu ihrer großen Freude wird ihr ein Tiergeist gezeigt, der für den Rest ihres Lebens Ihr Begleiter sein soll. Am nächsten Morgen bittet sie Sie, ihr alles über Ihre Freunde zu erzählen. Natürlich sind Sie voller Begeisterung bei der Sache und erzählen ihr eine ganze Stunde lang alles. Sie freut sich sehr, dass man Ihnen schon so viel Schutz, Führung und Weisheit gewährt hat. Als Sie mit Ihren Geschichten fertig sind, offenbart sie Ihnen, dass sie jemand ganz Besonderes gefunden hat, der Ihnen immer ein Freund sein wird. Sie geraten völlig aus dem Häuschen, hüpfen vor Aufregung auf und ab und können es kaum erwarten, dass sie Ihnen sagt, wer dieser Jemand ist.

Ihre Mutter erklärt Ihnen behutsam, dass dieser Jemand ein Geisttier ist, und erzählt Ihnen, warum es bei Ihnen sein will. Sie überzeugt sich, dass Sie es deutlich sehen können, indem sie Ihnen viele Fragen stellt, und sie sorgt dafür, dass Sie mit Ihrem neuen Freund kommunizieren können. Sie bittet Sie, so viel Zeit wie möglich mit diesem Tier zuzubringen, um es richtig kennenzulernen. Schließlich schaut Ihre Mutter noch einmal nach Ihnen, um zu sehen, ob Sie sich mit dem Geisttier angefreundet haben. Sie können es kaum erwarten, ihr alles darüber zu erzählen, und wieder plaudern Sie stundenlang mit ihr.

In dieser Nacht sprechen Sie vor dem Einschlafen noch eine Zeit lang mit Ihrem Tier, bevor Sie in einen tiefen, friedlichen Schlaf fallen. Ihre Eltern sind natürlich sehr froh, dass Sie wieder schlafen können und keine Albträume mehr haben. In der Schule wollen die anderen Kinder plötzlich mit Ihnen spielen. Manchmal spielen Sie mit ihnen, manchmal aber auch nicht. Tatsächlich sind Sie nun so glücklich, dass sich Ihre gesamte Energie verändert hat. Auch Ihre schulischen Leistungen haben sich verbessert, da Sie nun besser zuhören können und sich wirklich für das interessieren, was gesagt wird. Sie sind so froh, dass Sie ein Geisttier haben, das Sie wirklich liebt und immer da ist, wenn Sie es brauchen. Ihr Lächeln erwärmt das Herz eines jeden Menschen, der Ihnen begegnet. Ohne es zu wissen, sind Sie ein Stück weit aufgestiegen.

Eine Übung, um zu erkennen, dass Geisttiere Sie bedingungslos lieben

Ü

1. Schauen Sie sich Foto Nummer 46 an.
2. Rufen Sie Kulah den Tiger, und bitten Sie ihn, das Geisttier zu Ihnen zu bringen, das Sie auf dem Weg des Aufstiegs begleitet.

3. Spüren Sie, wie sich Ihr Herz öffnet, um die Liebe dieses Geschöpfes zu empfangen.
4. Erlauben Sie dieser Liebe, Sie von Kopf bis Fuß zu erfüllen.
5. Danken Sie ihm dafür, dass es Sie so bedingungslos liebt.
6. Immer wenn Sie ein Tier sehen, schicken Sie ihm bedingungslose Liebe.

FOTO NUMMER 47 IN KAPITEL 47: SIE EMPFANGEN INNEREN FRIEDEN, DER ES IHNEN ERMÖGLICHT, SICH ÜBER DIE PROBLEME DES ALLTAGS ZU ERHEBEN.

Kathy möchte Ihnen an dieser Stelle mitteilen, wie es ist, sich mit Kumekas Energie zu vereinen. Dies hat sie geschrieben, während es geschah:

»Kumeka bringt der Menschheit ein höheres Bewusstsein. Er ist mit extrem schnell schwingenden Elektronen aufgeladen. Die Höhe dieser Schwingungen sorgt in Verbindung mit der irdischen Atmosphäre für die blaue Färbung im Inneren dieses Orbs. Dass sie von den magnetischen Kräften der Erde angezogen werden, ist besonders auffällig, wenn Sie mit den Leylinien arbeiten. Aus diesem Grund erscheinen Kumekas Orbs oft auch konisch. Die Energie im Inneren stammt vom Ursprungsplaneten Kumekas. Er hat sich nie auf einem Planeten verkörpert, aber ihm wurde ein Planet zugeteilt, mit dem er arbeiten sollte. Dieser Planet hat das höchste Bewusstsein hervorgebracht, auf ihm haben die ersten Atlanter gelebt. Jeder seiner Orbs bringt die Essenz seines Bewusstseins zu uns.

Sie sollen Licht in das Netz bringen, das unseren Planeten mit jedem anderen Planeten und mit Gott verbindet. Wenn Kumeka und andere Engel einer Person ein höheres Bewusstseinsniveau bringen, erstrahlt ein weiteres Licht im irdischen Lichtnetz. Aber das Netz ist nur teilweise erleuchtet, sodass noch viel zu tun bleibt. Wenn Kumekas Orbs in ihrem höchsten Frequenzbereich schwingen, erstrahlen sie blau, aber im Inneren sind sie völlig anders. Innen herrscht ein blendend weißes Licht vor. Die Energie kann in jeden Aspekt von Körper und Seele eindringen und das Bewusstsein umwandeln. Während sie dies tut, wird das strahlend helle Licht etwas milder und verändert sich zu einem goldenen Schein voller Liebe. In den Tiefen des Orbs kann das uralte atlantische Bewusstsein gespürt werden, sodass hier viel gelernt werden kann.

Anfangs erlaubt man mir nicht, in den Orb einzudringen. Stattdessen hält er mich behutsam in seinem Energiefeld. Dabei kommt es mir so vor, als würde ich beim Drehen eines Films zuschauen. Ich kann in den Kulissen herumgehen, aber ich bin nicht Teil des Films. Ich weiß, dass ich in Atlantis bin. Ich sehe nur einen sehr kleinen Ausschnitt, aber ich weiß, dass ich jederzeit zurückkehren kann, um weitere Informationen zu sammeln. Ich kann den Tempel des Lichts sehen, aber es ist kein Tempel, wie wir ihn uns vorstellen würden.

Das Licht *ist* der Tempel. Es ist von einer unglaublichen Intensität. Es ist dicht und scheint fest zu sein. Viele Wesen sind gekommen, um in der Nähe des Tempels zu sein und im Licht zu baden. Nur die Erleuchtetsten unter ihnen können in das Licht eingehen. Sie verschmelzen mit ihm, werden zu ihm, werden selbst zum Tempel. Dann empfangen sie die wahren Botschaften Gottes. Die Erleuchteten scheinen durch die Tempelmauern hindurchzugehen. Dann halten sie die Energie, die Weisheit und das Wissen und laden andere Wesen ein, daran teilzuhaben. Es ist ein herrlicher Anblick. Ich versuche mich daran zu beteiligen und stelle überrascht fest, dass ich es jetzt kann. Augenblicklich spüre ich, dass meine Atmung symbiotisch geworden ist. Ich werde mir gewahr, dass die Verkörperung des Friedens auf mich übertragen worden ist. Während dies geschieht, zieht sich die Energie des Orbs zurück.«

M Meditation: Von Negativität zur Positivität

Bitte lesen Sie die folgenden Informationen aufmerksam durch, bevor Sie diese Meditation versuchen: Es ist unerlässlich, dass Sie still sitzen und Erzengel Michael bitten, Sie von Kopf bis Fuß in seinem Schutzmantel zu hüllen. Diese Meditation beginnt damit, dass Sie sie an einen Ort mit niedriger Energie und hoher Negativität bringt. Sie ist besonders für Menschen gedacht, die auf einer ganz tiefen Ebene verstehen möchten, was andere Menschen fühlen. Sie wird Ihnen ein wunderbares Gefühl geben, das nur entstehen kann, wenn man diese niederen Zustände hinter sich lässt. Wenn Sie glauben, nicht vollständig geschützt zu sein, machen Sie diese Meditation besser nicht.

Stellen Sie sich vor, dass Sie ziellos umherlaufen, um alles zu vergessen. Sie haben eine furchtbare Zeit hinter sich, und Ihr Licht ist völlig erloschen. Nichts scheint mehr wichtig zu sein. Sie hören und sehen nicht, was um Sie herum geschieht. Plötzlich merken Sie, dass etwas Feuchtes gegen Ihre Hand drückt. Sie schauen hinunter und erblicken einen Hund, der mit seiner Schnauze gegen Ihre Hand stößt. Er ist ganz ruhig und freut sich offensichtlich sehr, bei Ihnen zu sein. Aber Sie ziehen die Hand zurück und gehen weiter. So leicht gibt der Hund allerdings nicht auf.

Er folgt Ihnen und stupst seine Schnauze wieder gegen Ihre Hand. Sie schauen ihn an und sehen, dass er den tiefsten, ausdrucksstärksten Blick hat, den Sie jemals gesehen haben. Er scheint direkt in Ihre Seele zu schauen. Er weiß, dass Sie Liebe brauchen und lernen müssen, Liebe anzunehmen. Sie hocken sich hin, und der Hund rollt sich ganz nah bei Ihnen zusammen. Nach einer Weile beugen Sie sich herab und umarmen den Hund. Als Sie das tun, fangen die Tränen an zu fließen. Sie weinen unkontrolliert, Ihre Schluchzer sind ziemlich laut, weil sie tief aus Ihrem Inneren kommen. Sie weinen eine ganze Weile, bis Sie schließlich erschöpft aufhören. Während der ganzen Zeit hat der Hund Sie in sein Energiefeld gehüllt und Ihnen seine reine, sanftmütige, bedingungslose Liebe geschenkt. Nun stehen Sie auf, und der Hund tut es Ihnen gleich. Nun gehen Sie gemeinsam, und zum ersten Mal seit sehr langer Zeit nehmen Sie die Blumen am Wegesrand wahr.

Der Hund führt Sie zu ihnen und bedeutet Ihnen, sie zu berühren und ihren Duft zu riechen. Mit jeder Berührung und mit jedem Atemzug wird Ihnen leichter ums Herz. Sie fangen an, sich lebendig zu fühlen. Sie fangen an, umherzuhüpfen, und der Hund springt neben Ihnen in die Höhe und beginnt, davonzurasen. Sie können nicht anders, Sie müssen ihm einfach hinterherlaufen. Darüber müssen Sie lächeln, und bevor Sie sichs versehen, lachen Sie lauthals los. Wieder schüttelt sich Ihr ganzer Körper, und Sie fangen an zu weinen, aber dieses Mal sind es Tränen des Glücks, die Sie vergießen. Der Hund kommt zurückgerannt und drückt seine Schnauze wieder gegen Ihre Hand. Sie stürzen beide zu Boden. Der Hund leckt Ihnen immer wieder über das Gesicht, und Sie tollen lachend mit ihm herum. In diesem Moment wissen Sie, dass alles gut ist. Sie sind froh, Sie selbst zu sein. Sie sind sogar stolz auf das, was Sie sind.

Sie nennen den Hund »Hoffnung«, denn er hat Ihnen neue Hoffnung gegeben. Menschen kommen auf Sie zu und fragen, ob sie den Hund streicheln dürfen. Natürlich erlauben Sie es, denn Sie wissen ja nun, wie viel es einem Menschen bringen kann, einen Hund zu berühren. Sie sind verblüfft und hocherfreut, dass die Liebe eines Tieres Ihre Finsternis in Licht verwandelt hat. Sie fühlen sich frei, sind von innerem Frieden erfüllt und bereit, andere bei jeder sich bietenden Gelegenheit ebenfalls glücklich zu machen. Als Sie abends schlafen gehen und Hoffnung zu Ihren Füßen liegt, danken Sie Gott für diese wunderbare Begegnung und versichern ihm, dass Sie von nun an im Licht wandeln und auch anderen das Licht bringen werden. Sie wissen, dass Sie schon am nächsten Tag reichlich Gelegenheit dazu haben werden, und können den nächsten Morgen kaum erwarten.

G   Ein Gebet für inneren Frieden

1. Schauen Sie sich Foto Nummer 47 an.
2. Zünden Sie eine Kerze an und weihen Sie sie dem inneren Frieden.
3. Sprechen Sie dieses Gebet: »Im Namen Gottes und all dessen, was Licht ist, bitte ich dich mir zu helfen, inneren Frieden zu erlangen und dafür zu sorgen, dass alles, was ich tue, zum Wohle aller geschieht.«
4. Schließen Sie die Augen. Sie können sicher sein, dass Ihr Wunsch gewährt wurde.
5. Danken Sie Gott.

FOTO NUMMER 48 IN KAPITEL 47: SIE ERFAHREN, WIE WICHTIG DIE LIEBE VON TIEREN FÜR IHREN AUFSTIEG IST.

M   Meditation: Nähe zu Tieren

Stellen Sie sich vor, Ihre Kusine hätte Sie gebeten, auf ihren kleinen Bauernhof aufzupassen, während sie im Urlaub ist. Sie hat Ihnen eine lange Liste geschrieben, auf der all die vielen Dinge stehen, die täglich erledigt werden müssen. Ihre Kusine hat Pferde, Schweine, Kühe, Gänse, Enten, Hunde und Katzen. Sie versuchen sich einzugewöhnen und gehen herum, um die verschiedenen Tiere kennenzulernen. Anfangs sind Sie etwas nervös und haben vor einigen der Tiere Angst. Nach Ihrem Rundgang setzen Sie sich hin, trinken etwas und schauen sich die Aktivitäten auf dem Hof an. Eine der Katzen springt auf Ihren Schoß und fängt an laut zu schnurren. Offensichtlich will sie Aufmerksamkeit.

Automatisch fangen Sie an, die Katze zu streicheln, und spüren augenblicklich, wie die Anspannung von Ihnen abfällt. Tatsächlich spüren Sie, wie Ihre Energie wieder ins Gleichgewicht kommt. Sie wissen, dass Sie Kontakt zu jedem Tier aufnehmen müssen, weil Ihnen jedes Heilung bringen wird, die es Ihnen möglich macht, sich über die Probleme des Alltags zu erheben. Vorher hatten Sie nie verstanden, warum Ihre Kusine so viele Tiere halten muss, jetzt tun Sie es. Sie stehen auf und danken der Katze dafür, dass sie Ihnen dies klargemacht hat. Die Gänse und Enten schwimmen frohgemut im Teich herum. Einige schlafen am Ufer. Sie haben nicht das geringste Interesse, irgendetwas zu tun, sie fühlen sich einfach nur frei. Sie wissen, dass diese Tiere Ihnen helfen werden, Ihr Leben in einem neuen Licht zu betrachten, sodass Sie die Dinge in Zukunft anders angehen können.

Die Schweine lieben es, massiert zu werden, sei es, indem sie von Ihnen gestreichelt werden oder indem sie sich im Schlamm wälzen. Ihnen ist es gleich, sie wissen einfach, dass sich eine Massage und der Kontakt zur Erde und zu anderen Wesen heilend auf die Seele auswirken. Die Kühe wissen, dass sie sanfte Riesen sind und den Menschen, die sie beobachten, ein Gefühl der Ruhe und des Friedens vermitteln können, indem sie einfach ruhig und gelassen tun, was Kühe so tun. Die Pferde sind mächtig, elegant und stark und lassen sich nicht herumbefehlen. Sie wissen, dass sie es den Menschen ermöglichen, diese Eigenschaften zu verstehen, und dass sie die Menschen lehren können, diese im Interesse des Allgemeinwohls einzusetzen. Die Hunde sind treue Gefährten. Sie spüren, dass sie bei Ihnen sein wollen, dass sie Sie beschützen und dass sie Sie vor allen Dingen glücklich machen wollen. Sie erkennen nun, dass das, was Sie für einen äußerst stressvollen Aufenthalt gehalten haben, in Wirklichkeit eines der vergnüglichsten und lehrreichsten Erlebnisse wird, die Sie je hatten. Sie nehmen an, was die Tiere Ihnen zu bieten haben, und genießen ihre Gesellschaft und ihre Energie.

Sie sind so froh darüber, geführt zu werden und zu wissen, dass alles, was Ihnen hier gegeben wurde, in Ihrem Energiefeld verbleiben wird. Sie sind sich sicher, dass Ihr Bewusstseinsniveau angehoben worden ist. Sie sind außerordentlich dankbar für diese wunderbare Gelegenheit und danken dem Universum für alles, was Sie geben und empfangen dürfen.

Ü   **Eine Übung, um zu erkennen, wie wichtig die Liebe von Tieren für den Aufstieg ist**

1. Schauen Sie sich Foto Nummer 48 an.
2. Begeben Sie sich an einen ruhigen Ort, an dem Sie nicht gestört werden können.
3. Zünden Sie eine Kerze an und weihen Sie sie der Liebe zu den Tieren.
4. Schließen Sie die Augen und atmen Sie ganz regelmäßig, bis Sie völlig entspannt sind.
5. Viele Tiere kommen zu Ihnen und bringen Ihnen Liebe und Frieden. Sie wissen, wie wichtig es ist, dass Sie bedingungslose Liebe geben und empfangen können.
6. Wenn die Tiere Ihnen Liebe und Frieden gegeben haben, verströmen Sie Liebe und übertragen Sie sie auf die Tiere.

7. Danken Sie allen Tieren, die zu Ihnen gekommen sind.
8. Öffnen Sie die Augen, und spüren Sie, wie sich Ihr Herz anfühlt.

FOTO NUMMER 49 IN KAPITEL 48: SIE SIND EINGELADEN, SICH ZUR GROSSEN PYRAMIDE ZU BEGEBEN, UM INFORMATIONEN BEZÜGLICH IHRES AUFSTIEGS ZU ERHALTEN.

Meditation: Erkennen Sie, wer Sie wirklich sind

M

Stellen Sie sich vor, Sie befänden sich in der Mitte einer großen Kammer, die in eine Felswand gehauen wurde. Die Kammer ist so hoch, dass nur wenige Menschen zu ihr gelangen können, und Sie sind tagelang unterwegs gewesen, um sie zu erreichen. Das Innere ist einfach umwerfend. In die Wände sind Kristalle eingelassen, die in verschiedenen Farben strahlen. In der Mitte der Kammer befindet sich ein riesiger Kristall. Interessanterweise ist dies kein Kristall, wie er der Menschheit bekannt ist. Er ist türkisfarben und grün, in einer Minute klar und in der nächsten trüb. Er fasziniert Sie außerordentlich. Als Sie sich ihm nähern, treten Sie in sein Energiefeld. Augenblicklich erkennen Sie, dass er im Zentrum noch flüssig ist. Sie setzen sich mit geschlossenen Augen an den Kristall gelehnt hin und gehen völlig in seiner Energie auf.

Es fühlt sich an, als befänden Sie sich im Innern des Kristalls. In einem Augenblick sind Sie in schneeweißes Licht getaucht, und Ihre Chakras dehnen sich aus. Im nächsten befinden Sie sich unter einem Wasserfall und jeder Tropfen reinigt Sie. Dann sind Sie plötzlich in einem Feuer. Es verbrennt Sie nicht, sondern entfernt all ihre negativen Energien. Als Sie die Augen wieder öffnen, befinden Sie sich nicht mehr in der Kammer, sondern in der großen Pyramide, wo sich viele der alten Weisen aus Lemuria, Atlantis und Ägypten versammelt haben. Sie haben Sie erwartet und Sie auf die heutige Begegnung vorbereitet. Sie sagen, es sei an der Zeit, dass Sie erkennen, wer Sie wirklich sind.

Jeder hüllt Sie abwechselnd in seine Energie, heilt Sie und öffnet Sie, damit Sie sein Wissen aufnehmen können. Dies geht stundenlang so weiter, bis Ihnen jeder genau das gegeben hat, was Sie brauchen. Jetzt sehen Sie plötzlich Dinge, die Ihnen vorher noch nie aufgefallen waren. Wörter und Symbole bewegen sich im Äther, und Sie wissen, dass Sie jederzeit Zugang zu Ihnen haben können, indem Sie sie einfach visualisieren und um ihre Hilfe bitten. Mit dieser Erkenntnis scheinen die alten Weisen zufrieden damit zu sein, dass Sie nun mit Ihrem wahren Selbst verbunden sind. Sie verlassen Sie einer nach dem anderen.

Sie bleiben im Schneidersitz auf dem Boden sitzend zurück. Sie schließen die Augen. Als Sie sie wieder öffnen, sitzen Sie wieder in der Kammer an den Kristall gelehnt. Der Kristall strahlt Licht in die Kammer aus, damit Sie etwas sehen können. Sie erheben sich und bedanken sich bei dem Kristall dafür, dass er Ihnen die notwendige Unterstützung gewährt hat, mit den alten Weisen in Kontakt zu treten. Damit verlassen Sie die Kammer und machen sich auf den Nachhauseweg. Sie wissen ohne jeden Zweifel, dass heute etwas sehr Tiefgehendes geschehen ist und Sie nun Kontakt zu einem Wissen haben, das Ihnen auf dem Weg des Aufstiegs helfen wird.

Ü Eine Visualisierungsübung, um die große Pyramide zu besuchen

1. Schauen Sie sich Foto Nummer 49 der Erzengel Zadkiel und Christiel an.
2. Setzen Sie sich still hin und stellen Sie sich das Anch-Symbol vor.

3. Spüren Sie, dass Sie die Energie des Anchs einhüllt. Sie sind von Licht umgeben. Wie fühlt es sich an?
4. Während Sie sich in diesem Energiefeld befinden, gestatten Sie den Erzengeln Zadkiel und Christiel, das Wissen der alten Weisen aus Lemuria, Atlantis und Ägypten zu Ihnen zu bringen.
5. Bitten Sie um Unterstützung, sich diesem Wissen öffnen zu können.
6. Sie können sicher sein, dass genau das geschehen ist.
7. Danken Sie in aller Stille denen, die dies ermöglicht haben, mit Frieden im Herzen.

FOTO NUMMER 50 IN KAPITEL 48: SPÜREN SIE DIE GNADE DES UNIVERSUMS.

Meditation: Was für ein himmlischer Anblick! **M**

Stellen Sie sich vor, Sie säßen auf einer Felsklippe. Die Klippe ist ziemlich hoch, aber Sie haben nicht das Gefühl, dass Sie abstürzen könnten. Sie schauen über die endlose Weite des Landes und sind von dem erstaunlichen Anblick fasziniert. In diesem Augenblick verspüren Sie einen tiefen inneren Frieden. Da Sie irgendwie wissen, dass Sie sich in vollkommener Sicherheit befinden, fangen Sie an zu meditieren. Sie schließen die Augen und regulieren Ihren Atem. Dann fangen Sie leise an zu summen. Aus dem Summen wird nach und nach ein Gesang, der bald darauf seinen Höhepunkt erreicht. Danach werden Sie wieder ganz still. Sie bleiben etwa zehn Minuten lang so sitzen und spüren eine deutliche Veränderung Ihrer Energie.

Nach dem Ende der Meditation öffnen Sie die Augen und sehen vor sich einen unglaublichen Anblick: Der Himmel ist voller Engel. Wohin Sie auch schauen, überall sind Engel. Sie wissen, dass etwas Erstaunliches geschehen wird. Zu Ihrer Überraschung vereinen die Engel plötzlich ihre Energie. Der Himmel zeigt sich in einer farbenfrohen Lichterpracht, gegen die das Nordlicht völlig farblos erscheint. Es kommt Ihnen so vor, als würden die Engel etwas feiern. Der Himmel verändert sich ständig, als ob Sie durch ein Kaleidoskop schauen würden. Sie sind vollkommen fasziniert.

Ein Engel nach dem anderen löst sich aus dieser Formation und widmet sich seinen Aufgaben. Einer kommt auf Sie zu und hält Sie in seiner Energie. Plötzlich merken Sie, dass Sie mit dem Engel fliegen und sich inmitten der Engelschar befinden. Es ist atemberaubend. Man zeigt Ihnen, dass das Lichtnetz der Erde heller wird. Dies verschafft Ihnen ein unglaubliches Gefühl. Sie wissen, dass Sie gemeinsam mit den Engeln darauf hinwirken müssen, dass alle Menschen dieses Licht erfahren. Sie spüren, wie glücklich die Erde darüber ist, dass ihr Licht wieder heller geworden ist. Behutsam setzt der Engel Sie wieder auf der Felsklippe ab. Die Engel heben einer nach dem anderen ihre Energie auf einen siebendimensionalen Frequenzbereich an, sodass Sie ihre Energie nicht mehr mit den Sinnesorganen wahrnehmen können. Der Himmel wird wieder rein, frisch und strahlend blau. Dies war eine sensationelle Erfahrung, die Sie niemals vergessen werden. Mit diesem Gedanken erheben Sie sich und schlendern von vollkommenem Frieden erfüllt davon.

Ü   Eine Übung, um einen Liebesengel herbeizurufen

Eine Anrufung ist eine sehr wirksame Methode, um die Kräfte des Universums dazu zu bringen, Ihnen zu helfen.

1. Schauen Sie sich Foto Nummer 50 an.
2. Zünden Sie eine Kerze an, und weihen Sie sie der Gnade des Universums.

3. Sagen Sie laut oder in Gedanken: »Im Namen Gottes rufe ich nun einen Liebesengel herbei.«
4. Vertrauen Sie darauf, dass einer reagiert hat und nun bei Ihnen ist.
5. Halten Sie einen Moment lang inne, und spüren Sie, wie Sie von seinem Licht und seiner Liebe umhüllt werden.
6. Gestatten Sie der Liebe, jede Zelle Ihres Körpers zu erfüllen, und senden Sie sie in das Universum hinaus.
7. Sie können sicher sein, dass die Serafim Ihre Liebe voller Gnade empfangen haben.
8. Sie können sich auch sicher sein, dass das Universum entsprechend darauf reagieren wird.
9. Bedanken Sie sich bei allen, die es Ihnen ermöglicht haben, einige weitere Schritte auf dem Weg des Aufstiegs zu machen.

KATHYS SCHLUSSWORT

Während ich so dasitze und darüber nachdenke, wie ich diesen Teil des Buches abschließen soll, werde ich von meinen Gefühlen überwältigt. Ich möchte am liebsten weinen, denn ich kann spüren, wie sehr sich die Hierarchie der Engel freut und wie stolz die Engel sind. Sie sind wirklich sehr beeindruckt, dass wir – nicht nur Diana und ich, sondern alle – in der Lage sind, die Orbs mit unseren Fotoapparaten festzuhalten und dadurch die Gelegenheit haben, mit ihnen auf der Seelenebene Kontakt aufzunehmen.

Die Engel versichern uns, dass die Orbs Ihre Art sind, uns ein Fenster zu öffnen. Sie wollen so sehr, dass wir mit ihnen in Kontakt treten und dass wir von all dem profitieren, was sie uns geben können. Ich kann nicht beschreiben, wie ich mich im Augenblick fühle. Ich bin von einer solchen Demut erfüllt, Teil dieses Projektes sein zu dürfen.

In diesem Sinne schicke ich Ihnen Liebe, Licht, Frieden und Gnade, die Sie auf Ihrem weiteren Weg zum Aufstieg unterstützen werden.

WIE MAN ORBS ERKENNT

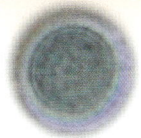

Jeder Orb hat gewisse charakteristische Merkmale, an denen man ihn erkennen kann. Die geistige Welt hat uns allerdings häufig daran erinnert, uns den Orbs mit dem Herzen und nicht mit dem Verstand zu nähern. Lassen Sie sich daher immer von Ihrer Intuition leiten.

Generell kann man sagen, dass ein Orb verschwommener und größer erscheint, je näher er Ihnen ist. So ist zum Beispiel ein weit entferntes Einhorn ein sehr heller, kleiner Lichtpunkt, während sich eines, das Sie umgibt, riesig und blass zeigt.

Alle Orbs gehören zur Engelhierarchie. Die Elementarwesen und Engel begleiten und beschützen stets auch die Geister von Menschen und Tieren, die sich auf der Erde inkarniert haben.

GESPENSTER

Gespenster sind die Geister verstorbener Menschen, die noch nicht ins Licht gegangen sind und unerlöst auf der irdischen Ebene feststecken. Jedes Gespenst wird von einem Elementarwesen begleitet, das als Wuryl bekannt ist. Wuryls sind normalerweise kleine, verschwommene weiße Orbs, ohne hellen oder klar definierten Rand. Manchmal sammeln sich die Wuryls in der Nähe von Portalen, weil die Energie dort heller ist und sie dort Hilfe beim Übergang erhalten.

ENGEL, DIE GEISTER TRANSPORTIEREN

Nach unserer Erfahrung sind dies die am häufigsten vorkommenden Orbs. Die Geister in diesen Orbs sind Menschen oder Tiere, die ins Licht gegangen sind. Wenn sie reisen, werden sie von einem Engel begleitet, welcher der Orb ist. Die Orbs können winzig oder groß sein und sind stets bei Familienfeiern anwesend, weil die verstorbenen Angehörigen dem Ereignis beiwohnen möchten. Die Kleineren scheinen einen kleinen, etwas dunkleren Flecken in einem weißen Kreis zu haben und sind oft in der Nähe von Menschen oder Tieren zu sehen. Die Größeren sind ebenfalls weiß mit einem klar definierten Rand. Die Gesichter der Geister, die im Orb transportiert werden, erscheinen häufig als dunkler Klecks. Manchmal ist das Gesicht deutlich zu erkennen, und gelegentlich wird es von der besuchten Person auch erkannt.

Man kann diese Orbs von denen unterscheiden, in denen Elementarwesen Gespenster transportieren, weil die Engel den sichtbaren Ring um die Außenhülle darstellen.

Häufig kommt es vor, dass der Engel, der den Geist bringt, mit der beschützenden Energie von Erzengel Michael verschmilzt, sodass das Blau im Orb sichtbar ist.

ERZENGEL, DIE MEISTER TRANSPORTIEREN

Wenn Meister, die sich irgendwann auf der Erde inkarniert hatten, reisen, werden sie von einem oder mehreren Erzengeln begleitet, die sie beschützen und ihre Energie halten, während sie ihre Botschaft übermitteln. Die einzige Ausnahme ist dann gegeben, wenn ein Meister innerhalb des goldenen Christus-Lichtes reist, das einen vollkommenen Schutz bietet. Wenn man einen dieser Orbs vergrößert, kann man darin häufig das Gesicht des Meisters ganz deutlich erkennen.

SCHUTZENGEL

Schutzengel erscheinen normalerweise als milchig weiße Scheiben, die zwar klar umrissen, aber häufig klein sind und nur schwach leuchten. Je mehr Hilfe ein Mensch braucht – zum Beispiel, wenn er sich in einer bestimmten Situation sehr unwohl fühlt –, desto näher und größer wird der Orb sein. Manchmal, wenn die Schutzengel einem etwas zuflüstern, sieht man sie über dem Ohr, oder wenn sie jemanden davor schützen, etwas außersinnlich wahrzunehmen, oder es ihm ermöglichen, eine Situation oder eine Beziehung auf eine andere Art zu sehen, über dem dritten Auge.

BESCHÜTZERENGEL

Dies sind milchig weiße Scheiben, die denen der Schutzengel ähneln, aber im Allgemeinen größer sind. Manchmal sieht man sie an den Wänden eines Zimmers, das gereinigt werden muss, zum Beispiel in Hotels, weil die Zimmer dort von Menschen mit verschiedenen Energien benutzt werden. Riesige weiße Orb-Wolken kann man über Gebäuden oder Transportmitteln sehen, wodurch ein bestimmtes Energieniveau verlässlich gehalten wird.

ANDERE ENGEL

Es gibt Engel der Freude, der Transmutation, des Friedens, des Glücks, des Feierns, der Bindung und viele andere, die wie milchig weiße Scheiben aussehen und den Schutzengeln ähneln. Üblicherweise zeigt der Ort, an dem sie erscheinen, an, welche Engelenergie sie in sich tragen. Wenn zum Beispiel ein Zimmer renoviert wird, sieht man Engel der Transmutation. Auf einer Feier sieht man Engel der Freude.

LIEBESENGEL

Liebesengel kann man ziemlich leicht an ihrem strahlend weißen Licht erkennen. Sie sind die hellsten aller Engel. Wenn ein Liebesengel etwas beobachtet, erscheint er als rundes weißes Licht. Sobald er aber anfängt sich zu bewegen, kann man seinen Schweif sehen. Die Winzigen unter ihnen sehen aus wie Kaulquappen, während die Großen wie Raketen erscheinen.

Wenn sie um Menschen oder Tiere herumschwirren und ihnen Heilung, Liebe und Licht bringen, sehen sie häufig wie lange dünne Streifen weißen Lichts aus.

Diese weißen Streifen können sich zu ungewöhnlichen Formen verbinden, etwa zu Blumen oder mehreren Köpfen, die aus einer Kugel herauswachsen. Sie sind häufig ovalförmig, da sie aktiv Heilung oder Schutz auf Elementarwesen, Geister oder Meister ausstrahlen.

Liebesengel verschmelzen häufig mit Engel- oder Erzengel-Orbs, sodass diese stärker leuchten. Außerdem begleiten sie die Orbs der Erzengel als Akt der dienenden Liebe.

ELEMENTARWESEN-ORBS
Feen
Feen sehen wie winzige weiße Lichtpünktchen aus und können häufig in einem Haufen gesehen werden.

Esaks
Esak-Orbs sind kleiner als die der Feen und erscheinen häufig als winzige weiße Flocken an den Orten, an denen parapsychische oder physische Negativität aufgelöst werden muss.

Kyhils
Sie sind wie Esaks, nur sieht man die Kyhils im Wasser.

Wichtel, Elfen und Gnome
Man sieht sie nur sehr selten, aber wenn, dann als äußerst winzige Lichtpünktchen.

Kobolde
Kobold-Orbs sehen wie winzige weiße Kreise aus.

ERZENGEL-ORBS

Jeder Erzengel arbeitet auf einem Farbstrahl und trägt dessen Schwingung in sich. Der Erzengel selbst hat eine satte intensive Färbung, während seine Engel eine etwas hellere Schattierung zeigen, da sie weniger Energie besitzen. Je mehr Erzengel-Energie in einem Orb ist, desto satter und reiner ist dessen Farbe.

Einige Erzengel haben eine ganz charakteristische Struktur. Wenn sich die Energie eines Erzengels mit einem anderen Orb vermischt, kann man trotzdem noch seine Farbe und die charakteristische Struktur erkennen.

Erzengel Azrael (der Engel von Geburt und Tod)

Erzengel Azrael ist leuchtend schwarz.

Erzengel Butyalil (kümmert sich um die kosmische Energie im Umfeld der Erde)

Erzengel Butyalil ist schneeweiß. Die Kammern in seinem Orb sehen manchmal quadratisch oder oval aus.

Erzengel Chamuel (Liebe)

Erzengel Chamuel hat einen wunderschönen Rosaton, da er Herzen heilt.

Erzengel Fhelyai (Tiere)

Erzengel Fhelyai ist von goldener Farbe, deren Schattierung genau zwischen der von Erzengel Uriel und Erzengel Jophiel liegt. Er kann auch an dem Ring um die äußere Hülle erkannt werden, denn er enthält die reine unverfälschte Energie des göttlichen Quells. Sein Orb ist leicht getrübt, weil seine Energie so stark ist, dass die Tiere vor der Intensität seines Lichts geschützt werden müssen.

Erzengel Gabriel (Reinheit)

Erzengel Gabriel schimmert schneeweiß. In seinem Orb können konzentrische Kreise deutlich unterschieden werden.

Erzengelin Gersisa (kümmert sich um die Leylinien)

Erzengelin Gersisa erscheint grau. Ihr Orb hat die Form eines Ovals. Bei Vollmond ist diese Form etwas abgeschwächt. Bei Neumond ist der Orb wieder oval, und man kann sehen, dass die Leylinien, an denen sie arbeitet, aus seiner Mitte kommen.

Erzengel Jophiel (Weisheit durch die Krone)

Erzengel Jophiel hat eine blassgelbe Färbung.

Erzengel Metatron (Weisheit und Aufstieg)

Erzengel Metatron, der mächtigste aller Erzengel, ist für das Sternentor verantwortlich und strahlt in einem satten Goldton, der manchmal in Orange oder Rot übergeht.

Erzengel Michael (Schutz und Stärke)

Erzengel Michael ist dunkelblau. Häufig sieht man, wie seine Energie andere Orbs umgibt, weil er das Wesen beschützt, das diese transportieren, oder wie er einen Menschen oder einen Ort unter seinen Schutz stellt.

Erzengel Purlimiek (Natur)

Erzengel Purlimiek erscheint als durchsichtiges Blassgrün, das ins Weißliche übergeht.

Erzengel Raphael (Heilung und Reichtum)

Erzengel Raphael ist von einem strahlenden Smaragdgrün. In seinem Orb finden sich konzentrische Kreise.

Erzengel Roquiel (Verbindung zu Mutter Erde)

Dieser universelle Erzengel ist schwarz. Häufig wird er gemeinsam mit Erzengel Sandalphon gesehen.

Erzengel Sandalphon (Erdstern)

Erzengel Sandalphon ist schwarz und weiß, erscheint aber häufig in Grau.

Erzengel Uriel (Selbstvertrauen und Frieden)

Erzengel Uriel ist von einem satten Gelbton. Wenn er Negativität aufgenommen hat, die noch nicht in Licht umgewandelt wurde, erscheint er manchmal braun. Man kann die Kammern in seinem Orb sehen, die wie kleine runde Perlen etwas hervortreten. Wenn Sie seine goldgelbe Farbe nicht sehen können, werden Sie ihn an diesen Formen erkennen.

Erzengel Zadkiel (Umwandlung)

Erzengel Zadkiel kann man an seinem lieblichen durchscheinenden violetten Licht erkennen, das die Umwandlung bewirkt.

Serafim

Man kann die Serafim an ihrer durchscheinenden Qualität erkennen. Sie treten normalerweise einzeln auf und schimmern in vielen Pastelltönen, überwiegend im blauen Bereich.

Einhörner

Wie bei anderen Orbs gilt auch hier: Je näher Ihnen ein Einhorn-Orb ist, desto größer und blasser ist sein schneeweißes Licht. Weit entfernte Einhorn-Orbs gleichen sehr hellen Flecken am Himmel, die weitaus heller leuchten als die Sterne. Wenn sie aber nahe an einen physischen Körper herankommen, werden sie größer und nehmen einen diffusen, zarten Weißton an. Wenn sie aktiv sind, werden sie durchsichtig.

Einhorn-Orbs, die nur wenige Meter von einem Menschen entfernt sind, können an den deutlich erkennbaren weißen Wirbelstrukturen im Inneren erkannt werden.

DURCHSICHTIGE ORBS

Ein Orb wird durchsichtig, wenn der Engel die Energie hält, während der betreffende Mensch noch nicht reagiert hat. Ich habe ein Foto von meiner Enkelin, die wie wild auf einem Spielplatz herumtobt und dabei keinerlei Vorsicht walten lässt. Der Schutzengel-Orb über ihr ist riesig und vollkommen durchsichtig, weil er die Energie hält, während sie die Gelegenheit erhält, die Lage neu zu beurteilen.

ORB-FORMEN

Rund

Wenn ein Orb rund ist, beobachtet er eine Situation und hält die Energie im Interesse des bestmöglichen Ergebnisses aufrecht.

Eckig oder konkav

Ein Orb verändert seine Form, wenn er aktiv Schutz ausstrahlt oder eine besondere Energie oder Information überträgt. Dann wird er auf einer oder auf allen Seiten eckig oder konkav, je nachdem wie viel Energie er ausstrahlt.

Sechseckig

Wenn alle sechs Seiten eines Orbs gerade werden, sodass er wie ein Sechseck aussieht, ist er voll funktionsfähig. Dieses Phänomen kann bei allen Orbs beobachtet werden.

Gestreckt

Orbs, die sich sehr schnell bewegen, erscheinen als in die Länge gezogen, gestreckt oder dünn und schlangengleich. Manchmal haben sie auch einen Schweif oder hinterlassen eine Lichtspur.

Zylindrisch oder zitronenförmig

So sehen Orbs aus, die Energie direkt von der Sonne oder von einem Erzengel empfangen.

Miteinander verschmolzene Orbs

Wenn mehrere Engel miteinander verschmelzen, sind ihre Farben und Qualitäten in diesem Orb präsent. Wenn sie wollen, dass ihre Eigenschaften getrennt bleiben, erscheinen die einzelnen Farben in Blöcken innerhalb des Orbs.

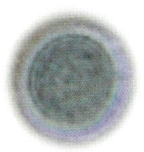

GLOSSAR

Abraham: ein Herr des Karmas und Herr des zehnten Strahls.

Akascha-Chronik: die karmischen Aufzeichnungen eines jeden Gedankens, jedes Wortes und jeder Tat der Menschheit.

Amma: ein weiblicher Avatar, also eine göttliche Verkörperung, die im indischen Kerala lebt.

Anch: das ägyptische Symbol für Leben und Unsterblichkeit.

Aufgestiegene Meister: Wesen, welche die Lektionen ihres Planeten gemeistert haben und aufgestiegen sind. Viele von ihnen wirken als Lehrer auf den inneren Ebenen.

Babaji: ein aufgestiegener Meister, der auch als der unsterbliche Avatar bekannt ist.

Bhajans: Sanskrit-Gesänge.

Djwal Khul: aufgestiegener Meister, Stellvertreter von Meister Kuthumi, Sendbote der Meister und Hierophant der Bruderschaft der goldenen Robe.

Dom: der Meister der Elementarwesen der Luft.

Einhörner: aufgestiegene Pferde der siebten Dimension, die Orten und Individuen Erleuchtung, Reinheit und Liebe bringen. Sie gehören zur Hierarchie der Engel und arbeiten mit Menschen, die eine Vision haben, die anderen Menschen hilft.

Einsamer Wolf (Lone Wolf): ein aufgestiegener Meister und Geistführer der amerikanischen Ureinwohner.

El Morya: Meister des ersten Strahls. Er unterstützt uns bei den bevorstehenden Veränderungen und eröffnet uns Chancen für den Aufstieg. Er ist Mitglied der Großen Weißen Bruderschaft und stammt vom Merkur.

Elementarwesen: Naturgeister, die zu den Elementen Feuer, Luft, Erde oder Wasser gehören. Sie kümmern sich um die verschiedenen Aspekte der Natur.

Elementarwesen der Erde: Wesen, die nur das Element Erde enthalten. Dazu gehören Kobolde, Elfen und Gnome.

Elementarwesen der Luft: Wesen, die nur das Element Luft enthalten. Dazu gehören Feen, Esaks und Sylphen.
Elementarwesen des Feuers: Wesen, die nur das Element Feuer enthalten. Dazu gehören die Salamander.
Elementarwesen des Wassers: Wesen, die nur das Element Wasser enthalten. Dazu gehören Nixen, Kyhils und Undinen.
Elementarwesen, andere: Wichtel, Drachen und Faune.
Elfen: Elementarwesen der Erde, die mit den Bäumen arbeiten.
Elohim: Schöpfungsengel.
Elohim Vista: der Herr des Karmas des fünften Strahls.
Engel: Engel sind geistige Wesen, die direkt aus dem Herzen Gottes stammen und in der siebten Dimension beheimatet sind. Sie besitzen keinen freien Willen und entwickeln sich durch Dienen im Auftrag des Göttlichen weiter.
Erzengel: höhere Engel, die den Engeln vorstehen. Es gibt Tausende von ihnen, allerdings arbeiten nur wenige mit den Menschen.
Erzengel Azrael: der Engel von Geburt und Tod.
Erzengel Butyalil: ein universeller Engel, der die gewaltigen Ströme des Universums, die unseren Planeten beeinflussen, aufrechterhält. Dabei arbeitet er mit Erzengel Purlimiek und dem Reich der Natur sowie mit Erzengelin Gersisa und dem Erdreich zusammen. Er kommuniziert auch mit den Erzengeln anderer Planeten. Die Einhörner unterstützen ihn ebenso bei seiner Aufgabe wie Erzengel Metatron.
Erzengel Chamuel: der Engel des Herzens, der die rosa Farbe der Liebe ausstrahlt. Er bringt Liebe und Mitgefühl und hilft den Menschen dabei, Vergebung zu erlangen. Wenn Rosa in einem Orb auftritt, herrscht dort Erzengel Chamuels Energie vor.
Erzengel Fhelyai: arbeitet mit den Tieren auf der Erde und im Jenseits.

Erzengel Gabriel: erscheint strahlend weiß. Er bringt Läuterung, Freude und Klarheit. Wenn Sie in einen seiner strahlenden Orbs blicken, werden Sie diese Eigenschaften empfangen.

Erzengel Jophiel: arbeitet mit der Schwingung Goldgelb und bringt uns Weisheit und Erleuchtung. Er ist für die Entwicklung des Kronen-Chakras zuständig.

Erzengel Metatron: ist für das Sternentor-Chakra zuständig, das uns mit dem göttlichen Quell verbindet. Er arbeitet mit der großen Pyramide und beaufsichtigt die karmischen Aufzeichnungen.

Erzengel Michael: arbeitet mit dem blauen Strahl und bietet uns Schutz, Stärke und Mut.

Erzengel Purlimiek: ist für die Natur zuständig. Er arbeitet sowohl mit den kosmischen Erzengeln als auch mit denen im Inneren der Erde. Er teilt den verschiedenen Elementarwesen ihre Aufgaben zu.

Erzengel Raphael: der Engel der Heilung und des Reichtums. Er arbeitet auf dem smaragdgrünen Strahl und hilft uns, das dritte Auge zu öffnen.

Erzengel Roquiel: ein universeller Engel, der tief in der Erde arbeitet und Meisterin Gaia hilft. Seine Zwillingsflamme Erzengelin Joules ist für die Meere des Planeten zuständig.

Erzengel Samael: bereitet denen den Weg, die Erzengel Metatron ausschickt, um Kontakt zu Serafina aufzunehmen.

Erzengel Sandalphon: der Zwilling von Erzengel Metatron. Er arbeitet mit dem Erdstern-Chakra und trägt die Gebete der Menschen zu Gott.

Erzengel Uriel: der Engel des Friedens und der Weisheit, der Ängste auflöst. Er übermittelt Selbstvertrauen und Gelassenheit.

Erzengel Zadkiel: beaufsichtigt die Engel der Umwandlung, die mit der violetten Flamme arbeiten. Zudem arbeitet er eng mit Saint Germain zusammen und bereitet das Seelenstern-Chakra auf seine höheren Aufgaben vor.

Erzengelin Amethyst: Zwillingsflamme von und weibliches Gegenstück zu Erzengel Zadkiel.

Erzengelin Aurora: Zwillingsflamme von und weibliches Gegenstück zu Erzengel Uriel.

Erzengelin Caritas: Zwillingsflamme von und weibliches Gegenstück zu Erzengel Chamuel.

Erzengelin Christine: Zwillingsflamme von und weibliches Gegenstück zu Erzengel Jophiel.

Erzengelin Credo: Zwillingsflamme von und weibliches Gegenstück zu Erzengel Michael.

Erzengelin Elpis: Zwillingsflamme von und weibliches Gegenstück zu Erzengel Gabriel.

Erzengelin Gersisa: eine weibliche Energieform, die den Erzengeln Sandalphon und Roquiel bei der Reinigung der Erdstern-Chakras der Menschheit hilft und die Leylinien frei hält.

Erzengelin Joules: Zwillingsflamme von Erzengel Roquiel, ist für die Meere zuständig.

Erzengelin Lavendel: Zwillingsflamme von und weibliches Gegenstück zu Erzengel Mariel, ist für das Seelenstern-Chakra zuständig.

Erzengelin Mallory: Zwillingsflamme von und weibliches Gegenstück zu Erzengel Christiel.

Esaks: sind neu auf diesem Planeten. Sie sind gekommen, um uns zu helfen, aber auch, um etwas über die Erde und das Leben hier zu lernen. Sie funktionieren wie Staubsauger und schlucken negative Energie.

Faune: Elementarwesen von Erde, Luft und Wasser, die dazu beitragen, die Energie von Wäldern durch Fotosynthese im Gleichgewicht zu halten.

Feen: Naturgeister, zirka 30 Zentimeter groß, die dem Luftelement angehören und sich um die Blumen kümmern. Sie sind frech, verspielt, rein und unschuldig. Sie arbeiten mit

Engeln und Einhörnern zusammen. Jede Feengruppe hat einen Engel, der für sie zuständig ist.

Gaia: ein Thron, also ein sehr hoher Engel, der für die Erde zuständig ist und häufig als Mutter Erde bezeichnet wird.

Gandhi: ein aufgestiegener Meister des Friedens, der sich erst im letzten Jahrhundert in Indien inkarnierte und als Mahatma – große Seele – bekannt ist.

Gautama Buddha: der Meister des zehnten Strahls.

Gayatri Mantra: jener Sanskrit-Gesang, der den größten Schutz und die beste Möglichkeit zur Erleuchtung bietet: »oṃ bhūr bhuvaḥ svaḥ tát savitúr váreniyaṃ bhárgo devásya dhīmahi dhíyo yó naḥ pracodáyāt.«

Geister: die Geister jener Menschen, die hinübergegangen sind und ihre Angehörigen weiterhin aufsuchen, über sie wachen und bei Freuden- und Trauerfesten zu ihnen kommen. Zudem reisen sie umher, um ihre Ausbildung auf den inneren Ebenen fortzusetzen.

Geistführer: die Geister jener Menschen, die hinübergegangen sind und auf den inneren Ebenen ausgebildet wurden, verkörperte Menschen anzuleiten. Ein Mensch kann mehrere Geistführer haben, von denen ihm jeder in einem anderen Bereich seines Lebens hilft.

Gespenster: die Geister jener Menschen, die auch nach dem Verlassen ihrer Körper an die Erde gebunden bleiben. Sie sind nicht allein, denn ein Wuryl genanntes Elementarwesen wird ihnen zugeteilt, bis sie das Licht sehen.

Gnome: Scheue, stämmige Elementarwesen der Erde, die mit den tieferen Schichten von Gestein und Erde arbeiten.

Göttin der Freiheit: Herrin des Karmas des zweiten Strahls.

Göttlicher Quell: der Schöpfer, Gott.

Großer Göttlicher Lenker: Herr des Karmas des ersten Strahls.

Guanyin: die Göttin der Barmherzigkeit, Herrin des Karmas des sechsten Strahls, Meisterin des zwölften Strahls.

Henoch: ein aufgestiegener Meister, der die Akascha-Chronik für das jüdische Volk bewahrt.

Herren des Karmas: höhere Engel, in deren Obhut sich das Karma sowohl von Individuen als auch von ganzen Planeten befindet.

Hilarion: Meister des fünften Strahls.

Horus: ägyptischer Gott. Isis gebar ihn in einem Akt unbefleckter Empfängnis.

Imor: ein aufgestiegener Meister, der mit Erzengel Jophiel daran arbeitet, uns Weisheit zu bringen.

Isis: ägyptische Göttin, Hohepriesterin in Atlantis, inkarnierte sich als Maria.

Jeschua ben Joseph: der Mann, der den Namen Jesus bekam.

Jesus: das große Wesen, welcher der Menschheit das Christus-Licht brachte. Auf den inneren Ebenen wird er Sananda genannt und fungiert mit Meister Maitreya als Oberherr der Erde.

Josiah: der Herr des Karmas des achten Strahls.

Katharina von Siena: Herrin des Karmas des zwölften Strahls, regt das spirituelle Licht der Menschheit an.

Klara von Assisi: aufgestiegene Meisterin der höheren Hierarchie, die der Menschheit spirituelles Bewusstsein bringt.

Kobolde: Elementarwesen der Erde. Sie kümmern sich um die Bodenstruktur und versuchen, die Bodenerosion aufzuhalten. Außerdem arbeiten sie mit den Bienen zusammen, um alle Blüten zu bestäuben.

Kommandant Aschtar: der Kommandant der intergalaktischen Flotte, deren Raumschiffe im Weltall um die Erde herum stationiert sind.

Kumeka: Herr des Lichts, Meister des achten Strahls. Er hat sich nie auf der Erde inkarniert, sondern stammt aus einem anderen Universum, wo er aufstieg. Die Erde hat sich nun das

Recht seiner Gegenwart erworben. Seine Aufgabe besteht darin, dass Alte umzuwandeln und uns Erleuchtung zu bringen.

Kuthumi: der Weltenlehrer und Vorsteher der Schulen des höheren Lernens.

Kyhils: Winzige Elementarwesen des Wassers, die negative Energie in den Gewässern der Erde aufsaugen.

Lanto: chinesischer Philosoph und Meister des zweiten Strahls.

Lemuria: eine große Zivilisation noch vor Atlantis.

Ma Ra: lemurische Inkarnation von Maria.

Mächte: hochrangige Engel, zu denen die Herren des Karmas und die Engel von Geburt und Tod gehören.

Madame Blavatsky: die Begründerin der Theosophischen Gesellschaft.

Maitreya: der Herr der Welt, der für das gesamte Sonnensystem verantwortlich ist. Führer der Großen Weißen Bruderschaft und des Ordens des Melchisedech. Er überstrahlte Jesus und Krishna während ihrer Inkarnation.

Maria Magdalena: Meisterin des fünften Strahls.

Maria: auch Mutter Maria, die Zwillingsflamme von Erzengel Raphael. Ein universeller Engel des höchsten Ranges.

Meister des Orion: die Weisen vom Orion.

Meister George: Kathy Crosswells Bruder und einer der neuen aufgestiegenen Meister.

Melchior: eine Inkarnation El Moryas und einer der drei Weisen aus dem Morgenland.

Melchisedech: der Führer der Priesterschaft des Melchisedech.

Monade: der ursprüngliche göttliche Funke.

Nada: die Herrin des Karmas des dritten Strahls und Meisterin des siebten Strahls.

Neptun: Meister der Elementarwesen des Wassers.

Nixen: Elementarwesen, die für ihre Arbeit mit der Flora und Fauna der Meere bekannt sind und dafür geliebt werden.

Pallas Athene: die Göttin der Wahrheit und Herrin des Karmas des vierten Strahls.

Paul der Venezianer: Meister des dritten Strahls.

Peter der Große: der Herr des Karmas des elften Strahls.

Portia: die Herrin des Karmas des siebten Strahls, die Göttin der Gerechtigkeit.

Poseidon: griechischer Gott, Hohepriester in Atlantis, Strategie des Naturreichs.

Rákóczi: Meister des elften Strahls.

Saint Germain: früher der Herr der Zivilisation, zurzeit der Hüter der goldenen Waage.

Salamander: Elementarwesen des Feuers, die auf die Gefühle der Menschen reagieren.

Schutzengel: Schutzengel gehören dem niedrigsten Rang der Engelhierarchie an. Jedem Menschen wird ein Schutzengel zugeteilt. Sie entwickeln sich gemeinsam mit ihren Schützlingen weiter.

Serafim: die höchsten Wesen in der Engelhierarchie. Sie erhalten die Schwingung von Gottes Schöpfung aufrecht.

Serapis Bey: Meister des vierten Strahls.

Sylphen: Winzige Luftgeister, die mit Blumen und anderen Pflanzen arbeiten, damit das Licht der Sonne von den Blättern aufgenommen werden kann. Sie tragen dazu bei, die Luft um die Pflanzen herum reinzuhalten, damit sie in sauberer Energie leben können. Sie helfen auch den Vögeln beim Flug.

Teresa von Ávila: eine aufgestiegene Meisterin der höheren Hierarchie, die den Religionen ein Gefühl der Einheit vermitteln will.

Thor: Meister der Elementarwesen des Feuers.

Thot Hermes: Priester-Avatar im goldenen Atlantis und ägyptischer Gott.

Undinen: Elementarwesen des Wassers, die dazu beitragen, die Gewässer der Welt in der für sie vorgesehenen göttlichen Ordnung zu halten.

Vywamus: das höhere Selbst Sanat Kumaras, des planetarischen Logos.

Wichtel: Winzige, zirka 2,5 Zentimeter große Elementarwesen. Sie bestehen aus einer Kombination der Elemente Erde, Luft und Wasser. Sie lockern den Boden und helfen den Samen zu keimen. Sie arbeiten mit den Kobolden zusammen.

Wuryls: Elementarwesen, deren Aufgabe es ist, allen unerlösten Seelen zu helfen, die noch nicht ins Licht gegangen sind.

Wuslu: Meister des neunten Strahls.

Wywyvsil: Kathy Cromwells Führer. Ein Herr des Lichts, der sich niemals auf Erden verkörpert hat. Er stammt aus einem anderen Universum und ist erst vor Kurzem hier angekommen, um unserem Planeten zu helfen. Er ist einer der Mächte, ein Herr des Karmas und ein Engel der Geburt.

SCHLUSSWORT

Orbs sind die Lichtkörper der Engel. Indem sie sich auf Fotos festhalten lassen, geben sie uns eine noch nie da gewesene Möglichkeit, ihr Licht, ihre Botschaften, ihre Einladungen und ihre Unterweisungen direkt in unser Unbewusstes aufzunehmen. Dies ist das zweite Buch einer ganzen Reihe. *Enlightenment through Orbs*[5] heißt das erste Buch und nach diesem werden wir *Healing through Orbs* schreiben.

Wenn Sie Ihr Herz öffnen und Ihre Schwingungsfrequenz anheben, können Sie Ihre eigenen Orb-Fotos machen. Dann können Sie dazu beitragen, das Bewusstsein aller Menschen anzuheben, indem Sie diese Fotos herumzeigen.

Uns wurde von der geistigen Hierarchie mitgeteilt, dass die Arbeit mit bestimmten Orbs der schnellste Weg zum Aufstieg ist. Wir glauben fest daran. Die Monate, während derer wir an diesem Buch arbeiteten, waren äußerst spannend. Immer wenn wir bestimmte Orbs näher erforschten und ihre Botschaften entschlüsselten, platzten wir fast vor Aufregung und erhielten einen Energieschub nach dem anderen.

Die gegenwärtige Epoche der Geschichte unseres Planeten gibt uns Möglichkeiten zum Aufstieg, wie es sie seit den Zeiten des goldenen Atlantis nicht gegeben hat. Wir hoffen, dass auch Sie vom Licht der Orbs berührt sein und ihre Einladung annehmen werden, noch in diesem Leben aufzusteigen.

Wir wünschen Ihnen Liebe, Freude und den Segen der Engel,

Diana Cooper und Kathy Crosswell

---

[5] Deutsch: *Orbs. Boten der Liebe, Heilung und Weisheit.* Ansata Verlag, München 2009

Die Zeit ist gekommen.
Die Erde steigt auf.
Lasst uns die Gelegenheit ergreifen,
unsere Schwingung anzuheben,
um den Aufstiegsprozess zu unterstützen.

WIDMUNGEN UND DANK

Diana möchte dieses Buch dem Aufstieg des ganzen Planeten und all seiner Bewohner widmen.

Kathy möchte dieses Buch ihrer Mutter und ihrem Vater, ihrem Mann Paul und ihren Kindern Emily, Blake und Harry widmen, die sie über alles liebt.

Wir möchten den folgenden Personen dafür danken, dass sie uns freundlicherweise erlaubt haben, ihre Orb-Fotografien im Rahmen dieses Buches zu verwenden, und auch jenen, die uns Orb-Fotografien eingeschickt haben, die wir hier nicht verwenden konnten.

Lesley Whitehead

Joyce Rimmell

Kathy Smith

Julie Kingsley

Noel O'Neill

Pam Raworth

Einav Adir

Mandy Whalley

Patti McCullough

Eugene McGill

Tammie Stair

Kari Palmgren

Ann-Marie Bentham

Outi Seppi

Dawn Gilroy Smith

Carmen Reiss

Gillian Barnes

Alec Turner

Ingrid Jorgensen

Eugenie Moreton

Audrey & Stuart Mackie

Jennifer Coombes

Banita Kern

LITERATURHINWEISE

DIANA COOPER

Das Wunder des Einhorns. Begegnung mit den erleuchteten Wesen der siebten Dimension. Ansata Verlag, München 2008

Entdecke Atlantis. Das Urwissen der Menschheit verstehen und heute nutzen. Ansata Verlag, München 2006

Der Engel-Ratgeber. In jeder Lebenslage Schutz, Beistand und Trost durch die himmlischen Wesen finden. Ansata Verlag, München 2003

Der spirituelle Lebens-Ratgeber. Im Einklang mit dem Universum fühlen, denken, handeln. Ansata Verlag, München 2003

Die Engel antworten. Himmlische Hilfe für die wichtigsten Lebensfragen. Ansata Verlag, München 2007

Die Engel, deine Freunde. Vom Wirken himmlischer Mächte im Alltag. Heyne Verlag, München 2008

Die Kraft des inneren Friedens. Aus der inneren Mitte Zuversicht, Gelassenheit und Freude schöpfen. Heyne Verlag, München 2007

Begegne deiner Seele. Befreie dein Herz und empfange die Energie des Universums. Heyne Verlag, München 2007

Ich schenke mir ein neues Leben. Sieben Schritte zu mir selbst. Heyne Verlag, München 2005

In Licht und Liebe leben. Entdecke, wozu du bestimmt bist - und tue es! Heyne Verlag, München 2006

DIANA COOPER UND KATHY CROSSWELL

Orbs. Boten der Liebe, Heilung und Weisheit. Ansata Verlag, München 2009

WEBSITES

www.dianacooper.com
www.kathycrosswell.com
www.healingorbs.com
www.midlandsschoolofastrology.co.uk
(Alison Chester-Lambert)

Orbs –
das unentbehrliche
Basiswerk

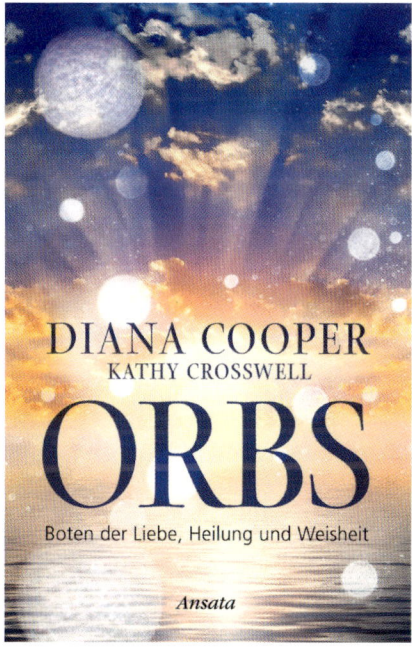

Diana Cooper
Orbs

Boten der Liebe, Heilung und Weisheit
240 Seiten, mit zahlreichen Farbfotos
ISBN 978-3-7787-7363-5

Ansata